U0164055

上博楚簡思想研究

曹峰 著

謝　辭

筆者謹對以下出版單位及學術機構
許可將相關論文收入本書表示衷心的感謝

日本中國出土資料學會

日本汲古書院

上海大學出版社

上海書店出版社

北京《清華大學學報》

《孔子研究》雜誌

《江漢論壇》雜誌

中央研究院歷史語言研究所

目　次

序

　　如果從 1997 年上半年追隨池田知久先生（當時爲日本東京大學教授，現爲大東文化大學教授）研讀馬王堆帛書《經法》及《周易》易傳開始算起，我從事簡帛研究已快十年了。十年，對於一個研究者而言，並不算長，好像不值得炫耀。不過，對我而言，卻有著說明之必要。首先，我慶幸自己生逢其時，這十年所研究的馬王堆漢墓帛書、郭店楚墓竹簡、上海博物館藏楚竹書三大考古發現，是二十世紀最後三十年纔由地下捧出的寶物，尤其郭店楚簡、上博楚簡的問世，使得以出土文獻爲材料的思想史研究走向高潮。親眼目睹二千多年前古人的眞跡，親身剖析那些未經後人改動的、生動鮮活的思想，彷佛是在和戰國時代的知識分子作直接的對話，實在是件激動人心的事。其次，我慶幸自己在比較年輕的時候開始從事這項工作，出土資料研究雖然有其魅力，但需要學習太多的知識，消耗太大的精力，人到中年之後纔開始接觸的話，如果過去不是古文字學出身，那很可能感覺力不從心、知難而退了。再次，我慶幸自己遇到了一個比較好的學習環境，以前在國內念書時，習慣了老師講、學生記的被動學習方式，使自己懶得接觸、也不敢接觸最前沿、最原始的材料。而日本的學生，從大三、大四開始，就被逼著研讀原典，然後上講臺，宣讀自己動手做出來的研究成果。這雖然是一種殘酷的訓練，但多年堅持下來，不僅培養起基本的研究能力，而且對原始材料產生出特殊的好感和敏感，而不是懼怕。不

過，出土資料研究靠一個人單槍匹馬是做不出來的，需要相互的交流和配合。我在東京大學留學期間，思想史研究領域有池田知久先生、歷史研究領域有平勢隆郎先生、古文字學研究領域有大西克也先生，使自己能得到較爲全面的指導。定期舉行、形式不一的研究班和學會活動，使自己不停地處於各種學術刺激之中。而周圍的同學、國內外的同道，也給了我許許多多的鼓勵和鞭策，使自己終於能夠在出土資料研究的道路上堅持下來。今天有機會將自己的一部分研究成果結集成冊，正是自己多重慶幸的結果，也算是我對各位師友的一個匯報吧。

我做出土文獻研究，第一步是抄寫原文，雖然自己不是做古文字研究的，但親手抄寫一遍，對了解文本的原始狀態，對分析字體的結構，對理解古文字學者的見解有一定的幫助。第二步是做編聯和釋讀，雖然整理者已經做了初步的整理，但缺陷依然是不可避免的，這種編聯、釋讀工作可能要經歷許多次、許多年纔會最終走向完善，因此最初的編聯、釋讀是不可輕信的。當然，自己重做的編聯、釋讀，未必是最佳的方案，或者最終和別人的方案相同，但從中可以體會、了解到哪些編聯、釋讀是合理的，哪些地方存在問題，哪些問題是可以解決的，哪些問題是暫時無法解決的，這對下一步的工作，即思想內容的分析有著重要意義。在做這項工作時，我覺得先不看別人的論文爲好，因爲看了別人的論文，思路有時候就被吸引到別人指出的方向，既不容易有新的發現，也不容易激活自己的思維。在編聯過程中，我一般先從語言特徵入手，因爲每一篇文章都有其用詞造句的特徵，這種語言上的風格是一種客觀的標誌，用它作爲編聯的基準，應該比思想內容更爲可靠。

　　出土文獻研究必須以傳世文獻爲依托，拋開傳世文獻的印證，按照自己的理解，做過度的解釋，是沒有說服力的。我的每一次論證，都力圖使用大量的傳世文獻作爲佐證。「無徵不信」，是傳世文獻研究的信條，也同樣是出土文獻研究的信條。

　　正因爲出土文獻未經後人之手，保留了原初的狀態，所以我們在釋讀時也就無任何後人的注釋可以憑依。從某種意義上講，這使得釋讀成爲一項「危險」的工作。因爲我們必須站在兩千多年前的古人立場上，纔能得到完滿的解釋。但這幾乎是不可能的，我們要做的，祇是盡最大可能排除主觀意識，最大程度地接近眞實。而不帶任何主觀又是做不到的，因此，不急著爲出土文獻定性，從不同的角度，不同的層次，多方位地反復地分析對象本身，就是我們目前應該做的工作。

　　本書所收入的論文就是努力按照上述的要求去整理的，我對上博楚簡〈孔子詩論〉、上博楚簡〈魯邦大旱〉、上博楚簡〈恆先〉、上博楚簡〈三德〉都是先從文本的整理編聯做起，然後從語言特色、思想特徵、時代烙印等多重角度，用多篇論文對文本展開分析，除個別文獻外，我對大部分作品的成書時代都不急於下結論，因爲還不到時候。

　　出土文獻終究祇是材料，它是爲學者達成某一研究目標提供服務的。我在思想史領域的研究重點是黃老道家思想，所以在選取材料時，比較傾向於和道家、黃老思想相關的材料，及涉及儒道關係的材料。這就是我爲何特別重視〈恆先〉、〈三德〉的原因，當然，有時受研究班的指派，或對某些問題感興趣，也會涉獵到儒家文獻，本書所收〈孔子詩論〉、〈魯邦大旱〉研究，就是這方面的研究成果。

　　出土文獻研究是一項極其艱難的事業。它就像一樁錯綜複雜的凶案，吸引著我們去探求各種破案的可能性，現實生活中的凶案以最終找到眞凶而告終，而出土文獻研究卻很可能沒有最終的結果。但我們還會樂此不疲地探求下去，本書就是一些探求的匯總，是非成敗，等待學界的評判。

　　最後，我要向提供出版機會的臺灣大學哲學系佐藤將之先生，向爲編輯本書付出辛勞的林嘉財先生，對萬卷樓圖書股份有限公司，對允許我使用論文的原出版單位，表示深厚的謝意。

曹峰　2006 年 11 月 1 日

第一章

〈孔子詩論〉的留白簡、簡序、分章等問題

　　《上海博物館藏戰國楚竹簡（一）》[1] 出版以後，其中的〈孔子詩論〉篇內「留白簡」的問題，以及簡序排列和分章的問題，引起了學者們的濃厚興趣和激烈爭論，這兩個問題幾乎可以說是〈孔子詩論〉整體研究的兩個基點，如果得不到合理的解釋，必然會影響到今後研究的展開，筆者試圖在這篇小文中也發表一點自己的見解。

第一節　關於「留白簡」的問題

　　筆者認爲，無論在形制上，還是在內容上，留白簡與滿寫簡都有顯著的區別，因此在討論分章時，有必要將兩者分開而不是混在一起。筆者傾向於將留白簡與滿寫簡看作是一種類似於總論與分論的關係。

---

[1]　馬承源主編，《上海博物館藏戰國楚竹書（一）》（上海：上海古籍出版社，2001）。

　　在〈孔子詩論〉全部二十九支簡中，有一批形制奇特的簡，即第 2 至第 7 號簡。如整理者所指出的那樣，「簡的第一道編線之上和第三道編線之下都留白，文字寫在第一道編線之下、第三道編線之上，每簡大約三十八至四十三字。這種上下端留白的簡相當特別，〈詩論〉其他的簡文完整者上下端都寫滿，所以這一部分得以與其他部分區分開來。」[2] 這批上下留白的竹簡即所謂的留白簡，整理者雖然指出了這批簡與其他簡在形制上判然有別，但未進一步指出留白簡的特殊意義何在。書籍出版後，這個問題立即引起了眾多學者的關注，李零、[3] 李學勤、[4] 廖名春、[5] 周鳳五、[6] 姜廣輝、[7] 范毓周、[8] 濮茅左、[9] 彭浩[10] 等先生都以專文討論或在文中

---

[2]　馬承源主編，《上海博物館藏戰國楚竹書（一）》（同注 1），頁 121～122。

[3]　參見李零，〈上博楚簡校讀記（之一）——〈子羔〉篇「孔子詩論」部分〉，收入李零，《上博楚簡三篇校讀記》（臺北：萬卷樓圖書有限公司，2002），頁 9～46。又見簡帛研究網 www.jianbo.org（目前由山東大學文史哲研究院簡帛學研究所管理，以下略），2002 年 1 月 4 日。

[4]　筆者未見到李學勤本人發表的論述留白簡成因的論文，但下引廖名春、姜廣輝、范毓周的論文中均引用了李學勤先生的觀點。

[5]　廖名春，〈上博〈詩論〉簡的作者與作年〉，《齊魯學刊》2002 年第 2 期（2002）。又見簡帛研究網，2002 年 1 月 17 日。廖名春，〈上博〈詩論〉簡的形制和編連〉，《孔子研究》2002 年第 2 期（2002），頁 10～16。又見簡帛研究網，2002 年 1 月 12 日。

[6]　周鳳五，〈論上博〈孔子詩論〉竹簡留白問題〉，收入朱淵清、廖名春編，《上博館藏戰國楚竹簡研究》（上海：上海書店出版社，2002 年），頁 187～191。又見簡帛研究網，2002 年 1 月 19 日。

[7]　姜廣輝，〈古〈詩序〉的編連、釋讀與定位研究〉，收入姜廣輝主編，《中國經學思想史》（北京：中國社會科學出版社，2003），頁 479～511。又見姜廣輝，〈古〈詩序〉留白簡的意含暨改換簡文排序思路〉（簡帛研究網，2002 年 1 月 19 日）。又見姜廣輝，〈關於古〈詩序〉的編連、釋讀與定位諸問題研究〉，收入《中國哲學》第 24 輯（瀋陽：遼寧教育出版社，2002）。

提及這個問題。在此，先簡要介紹幾種有代表性的觀點。

（一）「縮皺脫字說」，在廖名春（參見注 5 論文）、姜廣輝（參見注 7 論文）、范毓周（參見注 8 論文）中均提及李學勤先生有此觀點，即留白處本來有字，因為某種自然或人為的原因「縮皺」脫落了。

（二）「先寫後削說」，由周鳳五先生提出（參見注 6 論文）。和「縮皺脫字說」一樣，「先寫後削說」認為留白處本來是有字的，但後來被削除了。基於這一推測，周先生認為可以在竹簡留白部分補字。至於「簡文何以寫後削除？何人所為？動機如何？是否只刮削〈孔子詩論〉？」對於這一設問，周先生解答道：「一連串的問號，由於這批竹簡不是考古發掘出土，缺乏完整的紀錄與報告，恐怕一時真相難明。不過，上古有將隨葬器物破壞後入葬的習俗，〈孔子詩論〉的所謂「留白」既然不切實用，是否反映這種習俗？還得繼續深入探究。」彭浩先生也認為是先寫後削，他指出「〈詩論〉留白簡原是分三欄書寫的，後因某種緣故將上、下欄刮去，只留存中欄。其閱讀秩序是上欄→中欄→下欄，各欄均由右向左。」（參見注 10 論文）。

（三）「殘簡說」，由姜廣輝先生提出（參見注 7 論文），范毓周先生也表示贊同。他指出「就是說，竹簡抄寫者所用的底本已

8　范毓周，〈關於上海博物館藏楚簡〈詩論〉的留白問題〉（簡帛研究網，2002 年 1 月 19 日）。

9　濮茅左，〈〈孔子詩論〉簡序解析〉，收入朱淵清、廖名春編，《上博館藏戰國楚竹簡研究》（上海：上海書店出版社，2002 年），頁 9～50。

10　彭浩，〈〈詩論〉留白簡與古書的抄寫格式〉，清華大學思想文化研究所、輔仁大學文學院聯合主辦「新出楚簡與儒學思想國際學術研討會」論文，北京清華大學，2002 年 3 月 31 日～4 月 2 日。

經有殘簡，他大概知道竹簡殘缺的大致字數，因此在抄寫時預留了空白，一是向讀者提醒這部分是殘簡，二是希望有朝一日找到完本，將缺字補齊。」「殘簡說」其實也是認爲空白處原本有字，只是由於殘缺而暫時無法補上罷了。因此以上三家以及追隨以上三家的學者們在爲〈孔子詩論〉重新安排簡序時，都將留白簡與滿寫簡混在一起加以討論。

　　廖名春先生則認爲這兩種形制完全不同的竹簡，必須分開討論。而且他認爲從內容上看「「留空簡」論《詩》與「滿寫簡」還是有一定區別，前者突出概論，後者則重在分述；前者的主體多爲孔子，後者的主體多爲孔子的弟子。此弟子爲誰，簡文也沒有交代。」[11] 彭浩先生更進而認爲，由於留白簡不同於滿寫簡，留白簡「應是另一個篇、章，不應歸入〈詩論〉中。」[12]

　　筆者認爲，「縮皺脫字說」與「先寫後削說」相對而言合理性較差，「縮皺脫字說」無法解釋爲何正好是這六支簡「縮脫」，而且會「縮脫」得如此整齊，正好到上下兩道編繩的部位。「先寫後削說」經過整理者再次目驗，也證明了可能性極小。因爲「入木三寸」的墨跡不可能不留下一點痕跡。[13] 既然留白處本無字跡，彭浩先生「〈詩論〉留白簡原是分三欄書寫的……其閱讀秩序是上欄→中欄→下欄，各欄均由右向左。」之說也就難以成立。「殘簡說」雖然提醒我們應該對留白簡的特殊意義另眼相看，但同樣無法說明爲何殘得如此整齊，正好到編繩部位爲止。

---

[11] 廖名春，〈上博〈詩論〉簡的作者與作年〉（同注 5）。
[12] 彭浩，〈〈詩論〉留白簡與古書的抄寫格式〉（同注 10）。
[13] 參見廖名春，〈上博〈詩論〉簡的形制和編連〉（同注 5）及濮茅左，〈〈孔子詩論〉簡序解析〉（同注 9）。

　　對此問題，筆者的基本觀點有二。第一，我傾向廖名春先生和彭浩先生的觀點，即對留白簡與滿寫簡要區別對待。且不論留白簡的主體是否是孔子，滿寫簡的主體是否是孔子的弟子，留白簡無論在形制上還是在內容都凸顯它與滿寫簡的不同，將兩者區別開來，分頭討論，是整理〈孔子詩論〉的第一步。但這種區別也並沒有像彭浩先生所說的那樣嚴重，到了留白簡「應是另一個篇、章，不應歸入〈詩論〉中」的程度。就是說，兩者既有區別，又相關聯，可以統一在〈孔子詩論〉的篇名之下。第二，留白是人為的舉措，而非自然的殘損。對哪些簡留白，對哪些簡不留白，是事前計算好的，而非寫後刮削的。

　　不用說，到目前為止，出土竹簡中尚未看到過這種天地兩頭留白的特殊書寫形態。正因為特殊，就一定有其特殊處理的緣由。在此，我們先來看看其他種類的特殊書寫形態。通過用簡的長短，用帛的大小，來區分所寫文書是經還是傳，是重要還是非重要，古典文獻中多有記載。但是，同一篇文章中為何要使用不同的書寫形態，這方面的記述則找不到。不過，可供參考的例證也並非一無所有。

　　在古代文獻中，以書寫形態特殊聞名的是的〈墨經〉。對〈墨經〉上下篇的閱讀，在一個相當長的歷史時期，由於人們不明白夾雜在〈經上〉篇末尾的「讀此書旁行」為何意，不僅把這句提示性的話當經文，而且把本該橫向閱讀的句子，按直行本編排，以至於意思混亂無法理解。一直到清代學者畢沅才悟出「讀此書旁行」原來是歷史上某位傳抄者為提示文章的正確讀法而特意附於文中的。其實，當〈墨經〉最初抄寫於簡帛時，顯然在簡或帛的中間有一道橫線，橫線以上及以下的句子各自從右向左閱讀，之所以這樣處

理，顯然因爲它是經文，要用這種形式使其變得醒目，從而將其重
要性提示給閱讀者。按照畢沅的理解，給〈墨經〉重新恢復上下兩
欄狀態後，原來死去的文章又活了過來，經說文也能完整對照了。

　　在出土文獻郭店楚簡中，我們又發現了這種上下兩欄的書寫方
式，在〈語叢三〉中，從第 64 號簡開始，到 72 號簡爲止，竹簡中
間有明顯的墨塊區別上下，而文意也必須上下各自從右向左閱讀，
才變得通順。龐樸先生指出這就是「讀此書旁行」的閱讀方式，在
其他〈語叢〉（除了〈語叢四〉）中或許可以找到相應的說文。例
如〈語叢三〉第 64 號簡下～第 65 號簡下的「亡（無）勿（物）不
勿（物），膚（皆）至安（焉）」與〈語叢一〉第 71 號簡「亡
（無）勿（物）不勿（物），膚（皆）至安（焉）。而……」可能
有對應關係。〈語叢三〉第 66 號簡上的「亡（無）亡（無）遴
（由）也者」與〈語叢三〉第 42 號簡～第 43 號簡的「或遴（由）
亓（其）闢，或遴（由）亓（其）不聿，或遴（由）亓（其）可」
可能有對應關係。這是非常有道理的見解。[14]

　　因此，可以這樣認爲，在同一篇文章中，先秦時期的學人在類
似於經文的重要部分的書寫上，有時會使用特殊的、使之與說文相
區別的特殊規格。

---

[14] 龐樸〈〈語叢〉臆説〉，收入《中國哲學》第 20 輯（瀋陽：遼寧教育出版
社，1999），頁 327～330。此外，關於竹簡的書寫格式，彭浩，〈〈詩論〉
留白簡與古書的抄寫格式〉（同注 10）指出，睡虎地秦墓竹簡的書寫格式
也很特殊，如〈編年記〉分上下兩欄書寫、〈為吏之道〉分上下五欄書寫，
〈日書〉的分欄最多時甚至有八欄。但睡虎地秦墓竹簡的分欄書寫，是為了
突出視覺上效果，與經說文無關，所以與〈孔子詩論〉的書寫格式不具對比
意義。

　　〈孔子詩論〉第 2 至第 7 號簡，雖然中間沒有區分上下的標記，文字不用橫向閱讀。但筆者認爲從其書寫規格看，它放棄兩頭可寫八字左右的巨大空間，僅在編繩中間留下文字，這種奢侈的書寫方式，是前所未見的，它只能表示所承載的內容極其重要，以示作者的重視。這種待遇恐怕只有與經文類似的部分才能夠相當吧。

　　那麼，是否可以將留白簡與滿寫簡的關係，看作是一種經說文的關係呢？答案是否定的。細察戰國秦漢時代文獻尤其是諸子文獻中所見經文與說文（或「解」、「傳」）形態，可以發現，說文（或「解」、「傳」）基本上是對經文的解釋，它要求經文與說文在內容上具有對照性，說文往往是對經文一句一句直接的闡發。傳世文獻中的《墨子》的〈經說上〉〈經說下〉、《韓非子》的〈解老〉、〈喻老〉，出土文獻中馬王堆帛書〈五行〉、《經法》中的〈君正〉篇、〈論〉篇、〈亡論〉篇都是典型的例子。就經文、說文（或「解」、「傳」）的寫作時代而言，既有經文成立在前，說文追隨於後的形態，也有兩者同時完成，爲了突出說文，而故意製作經文的形態。[15]

　　〈孔子詩論〉留白簡與滿寫簡在寫作時代上是否有先後關係暫且不論，僅從文句上看，兩者雖然存在類似的表達方式（如「吾……之」），但幾乎沒有共同的命題。雖不能說文意上相互毫無關聯，但彼此的獨立性更爲突出。因此兩者間沒有非常緊密的照應關係，說它們是經文與說文的關係十分牽強。

---

[15] 井ノ口哲也，〈「經」とその解説─戰國秦漢期における形成過程─（「經」及其解説─戰國秦漢時期的形成過程─）〉，《中國出土資料研究》第 2 號（東京：中國出土資料學會，1998），頁 51～73。專門論述了戰國秦漢時代文獻尤其是諸子文獻中，一書內或一篇內所見經說（或「解」「傳」）文結構，可參考。

　　留白簡與滿寫簡雖然不是經說文關係，但爲了區別經說文，先秦學人使用特殊的書寫形態標誌兩者的主次關係，這一點仍具重要的啓發意義。筆者認爲，留白簡與滿寫簡就是爲了突出兩者的主次關係，而故意這樣書寫的。所以，兩者只能按先後排列，不可以混雜在一起。就主次關係而言，前者著重圍繞「邦風」、「少（小）夏（雅）」、「大夏（雅）」、「訟（頌）」展開話題，基本上是總論。後者就具體詩篇展開話題，是分論，兩者分工不同。這一點筆者在第二章中還要詳細論述。作爲總論，要突出它有別於分論，顯示其重要性，而採用了留白簡的奢侈書寫方式，這也是可以理解的吧。

第二節　〈孔子詩論〉的簡序和分章問題

　　如前所述，既然六支留白簡與其他滿寫簡在形制上完全不同，把兩者混在一起排序顯然不合理，分開處理才是比較謹慎的態度。因此，筆者在調整簡序和重新分章時，將留白簡與滿寫簡區別處理。在對〈孔子詩論〉的簡序作重新調整時，筆者的依據主要不是來自內容，而且來自簡文的個性——遣詞造句的風格。筆者認爲，〈孔子詩論〉的簡文，尤其是滿寫簡簡文有著獨特的語言風格，其敘述方式比較整齊有序，這種整齊有序的特徵表現爲文章的用詞造句具有反復性、排比性。圍繞一個主題講述時，話題集中，不輕易游離出去。作者通過一些關鍵詞的反復出現，來突出、強調其主題。在我們對內容分析尚無充分自信的時候，通過語言特徵來爲簡文排序分章也許更具保險性。如下所示，筆者把〈孔子詩論〉留白簡分爲三章，滿寫簡簡文分爲六章。需要指出的是，下列簡文並非

完全抄錄整理者的釋文，筆者對一些字形作了重新隸定，對一些通假字也作了新的認定。暫時無法隸定的字及無法確認通假關係的地方，則保留原字，「……」用來表示殘缺的部分。

在此首先調整留白簡的簡序，並加以分章。

第一章

第 4 號簡　曰：「告（詩）亓（其）猷（猶）塑（廣）[16] 門■與。炎民而豫之，[17] 亓（其）甬（用）心也牊（將）可

---

[16] 「塑」字，〈孔子詩論〉中凡二見，又見於第 2 號簡「塑德」。整理者將其釋為「坪」字，看作是「平」的假借字。但有多位學者所指出，該字雖然字形與楚系文字的「坪」字相似，但並不完全相同，且「平門」、「平德」在文獻上也無出典可依，該字從「土」從「旁」，應視為「廣」的假借字。「廣德」即「大德」，出典可見《老子·第四十一章》「廣德若不足」，《逸周書·太子晉解》「其孰有廣德」、「君有廣德」。參見馮勝君，〈讀上博簡〈孔子詩論〉札記〉（簡帛研究網，2002 年 1 月 11 日）；俞志慧，〈〈戰國楚竹書·孔子詩論〉校箋（上）〉（簡帛研究網，2002 年 1 月 17 日）；何琳儀，〈滬簡詩論選釋〉，收入朱淵清、廖名春編，《上博館藏戰國楚竹簡研究》（上海：上海書店出版社，2002 年），頁 245。又見簡帛研究網，2002 年 1 月 17 日；楊澤生，〈上海博物館所藏楚簡文字說叢〉（簡帛研究網，2002 年 2 月 3 日）。在這些學者的見解中，就字形的分析而言，筆者傾向贊成楊澤生的意見，即認為此字上部從「雨」，下部的「方」與「雨」相互借筆。所以，筆者認為，出於「廣」與「方」的假借關係，該字可視為「廣」的假借字。第 4 號簡中的「塑門」有可能讀為「廣門」，其意為「廣開之門」或「廣開大門」。

[17] 筆者將「詩其猶廣門■與」讀為「詩其猶廣門歟」。也就是說「門」和「與」之間那個標誌語氣中頓的符號，很可能是點錯了位置。古典文獻中「其猶……歟」的文例非常多見，而且可以放在句末。如果將「與」和下文連讀構成「與炎民而豫之」，視「與」為動詞的話，就找不到「與」的直接賓語，語法上成問題。「炎」字，整理者及許多學者讀「賤」，並視其為「民」的形容詞。其實它與「豫之」相對為文，應當看作是動詞。但「賤民」與「豫之」有矛盾，故不從。廖名春，〈上海博物館藏詩論簡校釋箚

（何）女（如）？曰：『邦風氏（是）也■。』民之又
（有）感（戚）惓（患）也，上下之不和者，丌（其）甬
（用）心也牂（將）可（何）女（如）？

第 5 號簡　氏（是）也。』又（有）城（成）工（功）者可
（何）女（如）？曰：『訟（頌）氏（是）也■。』」

　　第一章是一段問答句，用「將何如（或「何如」）？曰……是
也」構成了一組排比句式。第 4 號簡前至少有一支簡的殘缺，其內
容是提出了與「詩」有關的問題，然後第 4 號簡回答「曰，詩其猶
廣門歟。」根據第三章（第 2、3 號簡）的類似組合以及前後文意
的分析，顯然第 4、5 號簡之間至少有一支簡的殘缺，論述的是
「小雅」和「大雅」。其中應該包括「曰小雅是也」及「其用心也
將何如？曰大雅」或「……者何如？曰大雅」這種可以想像的常
套。這樣，第一章用五個「曰」，將「詩」、「邦風」、「小
雅」、「大雅」、「訟」輪流講了一遍。最後一個大的黑塊表明接
下來的話題會有大的轉變。

第二章

第 5 號簡　清届（廟）王悳（德）也■。至矣，敬宗届
（廟）之豊（禮），以為丌（其）杏（本），秉旻（文）之
悳（德），以為丌（其）業■。肅雖（雍）

___

記）」，收入朱淵清、廖名春編，《上博館藏戰國楚竹簡研究》（上海：上海書
店出版社，2002 年），頁 272。釋「爻」為「踐」的假借字，讀為「善」，
可備一說。

第 6 號簡 多士，秉㝵（文）之恵（德），虘（吾）敬之。剌（烈）㝵（文）曰：「乍（亡）競隹（維）人、不（丕）㬎（顯）隹（維）恵（德）。」於虐（乎），前王不忘，虘（吾）敚（悅）之。昊天又（有）城（成）弇（命），二后受之，貴慶（且）㬎（顯）矣。訟（頌）

第 7 號簡 ……裏（懷）尔㿟（明）恵（德）。害（曷）？城（誠）胃（謂）之也。又（有）弇（命）自天，命此文王，城（誠）命之也。信矣■。孔子曰：「此弇（命）也夫■。文王隹（雖）谷（欲）已，[18] 㝵（得）虐（乎）？此弇（命）也，

第 2 號簡 寺（時）也，文王受命矣■。」

第二章的特徵在於引用具體詩句，來為「頌」與「大雅」若干詩篇的重要性作進一步的說明。第 5、6 號簡引了「清廟」、「烈文」、「昊天有成命」三篇作為「訟」的代表，簡末最後一字「頌」提示我們這裡引詩的目的是在講「頌」如何如何。廖名春先生根據第 6 號簡「吾……之」的格式，認為「頌」前可能抄漏一「吾」字，「頌」後當補一「之」。李學勤先生也表贊同。[19] 筆者

---

[18] 「已」字，整理者釋作「也」，恐有誤，劉樂賢，〈讀上博簡札記〉（簡帛研究網，2002 年 1 月 1 日）；龐樸，〈上博簡零箋〉，收入朱淵清、廖名春編，《上博館藏戰國楚竹簡研究》（上海：上海書店出版社，2002 年），頁235。又見簡帛研究網，2002 年 1 月 1 日。都指出該字當釋為「已」。

[19] 廖名春，〈上海博物館藏詩論簡校釋箚記〉（同注 17），頁 273。李學勤，〈〈詩論〉說〈宛丘〉等七篇釋義〉，清華大學思想文化研究所、輔仁大學文學院聯合主辦，「新出楚簡與儒學思想國際學術研討會」論文，北京清華大學，2002 年 3 月 31 日～4 月 2 日。

覺得這種可能性很小。第 6、7 號簡之間「清廟」詩句的引用「**肅雍多士**」，很多學者據今本將其補爲「**肅雍顯相，濟濟多士**」，筆者以爲不必，一方面第 5、6 號簡簡頭簡末無缺損，如前所述，留白處也不應該有文字。另一方面，跳字引詩也並非完全不可能。第 7 號簡引了今本《毛詩》〈皇矣〉、〈大明〉篇中的詩句，這二篇當是「大雅」的代表。

　　這一章有兩點值得注意。第一，第二章的文字似乎有些率性而發，不像第一、三章那樣在用字造句上格外整齊。但却有其鮮明突出的主題，即所引「頌」詩突出的是王（尤其是文王）與「德」，所引「大雅」突出的是王（尤其是文王）與「命」（這也正是第 2 號簡「時也。文王受命矣」可以和第 7 號簡相聯接的理由），也許這些正是〈孔子詩論〉作者所認爲的《詩》的精華，是作者所最想推崇的東西。所以放在留白簡中加以強調。第二，第 6、7 號簡之間，可能有一支左右簡殘缺，講「頌」與王之「德」的關係，講「大雅」與王之「命」的關係，可能還引用了其他的「大雅」詩句。但這裡不會再有「邦風」、「小雅」插足的餘地，這是可以肯定的。

　　相當一部分學者因爲「吾……之」這種慣用句的存在，而將第 22 號簡與第 6 號簡拼合，這樣做顯然是不合理的。一則留白簡與滿寫簡形制不同，不當混編，這在前文已反復申述。將第 22 號簡與第 6 號簡硬性拼合，只會造成一頭是滿寫簡、一頭是留白簡的奇怪形態。再則兩者主旨完全不同，滿寫簡第四章（第 21、22 號簡）根本不涉及王之「德」、王之「命」的命題。第 21、22 號簡只不過用「吾……之」的句式，作了個人情感式的評價，沒有更深入的發揮。

第三章

第 2 號簡　訟（頌），戠（廣）惪（德）也。多言後，丌（其）樂安而屖，丌（其）訶（歌）紳而蕩（蕩），丌（其）思淡（深）而遠。至矣■。大夏，（雅）盛惪（德）也，多言[20]

第 3 號簡　也。多言難而悹（怨）退（懟）者也，衰矣，少（小）矣。邦風丌（其）內（納）勿（物）也尃（博），儥（觀）人谷（俗）安（焉），大會（斂）材安（焉）。丌（其）言吳（文），丌（其）聖（聲）善。孔子曰：「隹能夫

　　第三章作者又回到了「邦風」、「小雅」、「大雅」、「頌」的話題，但順序却完全顛倒了。第 2、3 號簡之間至少有一支簡的殘缺，是與「大雅」、「小雅」相關的評論。從語言風格上看，對「頌」、「大雅」、「小雅」的評價採用了「……德也……多言……矣」的相同句式。從主旨來看，這一章重在論述「邦風」、「小雅」、「大雅」、「頌」各自的思想性與藝術性。

　　從筆者爲留白簡和滿寫簡重新排列的章次看，就「風」、「雅」、「頌」的次序而言，當時「邦風」→「小雅」→「大雅」→「頌」很可能已經固定下來了。留白簡第一章先總論《詩》，然

---

[20] 對第二號簡的釋讀，參見曹峰，〈試析已公布的二支上海戰國楚簡〉，收入東京大學郭店楚簡研究会編，《郭店楚簡の思想史的研究》第五卷（2001）。頁 169～180。又見簡帛研究網，2000 年 12 月 27 日。本文對「戠」字釋讀作了修改。

後按上述順序排列的做法，就證明了這一點。滿寫簡第一至第三章先討論「邦風」再討論「小雅」的順序，也從側面證明當時有「風」、「雅」、「頌」的順序意識。至於為何留白簡第三章形成「頌」、「大雅」、「小雅」、「邦風」的順序，我想這是因為從思想性與藝術性高低的立場出發，「其樂安而屖，其歌紳而蕩，其思深而遠」的「頌」勿庸置疑要排第一位。

第 1 號簡「行此者丌（其）又（有）不王虖（乎）■。孔子曰，𡊍（詩）亡𨼆志，樂亡𨼆情，旻（文）亡𨼆□（意）」，[21] 那個大的黑塊表明前半部分應該屬於前面的〈子羔〉篇。後半部分從內容上看和《詩》有關，而且是高度概括的發言。不過「𡊍（詩）亡𨼆志，樂亡𨼆情，旻（文）亡𨼆□（意）」和留白簡的所論「邦風」、「小雅」、「大雅」、「頌」沒有直接照應，而且從形制上無法斷定它是否屬於留白簡，所以不便列入留白簡第一章，獨立出來為好。

下面調整滿寫簡的簡序，並加以分章。

第一章

第 10 號簡　關（關）疋（雎）[22] 之改（已）[23] ■，梂（樛）木之告（時）■，灘（漢）坒（廣）之督（知）■，鵲

[21] 對第一號簡的釋讀，參見曹峰，〈試析已公布的二支上海戰國楚簡〉（同注20）。

[22] 〈孔子詩論〉中出現的詩篇名，在確認通假關係後，筆者在括號中附加今本《毛詩》中所見詩名，這只是為了對照需要，不等於認可當時已經出現與今本一樣寫法的名稱，應該說楚簡所見詩名才接近真實原貌。

[23] 將「改」釋作「已」的理由，以及對〈孔子詩論〉所見「關雎」簡的分析，參見本書第二章。

棟（巢）之遝（歸）■，甘棠之保■，綠衣之思，躳（燕）躳（燕）之情■。害（曷）？曰童（動）而皆臤（賢）於亓（其）初者也■。闗（關）疋（雎）以色俞（喻）於豊（禮）……

第 14 號簡　兩矣■，（其）四章則俞（喻）矣■。以錝（琴）瑟（瑟）之敚（悅），悬（擬）好色之忢（願），以鐘鼓之樂……

第 12 號簡　……好。反內（納）於豊（禮），不亦能攺（已）虖（乎）■。梂（樛）木福斯在君子，不……

第 13 號簡　……可旻（得），不妟（窮）不可能，不亦智（知）死（極）虗（乎）■。[24] 鵲棟（巢）出以百兩，不亦

---

[24] 「不妟不可能，不亦智死虗。」一句，整理者對「妟」字無釋，釋「死」為「恆」。李學勤，〈上博博物館楚竹書〈詩論〉分章釋文〉，《國際簡帛研究通訊》第 2 卷第 2 期（2002），頁 1～2。又見簡帛研究網，2002 年 1 月 16 日；廖名春，〈上博〈詩論〉簡的形制和編連〉（同注 5）；何琳儀，〈滬簡詩論選釋〉（同注 16），頁 248。等學者均釋該字為「攻」，何琳儀先生解釋尤詳，他認為「攻」即「作」，「不攻即『不做不可能的事』」。筆者認為，「攻」的字意多與器物的攻治，建築的造作有關，與「不可能」連讀顯得牽強。「死」字的解釋必須與「死」字的解釋聯繫起來。「死」字雖是「恆」的古文，但楚系文字中常見「恆」與「亟」的混用，如郭店楚簡《老子》甲本第 23 號簡、乙本第 2 號簡所見同類字形均應讀做「極」為是。從「漢廣」詩意來看，這裡的「死」字也是讀作「極」為好，即「知極」，知道能力的極限，而不是知道恆常。從「漢廣」詩意及「亟」（極）的字意出發，「妟」字可釋為「窮」的假借，「工」是東部見母字，「窮」是冬部羣母字，韻部雖不同，但東部與冬部關係密切，兩者間存在假借關係是可能的。文獻中「不窮……」的例子非常多見，「不窮不可能」正是「知極」的意思，兩者可以相互對應。李零，〈上博楚簡校讀記（之一）——〈子羔〉篇「孔子詩論」部分〉（同注 3）也將該字釋為「窮」，但未說明

又（有）德[25]虖（乎）■。甘……

第 15 號簡　……及亓（其）人，敬蠤（愛）亓（其）亖（樹），亓（其）保厚矣■。甘棠之蠤（愛）以卲（召）公……。

第 11 號簡　……青（情）蠤（愛）也。闊（關）疋（雎）之攺（已），則亓（其）思賹（益）矣。栚（樛）木之旹（時），則以彔（祿）矣。灘（漢）里（廣）之暂（知），則暂（知）不可尋（得）也。鵲橾（巢）之遝（歸），則德者

第 16 號簡　……卲（召）公也■。綠衣之恴（憂），思古人也■。縣（燕）縣（燕）之情，以亓（其）蜀（獨）也■。

　　第一章的順序爲：10→14→12→13→15→11→16。這一章集中討論的是「關雎」、「樛木」、「漢廣」、「鵲巢」、「甘棠」、「綠衣」、「燕燕」七首詩，這七首詩均在《毛詩‧國風》範圍內，它們被按照嚴格的順序前後討論了三次。第一輪集中用一個字表達各詩的意旨，第二輪的討論，各篇的展開雖有長有短，但前四篇均以「不亦」句式來結尾，後三篇因殘缺而看不到這種現象，但其存在或許可以推測的。第三輪的展開依舊是十分整齊的，即在複述第一輪的

理由。

[25] 「德」字在書中共出現三次。即「鵲巢之歸，則德者」（第 11 號簡）、「鵲巢出以百兩，不亦又德乎」（第 13 號簡）、「可斯雀之矣，德其所愛，必曰：『吾奚舍之？賓贈是也』」（第 27 號簡）。各家見解參見黃懷信，《上海博物館藏戰國楚竹書〈詩論〉解義》（北京：社會科學文獻出版社，2004），頁 37～40。

四字句後，用「則……矣」、「則……也」、「……也」的短句來進一步突出主題。這絕對是一段既富思想性、又富文學性的美文。想必當年楚國學人們朗誦起來一定是瑯瑯上口的。

第二章

　　第 16 號簡　孔子曰：「虐（吾）以萬（葛）尋（覃）[26] 寻（得）氏初之旹（詩），民眚（性）古（固）狀（然）■。見丌（其）岂（美），必谷（欲）反丌（其）本。[27] 夫萬（葛）之見訶（歌）也，則

　　第 24 號簡　以□□之古（故）也■。后稷之見貴也■，則以文武之恵（德）也。虐（吾）以甘棠寻（得）宗廟（廟）之敬■，民眚（性）古（固）狀（然）。甚貴丌（其）人，必敬丌（其）立（位）。敓（悅）元（其）人，必好丌（其）所為，亞（惡）丌（其）人者亦狀（然）。……

　　第 20 號簡　……帀（幣）帛之不可迲（去）也■，民眚（性）古（固）狀（然），丌（其）陸志必又（有）以俞

---

[26] 「萬尋」當釋為「葛覃」。李天虹，〈〈葛覃〉考〉，收入《國際簡帛研究通訊》第 2 卷第 2 期（2002），頁 10。又見《新出簡帛研究》（北京：文物出版社，2004）；何琳儀，〈滬簡詩論選釋〉（同注 16）有詳細論述。

[27] 「丌」字，整理者作「一」。細察圖版，其實「一」的字形下雖然模糊，但仍有筆劃依稀可見，當即「丌」字。「反其本」在《孟子》、《管子》、《莊子》、《呂氏春秋》等文獻中均可見。在此試舉一與引詩有關的例子。「賢良曰：『《孟子》曰：「堯、舜之道，非遠人也，而人不思之耳。」《詩》云：「求之不得，寤寐思服。」有求如〈關雎〉、好德如〈河廣〉，何不濟得之有？……孔子曰：「吾於〈河廣〉，知德之至也。」而欲得之，各反其本，復諸古而已。』」（《鹽鐵論‧執務》）

（諭）也■。丌（其）言又（有）所載而句（后）內（納），或前之而句（后）交，人不可辭（觸）也。虗（吾）以折（杕）杜导（得）雀……

第 19 號簡 ……□[28] 志，既曰天也，猷（猶）又（有）悹（怨）言。木苽（瓜）又（有）寂（藏）恋（願）而未导（得）達也■。交……

第 18 號簡 ……因木苽（瓜）之保（報）以俞（諭）丌（其）悹（怨）者也。折（杕）杜則情憙（喜）丌（其）至也■。……

第二章按第 16→24→20→19→18 的順序排列。這一大段主要講「葛覃」、「甘棠」、「木瓜」、「杕杜」這四首詩。第 16 和第 24 號簡之所以能串聯在一起，主要依據在於「之……也，則以……也」句式的反復使用。對這四首詩，作者均使用了「吾以……得……」和「民性固然」這樣的句式。必須指出的是因為竹簡殘損，「木瓜」只有「民性固然」，沒有「吾以……得……」。「杕杜」則正相反，有「吾以……得……」，沒有「民性固然」。因此，都可以補上去，即第 24 號簡後、第 20 號簡前可以加上「吾以木瓜得」，即和下一簡聯接為「〔吾以木瓜得〕幣帛之不可去也」。第 20 號簡後或第 19 號簡前可加上「民性固然」。對第 19 號簡「□志，既曰天也，猶有怨言。」有學者認為談的是〈北門〉或〈柏舟〉或〈君子

---

[28] 「□」字，從殘存筆畫看，從「弓」從「水」，但是否可以釋作「溺」，待考。

偕老〉，[29] 但筆者認爲，這裡集中討論的就是上述四首詩，應該不再有其它詩容身的餘地。和第一章語言風格一樣，第二章通過「吾以……得……」和「民性固然」這樣的排比句式，使文章主旨得到高度地、集中地發揮。由於第 18 號簡「杕杜則情喜其至也■」的最後有一個比較大的墨塊，因而這一段落只能在此結束。

第三章

第 8 號簡　十月善諀言■。雨亡（無）政（正）■、即（節）南山皆言上之衰也，王公恥之。少（小）旻（旻）多惷（疑）惷（矣），言不中志者也。少（小）𦤎（宛）丌（其）言不亞（惡），少又（有）𢡃（危）[30] 安（焉）。少（小）㝵（弁）、考（巧）言則言讒人之害也■。伐木……

第 9 號簡　實咎於其也■。天保丌（其）㝵（得）彔（祿）蔑畺（疆）矣，巽寡（寡），恴（德）古也■。誶（祈）父之責，亦又（有）以也■。黃鳥（鳥）則困而谷（欲）反丌（其）古也，多恥者丌（其）忞之虍（乎）。菁（菁）菁（菁）者莪，則以人益也。棠（裳）棠（裳）者芋（華），則……

第 21 號簡　貴也。牆（將）大車之嚻也，則以為不可女（如）可（何）也。審（湛）零（露）之賹（益）也，丌（其）猷軺與■。

---

[29] 參見本書第三章注 22、23、24。

[30] 關於「𢡃」字的各家見解，參見黃懷信，《上海博物館藏戰國楚竹書〈詩論〉解義》（同注 25），頁 165。筆者從「危」說。

　　第三章與第一章有相似之處。第一章圍繞〈國風〉中的詩篇集中討論，第三章則圍繞〈小雅〉中的詩篇集中討論。這是將第8→9→21號簡串聯在一起的主要原因。另外，從語言風格上看，這三支簡所羅列的詩篇都未見作長篇討論。短則三、四字，長也不過十字左右。評語短而簡潔。從第9號簡的「菁菁者莪，則以人益也」開始，作者使用了「則以」的排比句式。第21號簡也有這樣的句式，即「將大車之囂也，則以為不可如何也。」姜廣輝先生在第9號簡簡末「裳裳者華，則」與第21號簡簡頭「貴也」之間添上「以人」二字，與「菁菁者莪，則以人益也」相對應，這是有一定道理的。[31]況且第九號簡簡末正好有空缺。

　　第四章

　　　第21號簡　孔子曰：「宛（宛）丘虐（吾）善之■。於（猗）差（嗟）虐（吾）悳（喜）之■。尸（鳲）鳥（鳩）虐（吾）信之■。文王虐（吾）岂（美）之■。清

　　　第22號簡　之。宛（宛）丘曰：「訽（洵）又（有）情，而亡（無）望，虐（吾）善之。」於（猗）差（嗟）曰：「四矢复（變）、以御亂，虐（吾）悳（喜）之■。」尸（鳲）鳥（鳩）曰：「丌（其）義一氏，心女（如）結也，虐（吾）信之。」文王〔曰：「文〕王才（在）上，於卲于天，虐（吾）岂（美）之。」

----

[31] 參考注7所見姜廣輝各篇論文。

　　第四章不用再作分析，一目瞭然，「吾……之」的表達方式，使整個第四章看上去一氣呵成，文采煥然。與第一章相類似，這裡的詩篇採用了由簡至繁的多輪表述方法。第 6 號簡與第 22 號簡雖然非常類似，但如前文指出的那樣，留白簡不應輕易與滿寫簡對接，故不作考慮。但第 21 和 22 號簡之間可能存在缺簡，因為第 21 號簡最後顯然說的是「清廟」，而第 22 號簡簡頭無損，無法聯接。那麼這支缺簡論述的就是「清廟」及其他詩篇，第 22 號簡後面也應該還有論述「清廟」等其他詩篇的簡，惜已不存。

　　第五章

　　　第 23 號簡　……麕（鹿）𦥔（鳴）以樂訂（始）而會，以道交，見善而孝（學），冬（終）虖（乎）不猒（厭）人■。兔䖒（置）亓（其）甬（用）人則虘（吾）取

　　　第 27 號簡　……女（如）此。可斯雀之矣，惪亓（其）所悤（愛），必曰：「虘（吾）奚舍之？賓贈氏（是）也。」

　　將第五章置於此處，是一種嘗試，它基於這樣的設想，即雖然文風有所不同，但「吾……之」的表達方式是否還在延續下去呢。第 23 號簡簡末的「則吾取」，筆者認為可接一「之」字，成為「則吾取之」。從文獻例證來看，《春秋繁露‧玉杯》有「是故善為師者，既美其道，有慎其行，齊時蚤晚，任多少，適疾徐，造而勿趨，稽而勿苦，省其所為，而成其所湛，故力不勞而身大成。此之謂聖化，吾取之。」所以「吾取之」的表達方式並非杜撰。第 27 號簡有「必曰，吾奚舍之？」這也可以看作是「吾……之」的一種。

　　筆者將第 23、27 號簡放在同一章，也是考慮到第一至第四章各章的內在結構已非常緊密，不容他簡插入。如第 23 號簡的「鹿鳴」屬〈小雅〉，「兔罝」屬〈國風〉，且評語較長。這種情況似乎只能放入第二大段，但如前所述，第二大段只談「葛覃」、「甘棠」、「木瓜」、「杕杜」四首詩，恐無「鹿鳴」、「兔罝」插足餘地。第 27 號簡殘損嚴重，「可斯」是否是篇名還需討論，如勉強讀作「何人斯」，把到「孔子曰」為止的前半支簡看作只論〈小雅〉詩篇，也無法進入只談〈小雅〉的第三章，因為與第三章評語簡潔的風格不符。至於剩下諸簡，也因自成風格，與第 23、27 號簡不類。

　　當然這兩簡也並不一定非要合在一起，那樣的話只好做散簡處理。

　　第六章

　　　　第 27 號簡　孔子曰：「七（蟋）衒（蟀）智（知）難■。中氏君子▄。北風不絑（絕）人之怨。子立不……[32]

　　　　第 26 號簡　……忠■。北（邶）白（柏）舟閟■。浴（谷）風悁■。[33] 翏（蓼）莪又（有）孝志■。陘（隰）又（有）長（萇）楚旱（得）而愳（悔）之也。……

---

[32] 筆者以為，從上下文的用詞特色看，「子立」當為一個獨立詩名。已有一些學者從音韻角度論證「子立」即「子衿」，即「立」與「衿」通假，參見馮勝君，〈讀上博簡〈孔子詩論〉札記〉（同注 16）、季旭昇，〈由上博詩論「小宛」談楚簡中幾個特殊的從肙的字〉（簡帛研究網，2002 年 2 月 13 日）。

[33] 「悁」字，整理者隸作从「不」从「心」的字，恐不確。其上半部與中山王鼎銘「智天若否」的「否」字近似，整體字形與詛楚文「張矜悁怒」的「悁」字相似。故當隸作「悁」。從詛楚文看，其意或許與「怒」有關。筆者以為，「北（邶）白（柏）舟閟」與「浴（谷）風悁」相對為文，都表達憤懣之氣，但前者抑鬱在內，後者發洩在外。

第 25 號簡 ……腸（陽）腸（陽）小人■。又（有）兔不奉（逢）告（時）■。大田之卒章，智（知）言而又（有）豊（禮）■。少（小）明不……

第 28 號簡 ……亞（惡）而不麚（文）。墇（牆）又（有）薺（茨）懃（慎）窖（密）而不智（知）言■。青蠹（蠅）智（知）……

第 29 號簡 惷（卷）而（耳）不智（知）人■。涉秦（溱）丌（其）絀（絕）。梬而士■。角禧婦■。河水智（知）……

第 17 號簡 ……東方未明又（有）利訓（詞）■。牶（將）中（仲）之言不可不韋（畏）也■。湯（揚）之水丌（其）悉（愛）婦炁■。菜（采）萬（葛）之悉（愛）婦……

筆者把第 27 號簡「孔子曰」以後的部分，及剩餘諸簡放在一起，列為第六章。

這一段文風的特徵也是簡潔，格外簡潔。好用單字評語，但不像第 10 號簡那樣作有機排列。另一個特徵是好用「知」、「不」、「有」作評語。如「知」字句有：

第 27 號簡的「蟋蟀知難」
第 25 號簡的「知言而有禮」
第 28 號簡的「牆有茨慎密而不知言」、「青蠅知……」
第 29 號簡的「河水知……」

「不」字句有：

> 第 27 號簡的「北風不絕人之怨」、「子立不……」
> 第 25 號簡的「有兔不逢時」、「小明不……」
> 第 29 號簡的「卷耳不知人」

「有」字句有：

> 第 26 號簡的「蓼莪有孝志」
> 第 25 號簡的「知言而有禮」
> 第 17 號簡的「東方未明有利詞」

　　至於第 27 號簡以後，第 26→25→28→29→17 號簡的排序，因竹簡殘缺嚴重，評語又十分簡潔，筆者覺得很難把握其內在的上下順序關係。因此，除了這些簡應該集合在一起這點可以確信外，對於內在簡的排列並無多少把握。把第 25 號簡和 28 號簡放在一起是因為兩者都有「知言」或「不知言」的話題。把第 29 號簡與 17 號簡放在一起是因為兩者或許都出自女性的口吻，或者說有可能都是女性的話題。

　　如果說以上的排序是準確的，那麼自然會發現一個有趣的現象。即如果與今本《詩經》對應著看，〈風〉、〈雅〉、〈頌〉的序列雖然有時整齊，有時打亂，但還是有其規律的。第一章嚴格圍繞〈國風〉展開，且詩篇全集中於今本《詩經》最前端，這是個有趣的現象。第二章中的「杕杜」可照應詩篇有三處，但從「則情喜其至也」來看還是與「唐風」的「有杕之杜」比較切合。這樣第二章

說的也全是國風。第三章則嚴格圍繞小雅展開。從第四章後順序打亂，第四章〈國風〉、〈大雅〉、〈頌〉兼有之。第五章、第六章都是〈小雅〉、〈國風〉相混。這種先整齊，再打亂的現象，究竟說明了什麼問題呢？這不是小文所能解答的，留待有識之士的指教。

餘論

如果上述的排序、分章正確，那麼筆者試圖提出以下幾個值得思考的問題。

第一，能否認為〈孔子詩論〉基本上是由同一作者，在同一時代，一次性完成的？從文章的構造，語言的風格上看這點似乎可以得到證明。就文章構造言，留白簡基本上為概論，綜述「邦風」、「小雅」、「大雅」、「頌」，滿寫簡為分論，評述個別詩篇。兩者有主有次，分工明確，當一氣呵成，看不出先有留白簡，後有滿寫簡的跡象。就語言的風格言，兩者也極度類似，好用排比句式，注重文章的整體美觀，無論留白簡還是滿寫簡都體現出高度的表現技巧。如果出自不同時代兩人以上之手，語言風格不可能保持如此的完整和統一。因而，姜廣輝先生說留白簡是時代久遠的殘簡，[34]廖名春先生說留白簡和滿寫簡反映出孔子與孔子弟子之間關係。筆者均難表贊同。[35]

第二，留白簡雖然是概論，但概論的性質並不徹底，裡面夾雜有「頌」、「大雅」具體詩篇的論述。對此該如何解釋呢？筆者有

---

[34] 姜廣輝，〈古〈詩序〉的編連、釋讀與定位研究〉（同注7），又見姜廣輝，〈古〈詩序〉留白簡的意含暨改換簡文排序思路〉（同注7）。
[35] 廖名春，〈上博〈詩論〉簡的作者與作年〉（同注5）。

一個大膽的設想，很可能在〈孔子詩論〉作者心目中，「頌」、「大雅」的地位和「邦風」、「小雅」的地位是不一樣的。「頌」、「大雅」凸顯「王之德」、「王之命」，所以和總論放在一起，「邦風」、「小雅」地位較低，所以放在分論中，滿寫簡第四、五、六章是「邦風」、「小雅」、「大雅」、「頌」的雜述，重要性較差，所以也放在分論中。因而，本該放在分論中的有關「頌」、「大雅」的個篇評述被有意識地提到總論中去了。〈毛詩序〉中也出現有〈關雎〉、〈麟趾〉、〈鵲巢〉、〈騶虞〉四篇具體詩名，又花大量篇幅論「風」，顯示出作者對〈國風〉特別是《詩經》中〈周南〉、〈召南〉的重視。這一點與〈孔子詩論〉之重「頌」、「大雅」異趣。

第三，〈孔子詩論〉既討論「邦風」、「小雅」、「大雅」、「頌」的思想性、藝術性意義，又對部分有代表性的詩篇下評語。所以它已構成完整意義上的詩論。[36] 與儒教化、政治化色彩濃烈的《毛詩》大小序相比，兩者差異較大，這已是學界共識。〈孔子詩論〉總論中不提「賦」、「比」、「興」和〈周南〉、〈召南〉，具體評詩之詞與《毛詩》小序可相互對應的句子也不多見。〈孔子詩論〉的詩評基本上依據原詩詩意，無「刺」、「褒」之語，無牽強附會之說。這種差異既表示出時代變遷的影響，也表明兩者的師承可能不是一路。但兩者之間也有共通的地方，例如，筆者在〈試

---

[36] 朱淵清，〈〈甘棠〉與孔門〈詩〉教〉，收入朱淵清、廖名春編，《上博館藏戰國楚竹簡研究》（上海：上海書店出版社，2002 年），頁 118～139。又見簡帛研究網，2002 年 1 月 11 日。對經的傳授體裁（如「訓詁」、「章句」）、解說形態（如「傳」、「記」、「說」、「微」、「議」）等作了詳盡的說明。他認為〈孔子詩論〉全篇是孔子弟子所記錄的孔子關於《詩》的解說，這些解說既概括詩旨，又發明義理，屬於章句式體裁。

析上博楚簡〈孔子詩論〉中有關「闇迈」的幾條竹簡〉[37]一文中指出，第 10 號簡「關雎之改」之「改」字當釋爲「已」，意爲「止」，〈毛詩序〉有「故變風，發乎情，止乎禮義。發乎情，民之性也。止乎禮義，先王之澤也。」所謂「發乎情，止乎禮義」的說法和「關雎之改」在思想性上體現出相當的一致。此外「發乎情，民之性也。止乎禮義，先王之澤也」，同爲〈毛詩序〉的「是以一國之事，繫一人之本，謂之風」，與滿寫簡第二章的四個「民性固然」可以找到共通之處。所以〈孔子詩論〉對〈毛詩序〉可能有過影響，或者說它們在某些方面有著共同的思想來源。

第四，〈孔子詩論〉所受思想影響及寫作年代的問題，這是個複雜的問題。不可能在此充分展開。就方法而言，不外乎是尋求它與其他文獻在思想上和語言上的相似性。思想上的探索在此不作充分展開，僅對語言上的探索稍作論述。如果它真的是一人所書、一次完成，那它應該留下時代的語言烙印，本文談到〈孔子詩論〉的留白簡和滿寫簡語言使用非常有個性，尤其好用排比句式，文章堪稱美文。我們可否試著從傳世與出土文獻中尋找相似的文章表現手法呢？龐樸先生已經指出，第 7 號簡的「誠……之也」的句型，不見於經子諸書，獨見於馬王堆帛書〈五行〉篇中，[38] 這與筆者在〈試析上博楚簡〈孔子詩論〉中有關「闇迈」的幾條竹簡〉一文中所作分析形成對應。上述拙文中筆者指出，馬王堆帛書〈五行〉篇和〈孔子詩論〉中有著共通的命題，即「由色諭於禮」，這是值得重視的現象。

---

[37] 曹峰，〈試析上博楚簡〈孔子詩論〉中有關「闇迈」的幾條竹簡〉，收入本書第二章。

[38] 龐樸，〈上博簡零箋〉（同注 18），頁 234～235。

　　〈孔子詩論〉中現存的詩篇論述,「關雎」談得最多,其次是「木瓜」,[39] 其次是「甘棠」。關於「甘棠」的論述共有以下幾處。

1. ……及其人,敬愛其樹,其保厚矣。甘棠之愛以召公……。(第 15 號簡)
2. 吾以甘棠得宗廟之敬,民性固然。甚貴其人,必敬其位。悅其人,必好其所為,惡其人者亦然。……(第 24 號簡)

　　與「甘棠」相關的文獻記載極為多見,朱淵清先生〈〈甘棠〉與孔門〈詩〉教〉[40] 對此作了詳盡疏理。通過文獻材料可以看出,與〈孔子詩論〉對應最多的是《孔子家語·好生》:「孔子曰:『吾於甘棠,見宗廟之敬甚矣。思其人,必愛其樹。尊其人,必敬其位,道也。』」及《孔子家語·廟制》:「《詩》云:『蔽芾甘棠,勿剪勿伐,邵伯所憩。』周人之於邵公也,愛其人,猶敬其所舍之樹。況祖宗其功德而可以不尊奉其廟乎。」以及《說苑·貴德》:「孔子曰:『吾於甘棠,見宗廟之敬也,甚〔矣。思其人,必愛其樹。〕尊其人,必敬其位,順安萬物,古聖之道幾哉。』」這兩部書都成書甚晚,可能受到過〈孔子詩論〉的影響。

　　在《左傳》中也可以發現「思人→愛(敬)樹」這類常套句型。如:

---

[39] 對「木瓜」簡的分析,請參考本書第三章。

[40] 朱淵清,〈〈甘棠〉與孔門〈詩〉教〉(同注 36)。

思其人，猶愛其樹，況用其道而不恤其人乎。（《左傳·定公九年》）

如周人之思召公焉，愛其甘棠，況其子乎。（《左傳·襄公十四年》）

同〈孔子詩論〉完整成熟的論述相比，《左傳》或許也受過其深刻影響。很可能〈孔子詩論〉在當時已是名篇，「思人→愛（敬）樹」的常套句型廣爲人知，《左傳》作者將其作爲熟語，拿來爲己所用了。當然也不能排除〈孔子詩論〉與《左傳》、《孔子家語》、《說苑》受同一祖本的影響。[41]

總之，如果能在常用句型詞彙上辨明〈孔子詩論〉與其他文獻的相互影響關係，或許可以爲其作者、作年及思想脈絡的分析，提供一條途徑。

補記

本章將兩篇拙文合二爲一，即〈對〈孔子詩論〉第八號簡以後簡序的再調整——從語言特色的角度入手〉，收入朱淵清、廖名春編，《上博館藏戰國楚竹簡研究》（上海：上海書店出版社，2002 年）和〈試論〈孔子詩論〉的留白簡、分章等問題〉，收入中國出土資料學會編，《中國出土資料

---

[41] 朱淵清，〈〈甘棠〉與孔門〈詩〉敎〉（同注 36）指出，〈甘棠〉篇《毛詩》的〈鄭箋〉「召伯聽男女之訟，不重煩勞百姓，止舍小棠之下而聽斷焉。國人被其德，說其化，思其人，敬其樹。」應是《毛傳》的一部分。可見《毛詩》也使用「思人→愛（敬）樹」的常套句型。餘論第三點中論及〈孔子詩論〉與《毛詩》的共通部分，這也當是其中之一。

研究》第 6 號（東京：中國出土資料學會，2002）。刪除了重複的部分及一些已成爲常識的考證，對某些觀點作了修改。

第二章

〈孔子詩論〉中有關「關雎」的幾支簡

前言

在《上海博物館藏戰國楚竹簡（一）》的〈孔子詩論〉第 10 號簡中，[1] 有這樣一段話：

> 闡（關）疋（雎）之攺（已）■，棣（樛）木之旹（時）■，
> 灘（漢）坒（廣）之智（知）■，鵲椇（巢）之遃（歸）■，
> 甘棠之保■，綠衣之思，躁（燕）躁（燕）之情■。害
> （曷）？曰童（動）而皆臤（賢）於丌（其）初者也■。[2]

這段文字中所羅列出的篇名均在《詩經·國風》（〈孔子詩論〉稱作「邦風」）範圍內。其特徵是先用一個字來概括一篇的主旨，然後在下文中再進一步對主旨展開論述。例如，與「關雎」有關的論述，下文中還有：

---

[1] 筆者對〈孔子詩論〉第 10 號簡的隸定和斷句與整理者有所不同，整理者的釋文參見馬承源主編，《上海博物館藏戰國楚竹書（一）》（上海：上海古籍出版社，2001），頁 139～141。

[2] 「旹」字如作「時」解，其思想史上的意義還有待考察，「保」字不必如整理者釋文所言作「襃」的假借，「保」的意思就是保護。

1. 闈（關）疋（雎）以色俞（喻）於豊（禮）⋯⋯（第 10
   號簡）

2. 闈（關）疋（雎）之攺（已），則丌（其）思賹（益）
   矣。（第 11 號簡）

3. ⋯⋯好，反內（納）於豊（禮），不亦能攺（已）虖
   （乎）■。（第 12 號簡）

4. 以蠢（琴）瑟（瑟）之敓（悅），蒸（擬）好色之忎
   （願），以鐘鼓之樂⋯⋯（第 14 號簡）[3]

第 12、14 號簡中未見「關雎」的篇名，但第 12 號簡出現有「攺」
字，第 14 號簡的「以琴瑟之悅」和「以鐘鼓之樂」來自〈關雎〉
「琴瑟友之」、「鍾鼓樂之」，所以可以認為都是與「關雎」相關
的內容。

　　本文試圖對「關雎」的「攺」字作出合理的解釋，在此基礎上
對〈孔子詩論〉中有關「關雎」的所有論述加以詮釋，最後對〈孔
子詩論〉中所見「色」及「色」與「禮」的關係作一點分析。

第一節　對「攺」字的釋讀

　　整理者的釋文引用了《說文》對「攺」字的解釋，「攺，毅
攺，大剛卯，以逐鬼魅也。从攴巳聲，讀若巳。」但顯然考慮到該
解釋與本書文義不合，所以推斷「攺」字為「怡」的假借字，並據

---

[3] 筆者對第 11、12、14 號簡的隸定和斷句與整理者也有所不同，整理者的釋
文參見馬承源主編，《上海博物館藏戰國楚竹書（一）》（同注 1），頁
141～144。

《說文》、《爾雅》、《玉篇》，釋「怡」字義爲「和也」、「樂也」、「悅也」，認爲「怡」在〈孔子詩論〉中意爲「心中的喜悅」。「巳」爲邪母之部，「怡」爲餘母之部，假借是可能的。但此字是否果然如上博本所釋是「怡」的假借字，筆者認爲還有探討的餘地。

本字左旁在包山楚簡及郭店楚簡中多見，包山楚簡中均釋其爲干支的「巳」字。郭店楚簡中除《成之聞之》第 40 號簡（「是故君子慎六位以巳（祀）天常」）和「巳」有關外，其餘似均當釋作「已」，根據其意義，可分以下數種。

一，作爲語助辭。例如，《老子》甲本第 15 號簡「天下皆知美之爲美也，惡已。皆知善，此其不善已。」《老子》甲本第 7 號簡「善者果而已」。〈語叢四〉第 27 簡背「內之或內之，至之或至之，之至而亡及也已。」〈性自命出〉第 15 號簡「其三術者，道之而已。」〈六德〉第 38 號簡「君子不啻明乎民微而已」。〈尊德義〉第 25 號簡「治民非還生而已也」。

二，作「止」解。如《老子》甲本第 37～38 號簡「持而盈之，不不若已。」《老子》丙本第 7 號簡有「故曰兵者□□□□□□得已而用之」。〈成之聞之〉第 36 號簡「其勝也不若其已也」。〈語叢三〉第 3～4 號簡中「君臣不相才也，則可已。不悅，可去也。」的「已」似也可作「止」解。

三，作「甚」解。〈緇衣〉第 20 號簡有「而富貴已過也」。

四，作「完畢」解。〈性自命出〉第 61 號簡有「已則勿復言也」。

其實，「巳」與「已」不僅在字形上相似可以混用，在字音上也是相通的（「已」是餘母之部）。

　　而與「改」字近似的字形在〈緇衣〉中有兩處（第 16 號簡「子曰：『長民者，衣服不改（改）』」、第 17 號簡「詩云：『其頌不改（改），出言有｜，利民所信。』」）。在〈尊德義〉中有三處（第 1 號簡「改（改）忌勝」、第 4～5 號簡「教非改（改）道也，教之也。學非改（改）倫也，學己也。」）。在〈六德〉有一處（第 19 號簡「能與之齊，終身弗改（改）之矣。」）可見這個近似的字形在郭店楚簡中都可視作爲「改」的假借字。「改」見母之部字，與「巳」可通。

　　筆者認爲，將「改」視爲「怡」的假借字是不合適的。雖然近似的字形在郭店楚簡中可以釋作「改」，但讀爲「關雎之改」也不合適。這個字與後面的「時」、「知」、「歸」、「保」、「思」、「情」一樣，不是一個簡單的詞彙，它有著待進一步解釋的更深刻的含義。

　　如將「怡」解作「喜悅」，「關雎之怡」從文義表面看可以講得通。但缺乏傳世文獻的例證。其次也無法將「和悅」之意與下文的「以色喻於禮」、「關雎之改，則其思益矣」及「反納於禮，不亦能改乎」關聯起來。就是說，「怡」的字義仍然淺短，不足以表達更深刻的含意。

　　筆者認爲只有同下文中的關鍵字「色」、「好色」結合起來討論，把握本篇中「色」與「禮」的內在關係，才能真正解開「改」的含義。在此，先提出結論，這個字應該就是「巳」的假借字，義爲「止」。

　　值得注意的是本篇將「關雎」之詩與「色」、「好色」聯繫在一起。從文獻上看，最早將「好色」與《詩經》中的〈國風〉及〈關雎〉聯繫起來的是《荀子‧大略》：「〈國風〉之好色也，

〈傳〉曰：『盈其欲而不愆其止。其誠可比於金石，其聲可內於宗廟。』」《史記‧屈原列傳》也說：「屈平之作《離騷》，蓋自怨生也。〈國風〉好色而不淫，〈小雅〉怨誹而不亂，若《離騷》者，可謂兼之矣。」「〈國風〉好色而不淫」之意義與《荀子‧大略》相近。對於《荀子‧大略》這段文字，楊倞作注曰：「好色，謂〈關雎〉樂得淑女也。盈其欲，謂好仇，寤寐思服也。止，禮也。欲雖盈滿而不敢過禮求之。此言好色人所不免，美其不過禮也。」由此，我們可以得到一個重要的啟發，即〈國風〉（或者說〈關雎〉篇）的特色在於雖「好色」，但適可而止，不過於禮。因此，在《荀子‧大略》那裡，〈關雎〉的重要意義就是能盈其欲又有所「止」。《史記‧屈原列傳》的「國風好色而不淫」，雖沒有直接提到「止」，但其義是相通的。所以筆者認為，我們有可能將「關雎之改」的「改」讀為「已」的假借字，釋作「止」。

「關雎之改」以外還有四條與「關雎」相關的竹簡，在此先解讀第 14 號簡「以琴瑟之悅，怣（擬）好色之戀（願），以鐘鼓之樂……」的意義。「以琴瑟之悅」與「以鐘鼓之樂」的文章格式是相同的，所以「以鐘鼓之樂」的後面可能還有一個類似「怣（擬）好色之戀（願）」的五字句。周鳳五先生讀「怣」為「擬」的假借字，[4] 從〈關雎〉有「琴瑟友之」、「鐘鼓樂之」來看，這個解釋是合理的。即〈孔子詩論〉教誨人們通過「以琴瑟之悅」、「以鐘鼓之樂」去比擬、傳達人的好色之心。「琴瑟之悅」與「鐘鼓之樂」可以養心怡志，如《荀子‧樂論》云：「君子以鐘鼓導志、以琴瑟樂心」，《荀子‧禮論》云：「故禮者，養也。……鐘鼓、管

---

4 周鳳五，〈〈孔子詩論〉新釋文及注解〉，收入朱淵清、廖名春編，《上博館藏戰國楚竹簡研究》（上海：上海書店出版社，2002 年），頁 161。

磬、琴瑟、竽笙，所以養耳也。」因此，這是一種「樂而不淫」的、合於「禮」的行爲，和「已」的字義，即既盈其欲又有所「止」正相吻合。只有這樣去理解，才可以解釋爲何這段話也是「關雎之已」的延伸和展開。

接下來，討論「關雎以色喻於禮」（第 10 號簡）、「關雎之已，則其思益矣」（第 11 號簡）、「……反內於豊，不亦能已乎」（第 12 號簡）這三段的含意。筆者認爲，這幾句話的含義都是爲了闡述「關雎之已」這個命題。

整理者的釋文認爲，「俞」即「喻」的假借字，其意與《論語‧里仁》「君子喻於義、小人喻於利」中的「喻」相同，即「懂得」、「知道」、「明白」的意思，筆者贊同這一解釋。但究竟如何「以色」去「明白」「禮」呢？仍然不得甚解。馬王堆帛書〈五行〉篇中關於〈關雎〉有以下這樣一段話：

榆（諭）而〔知〕之，胃（謂）之進〔之〕。弗榆（諭）也，榆（諭）則知之〔矣〕，知之則進耳。榆（諭）之也者，自所小好榆（諭）虖（乎）所大好。「芰（窈）芍（窕）〔淑女，唔（寤）〕昧（寐）求之」，思色也。「求之弗得，唔（寤）昧（寐）思伏」，言亓（其）急也。「繇（悠）哉繇（悠）哉，婘（輾）槫（轉）反廁（側）」，言亓（其）甚〔急也。急〕如此亓（其）甚也，交諸父母之廁（側），為諸？則有死弗為之矣。交諸兄弟之廁（側），亦弗為也。交〔諸〕邦人之廁（側），亦弗為也。〔畏〕父兄，亓（其）殺畏人，禮也。繇（由）色榆（諭）於禮，進耳。

（將級別低的東西與級別高的東西）相比較而知道（某種道
理），稱這一現象爲「進一步（領會）」。假如把（級別低的
東西與級別高的東西）比較了，就可以知道（某種道理）
了。假如知道了（某種道理）就「進一步（領會）」了。所
謂「諭」，是拿小的所好跟大的所好相比。《詩經·關雎》說
「窈窕淑女，寤寐求之」，這是描述（男子對女子）的思
念。「求之弗得，寤寐思伏」，是說這種思念很切。「悠哉悠
哉，輾轉反側」，是說這種思念相當強烈。但如此強烈的思
念，在父母面前向淑女表達出來，可以做到嗎？即便用死來
威脅也是不做的。在兄弟面前向淑女表達出來，也是不做
的。在國人面前向淑女表達出來，也是不做的。首先怕自己
的父母兄弟，其次怕其他人，這就是禮。通過好色這件事，
再加以比較而知禮，這就是進了一步。[5]

有必要注意的是，這裡舉的正是〈關雎〉的例子。馬王堆帛書〈五
行〉篇將關雎的特點歸結爲「思色」，這與本篇的關鍵詞「色」、
「好色」是一致的。更重要的是這裡有著與「以色喻於禮」相類同
的表達，即「由色諭於禮」。通過與馬王堆帛書〈五行〉篇的比
較，我們可以得到以下幾點啓示。
　　一，從「〔急〕如此其甚也，交諸父母之側，為諸？則有死弗
為之矣。交諸兄弟之側，亦弗為也。交〔諸〕邦人之側，亦弗為

5　釋文據池田知久，《馬王堆漢墓帛書五行篇研究》（東京：汲古書院，
　1993）。原文為日文，筆者作了翻譯。這裡的「榆」應該是「諭」的假借
　字，因為這段文字是馬王堆漢墓帛書〈五行〉篇第 25 章的說文，與其對應
　的第 25 章的經文作「諭」。

也。〔畏〕父兄，其殺畏人，禮也。」中可以看出，「弗為之矣」、「亦弗為也」的意思正是「止」。所以再次證明「關雎之改」的「改」可以讀為「已」。其「止」的理由在於「禮」的存在，關於這點，《荀子·大略》並未明確說明，但楊倞注將其點明了，「止，禮也。……此言好色人所不免，美其不過禮也。」由此，第 11 號簡「關雎之已，則其思益矣」得到合理解釋，因為其思色之心在不斷增長，用〈五行〉的話說就是到了「急」的地步，所以需要「關雎之已」來加以調整、抑制。[6] 第 12 號簡「反納於禮，不亦能已乎」也得到合理解釋，即「反納於禮，不就能抑制了嗎？」

　　二，上引馬王堆帛書〈五行〉篇的文字只是第 25 章的一段說文，其經文為「諭而〔知〕之，胃之進〔之〕」同第 23 章的經說文「目（侔）而知之，謂之進之」及第 24 章的經說文「辟（譬）而知之，謂之進之」[7] 相對比，可知「諭而〔知〕之，胃之進〔之〕」的「諭」與「目（侔）」、「辟（譬）」一樣都是認識論上的推理方法，所謂「諭」之方法是「自所小好諭乎所大好」。本篇「以色俞（喻）於禮」中的「俞（喻）」雖然從字義上應該讀作

6　李學勤據《戰國策·中山策》注，訓「益」的字義為「大」，黃懷信從之，並讀「關雎之改，則其思益矣」一句為「〈關雎〉篇的改，說明其作者思想宏大。」參見黃懷信，《上海博物館藏戰國楚竹書〈詩論〉解義》（北京：社會科學文獻出版社，2004），頁 27。但這不太可能，第 11 號簡「關雎之改，則其思益矣」的後面是「樛木之時，則以祿矣。漢廣之知，則知不可得也。鵲巢之歸，則……」，可見，每個「則」後面並非評價，而是原因。之所以會形成「關雎之改」、「樛木之時」、「漢廣之知」、「鵲巢之歸」的原因。

7　郭店楚簡〈五行〉篇中有幾乎相同的經文，只是序列稍有不同而已。即「目（侔）而知之，謂之進之。俞（諭）而知之，謂之進之。辟（譬）而知之，謂之進之。」（第 47 號簡）但沒有說文。

「懂得」、「知道」、「明白」，但是否也包含有馬王堆帛書〈五行〉篇之「諭」的意思，帶有以小知大的方法論的意義呢？第 10 號簡在發問「關雎之已，樛木之時，漢廣之知，鵲巢之歸，甘棠之保，綠衣之思，燕燕之情。曷？」後，回答道：「日動而皆賢於其初者也。」這裡是否說的是，「已」、「時」、「知」、「歸」、「保」、「思」、「情」所體現的重要意義都已經超出詩本身最初的意義，或者說以上各詩，通過文意變動，後面章節的思想性超出前面章節，從而最後產生出「已」、「時」、「知」、「歸」、「保」、「思」、「情」的意義來。

第二節　對「色」的分析

根據以上對〈孔子詩論〉所見「關雎」的綜合分析，可知其中的「色」、「好色」與色欲、情欲有關，〈孔子詩論〉的作者沒有否定人的這種基本欲望，通過「關雎之已」，作者提出要有所「止」，並將「色」與「禮」聯繫起來，認為如果「反納於禮」的話，不就能做到「已」，即有所節制了嗎？筆者認為，這種既肯定人的情欲，又將情欲與禮關聯起來的思想是一定歷史時代的產物。為了深入討論這個問題，有必要對先秦兩漢文獻中有關「關雎」的引用和評價作一排比和分析。

《論語》中兩處提到關雎：

子曰：「〈關雎〉樂而不淫，哀而不傷。」（〈八佾〉）

子曰：「師摯之始，〈關雎〉之亂，洋洋乎。盈耳哉。」（〈泰伯〉）

　　《論語》和〈孔子詩論〉一樣高度評價〈關雎〉，「樂而不
淫」的說法和《史記·屈原列傳》有「〈國風〉好色而不淫」相
似，可見〈孔子詩論〉對〈關雎〉的評價在大的思想脈絡上承續
《論語》，但這裡的「樂」與「哀而不傷」的「哀」相對應，話題
還沒有直接涉及「好色」，也未涉及「禮」。

　　按照時代順序來排列的話，接著應該列舉的就是前述的《荀
子·大略》、馬王堆帛書〈五行〉篇和《史記·屈原列傳》三例，
這三者都將〈關雎〉與情欲聯繫起來，正視它的存在，前二者更將
情欲與禮掛鉤，在意趣上與本篇最接近。《荀子·大略》是荀子弟
子集合荀子言論編成的，所以其成書時代在《荀子》諸篇中應該是
較晚的，但引用的是「傳曰」，說明「盈其欲而不愆其止」的說法
應該是較早時代的產物。對比郭店楚簡與馬王堆帛書兩種〈五行〉
篇，與本篇接近的說法在馬王堆帛書〈五行〉篇說文中可以看到，
在郭店楚簡中却只有經文，如果說本篇有關「關雎」的論述在思想
背景上與馬王堆帛書〈五行〉篇說文有一定關聯的話，這是否說明
〈孔子詩論〉的成文當在〈五行〉篇說文的形成之後呢？[8] 之所以

8　郭店楚簡〈五行〉篇只有經文沒有說文，這是因為它被抄寫時說文尚未形
　　成，還是因為說文雖已經形成，只不過偶然沒有一起出土呢？對此問題，學
　　界有多種意見。龐樸主張郭店楚簡〈五行〉篇沒有說文，他認為帛書〈五
　　行〉篇雖然有「經」有「說」，但看上去不像分工明確的兩個部分。「經
　　文」自我圓滿，無須多加解說，沒有為「說」留下多少發揮空間。而且「說
　　文」也沒有說出什麼新意來。因此他設想「〈五行〉早先並沒有『說』或
　　『解』，帛書所見的『說』，是某個時候弟子們奉命綴上去的。」參見龐
　　樸，〈竹帛〈五行〉篇比較〉，收入《中國哲學》第 20 輯（瀋陽：遼寧教
　　育出版社，1999），頁 223～225。池田知久認為郭店楚簡〈五行〉篇的章與
　　章之間在內容上有前後相互說明照應的地方，且有些地方不與帛書〈五行〉
　　篇說文對照不能解釋，所以無疑當時已形成和馬王堆〈五行〉大致相同的說
　　文，只不過沒有出土而已。參見池田知久，〈郭店楚簡〈五行〉研究〉，收

這樣說，是因爲就兩者的相互關係而言，只能是〈五行〉篇說文影響〈孔子詩論〉，而不是相反。關於「由色諭於禮」的來由，〈五行〉篇說文有著充分的交代，〈孔子詩論〉則只此一句，未見展開，這是因爲〈孔子詩論〉把「由色諭於禮」當作廣爲人知的共識，拿來爲己所用，不需要再專門展開論述了。[9]

值得注意的是，在文獻上可以與〈孔子詩論〉「關雎」簡文相對照，在思想史意義上最接近的例子，也只有以上《荀子・大略》和馬王堆〈五行〉篇說文這樣二處。這說明，這種既肯定人的情欲，又將情欲與禮關聯起來的思想只是一段時期的歷史產物。因爲到了漢初以後，對〈關雎〉的解釋儒教化、政治化的色彩越來越濃厚。這種特色可從以下的文例中反映出來。

子夏問曰：「〈關雎〉何以為〈國風〉始也？」孔子曰：「〈關雎〉至矣乎。夫關雎之人，仰則天，俯則地，幽幽冥冥，德之所藏，紛紛沸沸，道之所行，如神龍變化，斐斐文

入《中國哲學》第 21 輯（瀋陽：遼寧教育出版社，2000），頁 98～101。徐少華也認為說文是以後完成的，但他指出郭店楚簡的經文，其實並不完全是經文，其中的確包括了「解」的成分，所以才會有章與章之間的照應，按照他的分章，第 4 章、第 11 至 14 章提出的命題是「經」，由第 5 至 8 章及第 15 至 20 章的「解」來加以解說。「目（侔）而知之，謂之進。俞（諭）而知之，謂之進。辟（譬）而知之，謂之進。幾而知之，天也。」這一段，則是對第 15 章的「見而知之」及第 22 章「能進之」「弗能進」之深化，即也可以看作是某種形式的「解」文。（參見徐少華，〈楚簡與帛書〈五行〉篇章結構及其相關問題〉，《中國哲學史》2001 年第 3 期（2001），頁 17。筆者比較贊同徐少華的意見，我認為這段表達認識方法論的簡文雖然不是純粹的經文，但它太概括簡練，所以應該又有後起的說文對之加以解說，說文是從郭店楚簡〈五行〉篇向馬王堆〈五行〉篇由粗至精的修整過程中形成的。

9　當然，從邏輯上看，不能否定，還有第二種可能性，那就是〈孔子詩論〉和〈五行〉說文引用了共同的文獻。

章。大哉關雎之道也，萬物之所繫，群生之所懸命也，河洛出書圖，麟鳳翔乎郊。不由關雎之道，則關雎之事將奚由至矣哉。夫六經之策，皆歸論汲汲，蓋取之乎〈關雎〉。關雎之事大矣哉。馮馮翔翔，由東自西，自南自北，無思不服。子其勉強之，思服之。天地之間，生民之屬，王道之原，不外此矣。」子夏喟然嘆曰：「大哉〈關雎〉，乃天地之基也。」《詩》曰：「鍾鼓樂之」。（《韓詩外傳·卷五》）

《易》曰：「正其本而萬物理，失之毫釐，差以千里。」《春秋》之元，《詩》之關雎，《禮》之冠、婚，《易》之乾、坤，皆慎始敬終云爾。素〔誠繁〕成。謹為子孫婚妻嫁女，必擇孝悌世世有行義者。（《賈誼新書·胎教》）

雖然〈孔子詩論〉事實上把「關雎」放在〈邦風〉之首，但從現有簡文來看，並沒有對此安排作出解釋，而以上諸例，則借此大加發揮，將〈關雎〉的意義無限拔高，去詩之原意甚遠。漢代還著重從男女夫婦人倫之別去理解〈關雎〉，借此樹立儒家的道德觀。

〈關雎〉興於鳥，而君子美之，為其雌雄之不乖〈乘〉居也。〈鹿鳴〉興於獸，〔而〕君子大之，取其見食而相呼也。泓之戰，軍敗君獲，而《春秋》大之，取其不鼓不成列也。宋伯姬坐燒而死，〔而〕《春秋》大之，取其不踰禮而行也。（《淮南子·泰族》）

孔子曰：「小辯害義，小言破道。〈關雎〉興於鳥，而君子美之，取其雌雄之有別。〈鹿鳴〉興於獸，而君子大之，取其得食而相呼。若以鳥獸之名嫌之，固不可行也。」（《孔子家語·好生》）

故《易》基乾、坤，《詩》始〈關雎〉，《書》美釐降，《春秋》譏不親迎。夫婦之際，人道之大倫也。禮之用，唯婚姻為兢兢。夫樂調而四時和，陰陽之變，萬物之統也。可不慎與。（《史記・外戚世家》）

漢以後，〈關雎〉被引上政治舞臺，距離詩的原意愈偏愈遠。時代越後，對〈關雎〉的曲解越甚。

夫周室衰而〈關雎〉作，幽、厲微而禮樂壞。諸侯恣行，政由彊國。故孔子閔王路廢而邪道興，於是論次《詩》《書》，修起禮樂。（《史記・儒林列傳》）

孔子論《詩》以〈關雎〉為始，言太上者民之父母，后夫人之行不侔乎天地，則無以奉神靈之統，而理萬物之宜。故《詩》曰：「窈窕淑女，君子好逑。」言能其貞淑，不貳其操。情欲之感無介乎容儀，宴私之意不形乎動靜。（《漢書・匡衡傳》）

禍敗曷常不由女德，是以佩玉晏鳴，〈關雎〉嘆之。知好色之伐性短年，離制度之生無厭，天下將蒙化，陵夷而成俗也。故詠淑女，幾以配上，忠孝之篤，仁厚之作也。（《漢書・杜周傳》）

自古聖王必正好匹，好匹正則興，不正則亂。……周之康王夫人晏出朝，〈關雎〉起興，思得淑女，以配君子。夫雎鳩之鳥，猶未嘗見乘居而匹處也。夫男女之盛，合之以禮，則父子生焉，君臣成焉。故為萬物始。（《列女傳・仁智》）

《詩》曰：「窈窕淑女，君子好逑。」言賢女能為君子和好眾妾。（《列女傳·母儀》）

然則〈關雎〉、〈麟趾〉之化，王者之風，故繫之周公。「南」，言化自北而南也。〈鵲巢〉、〈騶虞〉之德，諸侯之風也。先王之所以教，故繫之周公。……是以〈關雎〉樂得淑女，以配君子。憂在進賢，不淫思色。哀窈窕，思賢才。而無傷善之心焉，是〈關雎〉之義也。（〈詩大序〉）

〈關雎〉，后妃之德也。風之始也。所以風天下，而正夫婦也。故用之鄉人焉，用之邦國焉。（〈關雎〉篇之「毛序」）

言后妃之德和諧，則幽閒處深宮。貞專之善女，能為君子和好眾妾之怨者。言皆化后妃之德，不嫉妒。（〈關雎〉篇之〈鄭箋〉）

　　與以上文例相對照，可以看出，〈孔子詩論〉對〈關雎〉的解釋要原始純樸得多，雖然既尊重人欲，又強調「禮」的約束，但幾乎沒有多少政治化的色彩。而漢以後對〈關雎〉的解釋完全拋開了尊重人欲的思路，唯獨在設立男女大防的解釋路線上越走越遠，即過分強調了〈關雎〉以「禮」止「欲」，約束情感的一面。

　　接下來，筆者試圖通過觀察先秦文獻中對「色」、「好色」作正面評價的情況以及「色」與「禮」關係的有關討論，再進一步分析本篇所可能接受的思想史上的影響。

　　說到「好色」，很容易聯想到《論語·子罕》的「子曰，吾未見好德如好色者也」及〈衛靈公〉篇的「子曰：『已矣乎。吾未見好德如好色者也。』」既然都是孔子說的話，又都講到「好色」，

是否證明〈孔子詩論〉與此相關呢？事實上，這兩者很難聯繫起來。首先，《論語》中的「好色」並非正面的評價，且與「禮」無關，兩者的話題完全不同。其次，雖也有人將《論語》中這兩處「好色」解釋為好女色，但顯然這種解釋是不適當的。《論語》中「色」字十分多見，但絕大部分指人的容色、顏氣。雖有時指美色，但其意義是寬泛的，也並不像後代「好色」一詞那樣專指色欲。[10]《荀子・王霸》「故人之情，口好味而臭味莫美焉，耳好聲而聲樂莫大焉，目好色而文章致繁婦女莫眾焉，形體好佚而安重閒靜莫愉焉，心好利而穀祿莫厚焉。」中的「目好色」以及《禮記・大學》「如惡惡臭，如好好色。」中的「好好色」指的就是這種一般意義上的好「美色」，即色澤華麗的對象，包括人，也包括物。《禮記・坊記》有「子云：『好德如好色』。諸侯不下漁色。故君子遠色以為民紀。故男女授受不親。」這就完全是後世儒家為強調其倫理道德的觀念而讓《論語》為己所用了。

從文獻上講，專門從情欲的角度使用「好色」一詞，是從《孟子》開始的。

> 王曰：「寡人有疾，寡人好色。」對曰：「昔者太王好色，愛厥妃。詩云：『古公亶父，來朝走馬，率西水滸，至于岐下。爰及姜女，聿來胥宇。』當是時也，內無怨女，外無曠夫。王如好色，與百姓同之，於王何有。」（《孟子・梁惠王下》）

---

[10] 屬才茂，〈《論語》「色」的意義的現象學分析〉，《孔子研究》2001 年 4 期（2001），頁 47～55。對《論語》中所見「色」字作了全面的分析。他認為這兩處「好色」的「色」也應作「顏色」解，即好德者不像好色者那樣容易「作色」，即逞志意於色。這一解釋是有說服力的。

看得出，孟子並不否定好色的行為，雖然這裡好色的主體是君主，但從「與百姓一同好色」來看，孟子把好色看作人之常情。

> 天下之士悅之，人之所欲也，而不足以解憂。好色，人之所欲。妻帝之二女，而不足以解憂。富，人之所欲。富有天下，而不足以解憂。貴，人之所欲。貴為天子，而不足以解憂。人悅之、好色、富貴無足以解憂者，惟順於父母，可以解憂。人少則慕父母，知好色則慕少艾，有妻子則慕妻子，仕則慕君，不得於君則熱中。大孝終身慕父母，五十而慕者，予於大舜見之矣。（《孟子·萬章上》）

這一段中的「好色」的「好」不作動詞解，但「好色」已專指女色。「好色，人之所欲。」正反映了孟子對情欲正視而不否定的態度。但其最終結論與「孝」相聯。與「禮」沒有直接的關係。

在〈告子下〉篇中孟子討論了「色」與「禮」的關係。

> 任人有問屋廬子曰：「禮與食孰重？」曰：「禮重。」「色與禮孰重？」曰：「禮重「。曰：「以禮食則飢而死，不以禮食則得食，必以禮乎？親迎則不得妻，不親迎則得妻，必親迎乎？」屋廬子不能對。明日之鄒，以告孟子。孟子曰：「於答是也何有？不揣其本，而齊其末，方寸之木可使高於岑樓。金重於羽者，豈謂一鉤金與一輿羽之謂哉？取食之重者與禮之輕者而比之，奚翅食重？取色之重者與禮之輕者而比之，奚翅色重？往應之曰：『紾兄之臂而奪之食，則得食，不紾則不得食，則將紾之乎？踰東家牆而摟其處子，則得妻，不摟，則不得妻，則將摟之乎？』」

將這段文字與帛書〈五行〉篇說文相對比，看得出在說理的方式上有相似之處。可能帛書〈五行〉篇的說文的說理方式受過《孟子》的影響。不過話題不同，《孟子‧告子下》著重講「色」與「禮」孰輕孰重，帛書〈五行〉篇的說文著重講「由色諭於禮」的推論關係，〈孔子詩論〉的重點在於「已」即「止」上。通過「已」將「色」與「禮」結合起來，這點與《荀子‧大略》最為接近，不過，如上所述的那樣，《荀子‧大略》那段話是轉引自「傳曰」，且自成一段，無前後文可供參照，難以把握荀子引述此文時的原意。一般而言，《荀子》既重視人欲，又注重「禮」的建設。或者說正因為包括「色欲」在內的人生惡，纔需要建設「禮」。〈性惡〉篇中有「若夫目好色，耳好聲，口好味，心好利，骨體膚理好愉佚，是皆生於人之情性也。感而自然，不待事而後生之者也。夫感而不能然，必且待事而後然者，謂之偽。是性偽之所生，其不同之徵也。故聖人化性而起偽，偽起而生禮義，禮義生而制法度。然則禮義法度者，是聖人之所生也。」《荀子‧性惡》中「禮」的建立者是聖人，所闡明的「禮」也是通過外在途徑建立起來的，[11] 這些都與〈孔子詩論〉不同，〈孔子詩論〉中的「以色喻於禮」似乎側重的是內在的自發，也未必專指聖人。所以兩者既有聯繫又有區別。

在以後的《韓非子》等法家著作中，當談論君主品質時，「好色」往往當作亡國之徵，而成為否定的對象。進入漢代，在重禮的

---

11 《淮南子‧泰族》有「民有好色之性，故有大婚之禮。……故先王之制法也，因民之所好，而為之節文者也。因其好色而制婚姻之禮，故男女有別。」也談到「好色之性」與「禮」的關係，和《荀子》一樣是聖人（先王）因民之性為之作禮的思路。

同時有意識地否定「色」的現象更為多見。所以，綜合以上的分析，可以看出，與討論先秦兩漢對〈關雎〉之評價時得出的結論一樣，本篇所能看到的既肯定人的情欲，又將情欲與禮關聯起來的思想是一定歷史時代的產物。《論語》與之關係並不密切，在思想史背景上，可以與之掛鉤的是《孟子》的思想、馬王堆帛書〈五行〉篇第 25 章說文的思想以及《荀子・大略》的思想。其中最為接近的是馬王堆帛書〈五行〉篇第 25 章說文的思想以及《荀子・大略》的思想。[12]

補記

　　本文原作於 2001 年 12 月，先發表於簡帛研究網（2001 年 12 月 26 日），後收入郭店楚簡研究會編，《楚地出土資料と中國古代文化》（東京：汲古書院，2002），放入本書時，筆者刪除了一些已成為常識的考證，對某些觀點作了修改，本書第四章〈「色」與「禮」的關係——〈孔子詩論〉、馬王堆帛書〈五行〉、《孟子・告子下》之比較——〉對本文未及展開的問題作了更深入的論證。

---

[12] 因為涉及到〈孔子詩論〉與〈五行〉的關係，在此還想稍稍談及〈孔子詩論〉中的「燕燕」簡。與第 10 號簡的「燕燕之情」對應的是第 16 號簡「燕燕之情，以其蜀（獨）也。」整理者釋文把「蜀」釋為「獨」或「篤」，「篤」為「言情之厚」。（參見頁 145）釋作「獨」應該較為合理，它不僅僅是「孤獨」之意，更有可能含有「慎獨」之意，郭店楚簡〈五行〉篇講到「君子慎其獨」時，兩度引詩，其中一次就是「燕燕」，馬王堆帛書〈五行〉篇也完全一樣，只是所引詩更詳細而已。考慮到〈孔子詩論〉中「關雎」簡與〈五行〉篇的特殊關係，或許「燕燕」的「獨」與簡帛〈五行〉也有著一定關係，當按「慎獨」去理解吧。這一點，承蒙池田知久先生啟示，特此說明。

第三章

〈孔子詩論〉中有關「木瓜」的幾支簡

在〈孔子詩論〉中與「木瓜」相關的是以下這樣幾支簡：

第 20 號簡　帯（幣）帛之不可迲（去）也■，民眚（性）古（固）肰（然），亓（其）陞志必又（有）以俞（諭）也■。亓（其）言又（有）所載而句（后）内（納），或前之而句（后）交，人不可牳（觸）也。

第 19 號簡　……□志，既曰天也，猷（猶）又（有）悤（怨）言。木苽（瓜）又（有）宬（藏）忞（願）而未尋（得）達也■。交……

第 18 號簡　……因木苽（瓜）之保（報）以俞（諭）亓（其）悤（怨）者也。

　　馬承源先生在《上海博物館藏戰國楚竹簡（一）》[1] 中指出，第 20 號簡到「人不可搵也」前全爲「木瓜」之辭。[2] 在拙文《對〈孔子詩論〉第 8 號簡以後簡序的再調整——從語言特色的角度入手》中，筆者指出，第 20 號簡「幣帛之不可去也」的前面可以補「〔吾以木瓜得〕」。另外，簡序應該按第 20→第 19→第 18 號簡的順序來排列，20→19→18 的前面是第 16→第 24 號簡，這批簡以「民性固然」爲中心話題，構成一個獨立的整體，筆者將其列爲滿寫簡中的第二章。[3]

　　關於「木瓜」簡，馬承源先生主要從「禮贈」的角度去注釋，之後又有很多學者對文意作過疏理闡發。其中，周鳳五先生、[4] 俞志慧先生、[5] 廖名春先生、[6] 王志平先生[7] 等學者也傾向於從人際

---

[1]　馬承源主編，《上海博物館藏戰國楚竹書（一）》（上海：上海古籍出版社，2001）。

[2]　馬承源主編，《上海博物館藏戰國楚竹書（一）》（同注 1）。頁 149。濮茅左，〈《孔子詩論》簡序解析〉，收入朱淵清、廖名春編，《上博館藏戰國楚竹簡研究》（上海：上海書店出版社，2002 年）一文對於第 20 號簡當屬「木瓜」作了更爲詳盡的論述，參見頁 34。但他說第 16 號簡後殘缺整簡，那支殘簡的最後部分、24 號簡的開頭部分也都是講「木瓜」的，筆者無法贊同，因爲第 16 號簡和第 24 號簡可以天衣無縫地接起來，講的是「葛蕈」。參見曹峰，〈對〈孔子詩論〉第八號簡以後簡序的再調整——從語言特色的角度入手〉，收入朱淵清、廖名春編，《上博館藏戰國楚竹簡研究》（上海：上海書店出版社，2002 年），頁 204。本書第一章有該文之一部分。

[3]　參見曹峰，〈對〈孔子詩論〉第八號簡以後簡序的再調整——從語言特色的角度入手〉（同注 2），頁 203～204。曹峰，〈試論〈孔子詩論〉的留白簡、分章等問題〉，收入《中國出土資料研究》第 6 號（東京：中國出土資料學會，2002），頁 132～133。本書將此二文合爲一篇。

[4]　周鳳五，〈〈孔子詩論〉新釋文及注解〉，收入朱淵清、廖名春編，《上博館藏戰國楚竹簡研究》（上海：上海書店出版社，2002 年），頁 162。

[5]　俞志慧，〈〈戰國楚竹書·孔子詩論〉校箋（下）〉（簡帛研究網，2002 年 1 月 17 日）。

[6]　廖名春，〈上海博物館藏詩論簡校釋劄記〉，收入朱淵清、廖名春編，《上博

「禮尚往來」的角度去解釋，其中以廖名春先生的解說最為詳盡。
筆者對這些學者的觀點基本表示贊同，不僅從「木瓜」簡自身內容
來看，就是從以下文獻記載來看，通過「禮尚往來」的角度去把握
文意也是最為恰當的。廖名春先生在論文中比較集中地引用了以下
這些與「禮贈」相關的文獻。

　　《周禮・太宰》中有「幣帛之式」，鄭注曰：「所以贈勞賓客
　者」。

　　《禮記・表記》中有「無禮不相見也」，鄭注曰：「禮，謂贄
　也。」

　　《儀禮・士相見禮》中有「士相見之禮，贄，冬用雉，夏用
　腒。」

　　《左傳・莊公二十四年》中有「男贄，大者玉帛，小者禽
　鳥，以章物也。女贄，不過榛、栗、棗、脩，以告虔也。」

　　他還引用了毛傳及《孔叢子・記義》中所見孔子對〈木瓜〉篇
的評價。

　　孔子曰：「吾於〈木瓜〉，見苞苴之禮行。」(〈毛傳〉)

　　孔子讀《詩》，及〈小雅〉，喟然而嘆曰：「吾於〈周南〉、
　〈召南〉，見周道之所以盛也。……於〈木瓜〉，見苞苴之禮
　行也。」(《孔叢子・記義》)[8]

　　館藏戰國楚竹簡研究》(上海：上海書店出版社，2002年)，頁264〜266。
[7] 王志平，〈《詩論》箋疏〉，收入朱淵清、廖名春編，《上博館藏戰國楚竹簡
　　研究》(上海：上海書店出版社，2002年)，頁220〜222。
[8] 筆者以為，郭店楚簡〈語叢三〉第55號簡所見「宁(賓)客之用幣(幣)

　　廖名春先生將「幣帛」理解爲相見時的「贄」,理解爲類似「苞苴」之類的信物。將「其言」理解爲「通好之言」,將「有所載」理解爲「信物的財禮」,這是與「木瓜」文意相符的較爲合理的解釋。上述各位學者的工作爲「木瓜」簡的正確解釋打下了重要基礎。

　　然而,有關「木瓜」簡的問題仍然很多,首先,至今沒有一篇文章對三支「木瓜」簡加以串讀,因而對〈孔子詩論〉所見「木瓜」缺乏一個綜合而完整的了解。其次,「木瓜」簡中的一些關鍵詞如「人不可犒」、「藏願」、「未得達」、「陜志」等,至今沒有令人滿意的解釋。第三,爲什麼要將「木瓜」與「怨」放在一起講,是否能從中看出作者的用意?這也有待作出回答。

　　筆者發現,如果將《禮記・表記》及《儀禮・士相見禮》的某些記載與〈孔子詩論〉「木瓜」部分對照著讀,會得到茅塞頓開般的啓示。

　　首先看《禮記・表記》的記載:

　　　　子曰:「無辭不相接也、無禮不相見也。欲民之毋相褻也。」
　　　　《易》曰:「初筮告,再三瀆,瀆則不告。」

鄭注曰:「辭,所以通情也。禮,謂贄也。」清人孫希旦在《禮記集解》中說:「愚謂辭,賓主相接之辭。……禮,謂執贄以相見

也非正」可能也與「禮贈」有關。但這句話顯然沒有結束,李零,《郭店楚簡校讀記(增訂本)》(北京:北京大學出版社,2002)將其與第 60 號簡「內(入)賕(李零直接讀為「貨」)也,豊(禮)必兼(李零直接讀為「及」)」相接,筆者認為將這兩簡放在一起十分合理。見頁 148。

也。相接必以辭，相見必以禮者，恐其輕於相見而至於褻也。蓋罕見則尊嚴，尊嚴則相敬，交之所以全也。數見則狎習，狎習則相褻，交之所以離也。引《易‧蒙卦》之辭，言人再三相見，則至於不相告語也。」也就是說，相見是一件非常鄭重的事情，既有規定的相見之言辭，又有規定的相見之禮物。如果不鄭重其事，就會產生褻瀆。

這段話，上述學者也部分地引用過，但未全引。如果全部引用，並細加斟酌的話，會發現它與「其言有所載而后納，或前之而后交，人不可犓也」雖非完全相同，但對應性是很強的，「其言有所載而后納」，可能說的是主賓相交時，賓客載辭於幣帛等禮物之上，而後為主人接受，這是言辭和禮物相同時的場合。關於「或前之而后交」，廖名春先生是這樣解釋的：「『前之』指『交』前以財禮為贄。此是說表示通好之意前要先以財禮為贄人家才會接受。」[9] 但很有可能正好相反，《禮記‧坊記》中有這樣一段話，「子云：『禮之先幣帛也，欲民之先事而後祿也。先財而後禮，則民利。無辭而行情，則民爭。故君子於有饋者，弗能見則不視其饋。』」如果把「或前之而后交」理解為「禮之先幣帛」，那就是另外一種解釋了。即先行相見之禮，然後遞上禮物。或按「無辭而行情，則民爭」去理解，即先有言辭以相通，然後用幣帛致其情。所以先遞上禮物而後開始交往，正是《禮記‧坊記》所反對的。雖然簡文與《禮記‧坊記》這段話的論述重點各有不同，但在先禮節先言辭還是先禮物這個重要的問題上，應該不會完全對立。由於簡文中未直接談到「禮」，所以這裡的「前之」，有可能不是「禮節之先幣

[9] 廖名春，〈上海博物館藏詩論簡校釋箚記〉（同注6），頁265。

帛」，而是「言辭之先幣帛」吧。總之，以上對簡文的分析正可與「無辭不相接也，無禮不相見也」相對應。

「人不可犅也」與「毋相褻」可以對應起來。說的是人對此相見之禮不可褻瀆，或者說人與人相互之間不可褻瀆。「犅」字，上博本作「𧢲」，未釋。李零先生讀爲「捍」，「不可捍」意爲「不可抗拒」，范毓周先生從之。[10] 周鳳五先生讀爲「干」，引《公羊傳．定公四年》「以干闔廬」之注「不待禮見曰干」爲解，[11] 廖名春先生從之。[12] 何琳儀先生將字隸作「旰」，斷句爲「交（佼）人不可旰也」，將「交（佼）人」視作《詩經．陳風．月出》之「佼人」，「交（佼）人不可旰也」，意爲「不可以盯著美人看」。[13] 張桂光先生認爲此字从「角」从「主」，隸作「觟」，讀爲「觸」。[14] 魏宜輝先生認爲該字从「角」从「牛」，隸爲「犅」，讀爲「屬」，並將「人不可屬」解爲「人們無法把握詩所言之志」。[15] 王志平先生也疑該字爲从「角」从「牛」，但他讀爲「解」。[16] 從字形上

[10] 參見李零，〈上博楚簡校讀記（之一）——〈子羔〉篇「孔子詩論」部分〉，收入李零，《上博楚簡三篇校讀記》（臺北：萬卷樓圖書有限公司，2002），又見簡帛研究網，2002 年 1 月 4 日。范毓周，〈上海博物館藏楚簡〈詩論〉的釋文、簡序與分章〉，收入朱淵清、廖名春編，《上博館藏戰國楚竹簡研究》（上海：上海書店出版社，2002 年），頁 179。

[11] 周鳳五，〈〈孔子詩論〉新釋文及注解〉（同注 4），頁 162。

[12] 廖名春，〈上海博物館藏詩論簡校釋劄記〉（同注 6），頁 265～266。

[13] 何琳儀，〈滬簡詩論選釋〉，收入朱淵清、廖名春編，《上博館藏戰國楚竹簡研究》（上海：上海書店出版社，2002 年），頁 252。又見簡帛研究網，2002 年 1 月 17 日。

[14] 張桂光，〈〈戰國楚竹簡．孔子詩論〉文字考釋〉，收入朱淵清、廖名春編，《上博館藏戰國楚竹簡研究》（上海：上海書店出版社，2002 年），頁 341。

[15] 魏宜輝，〈讀上博簡文字劄記〉，收入朱淵清、廖名春編，《上博館藏戰國楚竹簡研究》（上海：上海書店出版社，2002 年），頁 390。

[16] 王志平，〈〈詩論〉箋疏〉（同注 7），頁 222。

講，筆者贊同魏宜輝先生的意見，認為該字從「角」從「牛」，當
隸作「牱」。「牱」即「觸」字，在此可能讀為「瀆」的假借，
「觸」、「瀆」二字均在屋部，可以相通，「人不可瀆也」意為「人
不可褻瀆也」。《禮記‧表記》有「欲民之毋相褻也」，也有「欲民
之毋相瀆也」。可見「褻」、「瀆」二字可以互換，意義相同。用
「人不可褻瀆也」解「人不可牱也」，是與前文相應的最貼切的解
釋。

接下來看《儀禮‧士相見禮》的記載。

> 士相見之禮，贄，冬用雉，夏用脯，左頭奉之，曰，某也願
> 見，無由達。某子以命命某見。

接下來士相見禮詳細地描述了賓主之間在言辭和禮物上你來我
往、互敬互讓的情景。原文太長，不一一具引。前文已經明確地指
出〈孔子詩論〉作者通過「木瓜」這首詩表達的是賓主相見時之禮
節，那麼，「木瓜有藏願而未得達也」也一定與這種相見之禮有
關。通過《儀禮》的「士相見之禮」，我們可以發現，兩者在用字
上有非常接近之處。「藏願」的「願」其實是「某也願見」的
「願」，指的是早就想與某人相見的「宿願」。關於「無由達」，鄭
注曰：「言久無因緣以自達也」，賈公彥曰：「謂久無紹介中間之
人，達彼此之意。雖願見，無由得與主人通達也。」「未得達」應
該也是這樣一種意思吧。[17]

---

[17] 王志平，〈《詩論》箋疏〉（同注 7）也釋「達」為「通達」，但他完全是用士
昏禮解第 20 號簡，所以硬將「載」讀為「納采」的「采」，將「前」讀為
「親」，釋「前之」為男方對女方的「親迎」之禮。參見頁 221。

　　第 19 號簡「木瓜有藏願而未得達也」後面的部分「交⋯⋯」
因簡文殘損，內容不得而知。但如果「木瓜有藏願而未得達也」果
然可以與士相見禮相對應的話，那麼它後面描述的應該也是賓主之
間你來我往、互敬互讓的場景，並對此加以贊賞吧。

　　《詩經・衛風・木瓜》是這樣一首詩：

　　　　投我以木瓜，報之以瓊琚。匪報也，永以為好也。
　　　　投我以木桃，報之以瓊瑤。匪報也，永以為好也。
　　　　投我以木李，報之以瓊玖。匪報也，永以為好也。

毛序曰：「木瓜，美齊桓公也。衛國有狄人之敗，出處於漕。齊桓
公救而封之，遺之車馬器服焉。衛人思之，欲厚報之，而作是詩
也。」

　　關於「木瓜」，《左傳・昭公二年》有：

　　　　宣子遂如齊納幣。見子雅。子雅召子旗，使見宣子。宣子
　　　　曰：「非保家之主也，不臣。」見子尾。子尾見彊，宣子謂
　　　　之如子旗。大夫多笑之，唯晏子信之，曰：「夫子，君子
　　　　也。君子有信，其有以知之矣。」自齊聘於衛，衛侯享之。
　　　　北宮文子賦〈淇澳〉，宣子賦〈木瓜〉。

對這段話，杜預注曰：「〈淇澳〉，《詩》〈衛風〉。美武公也。言宣子
有武公之德。」「〈木瓜〉，亦〈衛風〉。義取於欲厚報以為好。」
《賈誼新書・禮》中也有「木瓜」之引：

禮者，所以節義而沒不還。故饗飲之禮，先爵於卑賤而后貴者始羞，殽膳下浃而樂人始奏，觴不下徧，君不嘗羞，殽不下浃，上不舉樂。故禮者，所以恤下也。由余曰：「乾肉不腐，則左右親，苞苴時有，筐篚時至，則羣臣附，官無蔚藏，腌陳時發，則戴其上。」《詩》曰：「投我以木瓜，報之以瓊琚，匪報也，永以為好也。」上少投之，則下以軀償矣。弗敢謂報，願長以為好。古之蓄其下者，其施報如此。

　　從以上用例看，歷來對此詩的解釋和引用，大都圍繞「厚報」展開，即取其「薄施厚報」之義，所以幾乎所有解釋〈孔子詩論〉的人，都認為「木瓜」簡文闡發的只是「以厚報輕」。但「因木瓜之報以諭其怨者也」，即「木瓜」怎麼會和「怨」聯繫起來，很多學者對此無法解釋，就把「怠」讀作別的假借字。[18]

　　也有學者將此字釋作「怨」，如李零先生說「《木瓜》有發泄怨言的含義」。[19] 周鳳五先生釋該字為「怨」，並指出：「簡文蓋謂以厚報輕，寄其愛慕之意，而求之不得，心中不能無怨也。所謂『直告之不明，故假物之然否以彰之』是也。」[20] 陳劍先生也釋該字

---

[18] 例如整理者馬承源讀為「捐」，訓為「棄」，意為「『投以木瓜』之投」，參見頁 148。王志平，〈《詩論》箋疏〉（同注 7）從之。龐樸，〈上博藏簡零箋〉，收入朱淵清、廖名春編，《上博館藏戰國楚竹簡研究》（上海：上海書店出版社，2002 年，又見簡帛研究網，2002 年 1 月 1 日）讀為「狷」，訓為「狷」，意為「潔身自好也」、「木瓜薄投厚報，狷介者之情也」，參見頁 239。廖名春，〈上海博物館藏詩論簡校釋劄記〉（同注 6）讀為「娟」，訓為「好」，意為「借『木瓜』之『報』以明『永以為好』之願。參見頁 268。

[19] 參見李零，〈上博楚簡校讀記（之一）──〈子羔〉篇「孔子詩論」部分〉（同注 10）。

[20] 周鳳五，〈《孔子詩論》新釋文及注解〉，（同注 4），頁 162。

爲「怨」，並作以下說明：「〈木瓜〉原文說『投我以木瓜，報之以
瓊琚。』對方投我以薄，我報之以厚，孔子從中看出的是『我』希
望對方待己以厚，是爲『未得達』的『藏願』。己待對方厚，而對
方待己薄，因此心中有『怨』。借著回報對方的機會，用以厚報薄
的方式將『怨』表達給對方知道，是爲『因木瓜之報，以喻其
怨』。」[21]

　　以上各位學者的解釋雖然各有不同，但有一點是相同的，即都
認爲「怨」是出自「木瓜」。其實，「其怨者」可以有兩種解釋，一
是如上述學者所說，借「木瓜之報」以表露其「怨」。但「其怨
者」也可以釋爲別人的「怨」，即由「既曰天也，猶有怨言」所代
表的那種人的「怨」。「因木瓜之報以諭其怨者也」說的是通過「木
瓜之報」將一種「以厚報輕」的美德傳達給「猶有怨言」的人。筆
者認爲，後一種可能性更大。因爲，如果上述對「其言有所載而后
納，或前之而后交，人不可恧也」及「木瓜有藏願而未得達也」的
解釋不誤，那麼，從木瓜中就怎麼也導不出「怨怒」來，相反能導
出的應是重視「禮尙往來」的精神，更進一步推測，是在交往之
際，彼此以厚報薄、相敬相讓的美德，這裡毫無「怨怒」可言，文
獻所見對〈木瓜〉的解釋與引用也無一例與「怨」相關。既然「木
瓜」無怨，怨就只能來自於與「木瓜」相反的、形成對照的一面。
認爲「木瓜」中有「怨」的學者，都無法指出孔子論「木瓜」之
「怨」的目的何在，與「民性固然」又有什麼關係，而本文正欲解
答這些問題。

---

[21] 陳劍本人未發表包括這段解釋的論文，裘錫圭，〈關於〈孔子詩論〉〉，《中
國哲學》第 24 輯（瀋陽：遼寧教育出版社，2002），又見《中國出土古文
獻十講》（上海：復旦大學出版社，2004），在文中作了引用，對陳劍的意
見裘錫圭也表示贊同。

　　這裡有必要對「既曰天也，猶有怨言」先作解釋。相當多的學者以爲這裡引的是某一句詩，因此紛紛從《詩經》中尋找可以對應的句子。如俞志慧先生認爲與〈北門〉有關，[22] 楊澤生先生、李銳先生認爲與〈柏舟〉有關，[23] 廖名春先生和李學勤先生以爲與〈君子偕老〉有關。[24]

　　但筆者在〈對〈孔子詩論〉第八號簡以後簡序的再調整——從語言特色的角度入手〉一文中指出，從滿寫簡第二章的結構上看，這裡主要圍繞「葛覃」、「甘棠」、「木瓜」、「杕杜」四首詩展開，恐無它詩插足餘地。[25] 其次筆者以爲龐樸先生對這兩句話的解釋非常精當，即「既然說過這是天命，就不該發牢騷了。」[26] 因此「既曰天也，猶有怨言」指的是這樣一種愛發牢騷，容易「怨天尤人」的人。而這種態度正與〈木瓜〉體現的態度相反，是作者所不讚賞的，所以要「因木瓜之報以諭其怨者也」。[27]

---

[22] 俞志慧，〈《戰國楚竹書·孔子詩論》校箋（下）〉（同注 5）。又見〈《孔子詩論》五題〉，收入朱淵清、廖名春編，《上博館藏戰國楚竹簡研究》（上海：上海書店出版社，2002 年），頁 315。

[23] 楊澤生，〈「既曰『天也』，獸有怨言」評的是《鄘風·柏舟》〉（簡帛研究網，2002 年 2 月 7 日），又見清華大學思想文化研究所、輔仁大學文學院聯合主辦「新出楚簡與儒學思想國際學術研討會」論文，北京清華大學，2002 年 3 月 31 日~4 月 2 日。李銳，〈《孔子詩論》簡序調整芻議〉，收入朱淵清、廖名春編，《上博館藏戰國楚竹簡研究》（上海：上海書店出版社，2002 年），頁 193。

[24] 廖名春，〈上海博物館藏詩論簡校釋劄記〉（同注 6），頁 267。李學勤，〈《詩論》與〈詩〉〉，《中國哲學》第 24 輯（瀋陽：遼寧教育出版社，2002）。

[25] 曹峰，〈對〈孔子詩論〉第八號簡以後簡序的再調整——從語言特色的角度入手〉（同注 2），頁 203~204。

[26] 龐樸，〈上博藏簡零箋〉（同注 18）。

[27] 《禮記·坊記》：「子云：『禮之先幣帛也，欲民之先事而後祿也。先財而後禮，則民利。無辭而行情，則民爭。故君子於有饋者，弗能見則不視其

　　筆者認爲,〈孔子詩論〉作者論詩,並不就詩論詩,而是常常有所引申。例如留白簡中,通過〈大雅〉的詩篇〈清廟〉、〈烈文〉、〈昊天有成命〉與〈頌〉的詩篇〈皇矣〉、〈大明〉談「王之德」、「王之命」。[28] 滿寫簡中,通過〈關雎〉談「以色喻於禮」,[29] 通過〈葛覃〉談「氏(祇)初反本」,[30] 通過〈甘棠〉談「宗廟之敬」。那麼,〈孔子詩論〉作者通過「木瓜」簡文是否也有所引申呢?這是很有可能的。如果僅僅講一句「通過木瓜可以把怨怒發泄出來」,是不是太簡單了點?筆者認爲,這裡一定有所引申,且很有可能引申的是「以德報怨」。在殘存的「木瓜」簡文裡雖然沒有看到「以德報怨」的描述,但「因木瓜之報以諭其怨者也」的表述方式,將「木瓜之報」即「以厚報輕」的美德展示(曉諭、教導、教誨,即把「俞」讀爲「諭」的假借)給「其怨者」的句意,都與「以德報怨」不相矛盾。

　　另外,《禮記‧表記》中的一些記載也給予我們重要啓示。

　　　子言之:「仁者,天下之表也。義者,天下之制也。報者,
　　　天下之利也。」

饋。』」也引用的是相見之禮,但將以禮爲重和利爲重兩種態度相比較。本文則有可能是通過相見之禮,將「以厚報輕」的美德與「怨天尤人」的態度相對照。

[28] 參見曹峰,〈試論〈孔子詩論〉的留白簡、分章等問題〉(同注 3),頁137。

[29] 此論點的詳細說明,請參見本書第二章〈〈孔子詩論〉中有關「關雎」的幾支簡〉。

[30] 筆者贊同陳劍將「氏」讀爲「祇」的見解,參見陳劍,〈〈孔子詩論〉補釋一則〉,《中國哲學》第24輯(瀋陽:遼寧教育出版社,2002)。

子曰：「以德報德，則民有所勸。以怨報怨，則民有所懲。《詩》曰：『無言不讎，無德不報。』〈太甲〉曰：『民非后無能胥以寧，后非民無以辟四方。』」

子曰：「以德報怨，則寬身之仁也。以怨報德，則刑戮之民也。」[31]

上引《禮記·表記》中這三段話，是緊接著前引「子曰：『無辭不相接也、無禮不相見也。欲民之毋相褻也。』《易》曰：『初筮告，再三瀆，瀆則不告。』」說的。它的第一段雖然講到「仁」和「義」，但後面的話顯然是從「報」引申開來的。對於「報」，鄭注曰：「報，謂禮也。禮尚往來。」可見這裡的「報」意承上文「無辭不相接也，無禮不相見也」的相見之禮。後代的學者已經不明白爲什麼鄭注要說「報，謂禮也。禮尚往來。」所以幾乎沒有人在「報」爲何與「禮尚往來」相關這方面作文章。

　　但在鄭玄看來這裡的「以德報德」、「以怨報怨」與「禮尚往來」的「報」是相關的，進而從「以德報德」、「以怨報怨」引申出「以德報怨」也是自然的。即這是一組思想性上相關聯的話題。

---

31 《論語·憲問》中有「或曰：『以德報怨』，何如？子曰：『何以報德。以直報怨，以德報德』」。從中可見，「以德報怨」當是一種古已有之的說法。但孔子認爲應該「以直報怨，以德報德。」與《禮記·表記》所見「子曰：『以德報怨，則寬身之仁也。以怨報德，則刑戮之民也。』」那種對「以德報怨」直接加以肯定的態度是有區別的。《老子·第六十三章》：「爲無爲，事無事，味無味。大小多少，報怨以德。圖難於其易，爲大於其細。天下難事，必作於易。天下大事，必作於細。是以聖人終不爲大，故能成其大。夫輕諾必寡信，多易必多難。是以聖人猶難之，故終無難矣。」中也有「報怨以德」的說法，但這與儒家的「仁」無關，而是與其一貫的反向思維一致的。

　　雖然這是推測，但這種推測或許是可以成立的。即，在〈孔子詩論〉中，「木瓜」主要用於表達對相見之禮的重視，對相見之禮中體現出的以厚報輕、相互敬重之美德的重視。這種精神從另一個角度來闡發，就是「以德報德」。與「以德報德」相反的是却是「猶有怨言」的「以怨報怨」或「以怨報德」之態度。作者將這兩種精神境界對照起來，進而試圖闡發「以德報怨」。也就是說〈孔子詩論〉與《禮記‧表記》在「報」的理解上可能有著相同的思路。

　　這種將「禮尚往來」的「報」與「以德報怨」的「報」關聯起來的思想在鄭玄那裡仍然得到繼承。但到了後代，就漸漸無人知曉了。當然《禮記‧表記》在闡述「以德報德」、「以怨報怨」及「以德報怨」時話題完全集中於君民之間的政治關係，這與〈孔子詩論〉的總體氣雰有別。但即便不談政治關係，僅從「禮尚往來」的語意中導出「以德報怨」，也是可能的吧。

　　最後有必要談一下「其陉志必有以俞也」。馬承源先生讀「陉志」爲「離志」，讀「俞」爲「逾」，解該句爲「大意爲若廢去禮贈的習俗，這使人們離志的事情太過分了。」[32] 意義不明。龐樸先生讀「陉志」爲「隱志」，讀「俞」爲「喻」，解該句爲「謂民以幣帛喻其隱志也」。[33] 李零先生讀「陉志」爲「吝志」，意爲「藏而未發之志」。讀「俞」爲「輸」，認爲「輸」有傾瀉之義，類似於「抒」。[34] 李學勤先生讀「陉志」爲「隱志」。讀「俞」爲「抒」，

---

[32] 馬承源主編，《上海博物館藏戰國楚竹書（一）》（同注1）。頁149。

[33] 龐樸，〈上博藏簡零箋〉（同注18）。

[34] 李零，〈上博楚簡校讀記（之一）──〈子羔〉篇「孔子詩論」部分〉（同注10）。

意未釋。[35] 范毓周先生讀「陕志」爲「吝志」，讀「俞」爲「愉」，意未釋。[36] 廖名春先生讀「陕志」爲「隱志」，讀「俞」爲「諭」，解該句爲「雙方有不明之心就一定要以言語告之」。[37] 王志平先生讀「陕志」爲「吝志」，讀「俞」爲「偸」，意爲「苟且」。[38] 裘錫圭先生讀「陕志」爲「隱志」，讀「俞」爲「喻」，將「隱志」與「陕（藏）陕（願）」對應起來，說：「〈木瓜〉作者通過禮物的投報，將『藏願』表達出來，就是使其『隱志』得『喻』。」[39]

這些解釋都存在這樣一些問題。首先沒有把這一句放到第20、19、18 三支「木瓜」簡的整體環境中去考慮問題，所以其解釋缺乏與「木瓜」其他簡文的對照性。其次，「陕」字到底應該如何解釋，仍然是個難題。這個字涉及到第一號簡「詩亡隱志，樂亡隱情，文亡隱□（言？意？）」中所見「隱」的解釋，學界眾說紛紜，至今沒有定說。筆者也暫時不知該從何方。

筆者認爲，如果將「其陕志必有以俞也」放到由第 20、19、18 三支「木瓜」簡組成的大環境中，權且不管「陕」字如何解釋，首先要注意的是這樣兩點。其一，「其陕志必有以俞也」中的「俞」應該與第 18 號簡「因木瓜之報以俞（諭）其怨者也」中的「俞」對應起來，兩者的意思是相同的。其二，不應該將「陕志」

[35] 李學勤，〈上博物館楚竹書〈詩論〉分章釋文〉，收入邢文主編，《國際簡帛研究通訊》第 2 卷第 2 期（2002）。又見簡帛研究網，2002 年 1 月 16 日。參見頁 2。

[36] 范毓周，〈上海博物館藏楚簡〈詩論〉的釋文、簡序與分章〉（同注 10），頁 179。

[37] 廖名春，〈上海博物館藏詩論簡校釋箚記〉（同注 6），頁 265。

[38] 王志平，〈〈詩論〉箋疏〉（同注 7），頁 221。

[39] 裘錫圭，〈關於〈孔子詩論〉〉（同注 21）。

與「藏願」對應，而是應該與第 19 號簡「□志，既曰天也，猶有怨言」中的「□志」對應起來。

前文已經指出，「有藏願」只是一種想與某人見面的「宿願」，或者說是類似現代語中「久仰大名」之類的套話，與「陜志」應該沒有太大關係。其次，「陜志」不是與「木瓜」一方相對應的「志」，而是與「木瓜」相反一方相對應的「志」，即與「既曰天也，猶有怨言」相對應的、與「□志」相類似的「志」。「□」字雖有很多解釋，[40] 畢竟是個殘缺字，對各家之說不敢輕從。但它如果與「既曰天也，猶有怨言」對應，則不會是一種積極的、值得讚頌的「志」。同樣，與「□志」相關的「陜志」也不會是一種積極的、值得讚頌的「志」。《荀子・榮辱》中有「自知者不怨人，知命者不怨天，怨人者窮，怨天者無志。」他認爲「怨天者無志」，本篇所見的「□志」、「陜志」是否可以看作是與「無志」相類似的狀態呢。「其陜志必有以俞也」中的「俞」也是曉諭、教誨之意，即這種不值得讚頌的「志」必有好的東西用來展示給它（即對之加以曉諭），那好的東西應該就是「木瓜」所體現的精神與美德吧。

如果上述假設成立的話，那麼，這第三種「民性」不像第一種（第16號簡「見其美，必欲反其本」）、第二種（第24號簡「甚貴其人，必敬其位。悅其人，必好其所爲，惡其人者亦然」）那樣，是值得讚賞的「民性」，而是一種類似「怨天尤人」的需要加以引

---

[40] 關於「□志」，俞志慧，〈《戰國楚竹書・孔子詩論》校箋（下）〉（同注 5）說「此字疑爲「淇」字，在「志」字之前，或爲「其」之借。」李零，〈上博楚簡校讀記（之一）——〈子羔〉篇「孔子詩論」部分〉（同注 10）、何琳儀，〈滬簡詩論選釋〉（同注 13）、范毓周，〈上海博物館藏楚簡〈詩論〉的釋文、簡序與分章〉（同注 10）、廖名春，〈上海博物館藏詩論簡校釋箚記〉（同注 6）讀爲「溺」。

導和修正的「民性」。將「怨天尤人」視為一種「民性」,在文獻中多見。如《論語》、《荀子》、《禮記》、《管子》等典籍中都有論及,在此不作展開。

最後還有一個推測。從第 16 號簡「吾以葛覃得氏初之詩,民性固然」及第 24 號簡「吾以甘棠得宗廟之敬,民性固然」擁有共同的句型結構看,第一種「民性」與第二種「民性」是相近的、值得讚賞的「民性」。第 20 號簡「〔吾以木瓜得〕幣帛之不可去也,民性固然,其陞志必有以俞也」的造句方式,與前二者既有相同,又有不同,會不會是因為講的是不值得讚賞的「民性」,所以語氣有所轉換。接下來的「杕杜」簡文如果與「木瓜」合為一組,與「葛覃」、「甘棠」形成對應的話,那麼其簡文應補作「吾以杕杜得雀……〔之不可……也,民性固然,其……必有以……也。〕」就是說,「杕杜」簡文關涉的可能也是不值得讚賞的需要引導的「民性」。當然這純屬推測。

本文最初發表於謝維揚、朱淵清編,《新出土文獻與古代文明研究》(上海:上海大學出版社,2004)。

第四章

「色」與「禮」的關係

——〈孔子詩論〉、馬王堆帛書〈五行〉、

《孟子·告子下》之比較——

一

　　《上海博物館藏戰國楚竹書（一）》[1] 所收〈孔子詩論〉中有一句話，即「關雎以色諭於禮」（簡 10），筆者最早撰文指出這一說法與馬王堆帛書〈五行〉第二十五章說文（以下簡稱「〈五行〉二十五章說文」）之表述相似。[2]〈五行〉二十五章說文如下：

---

[1] 馬承源主編，《上海博物館藏戰國楚竹書（一）》（上海：上海古籍出版社，2001）。為便於印刷，拙文所引所有簡帛資料，對凡能確定的假借字均使用寬體，對不能確定者，用「（？）」表示。

[2] 曹峰，〈試析上博楚簡〈孔子詩論〉中有關「關雎」的幾支簡〉（簡帛研究網，2001 年 12 月 26 日），又收入郭店楚簡研究會編，《楚地出土資料と中國古代文化》（東京：汲古書院，2002），頁 291～310。又見本書第二章。學者多引饒宗頤，〈竹書《詩序》小箋〉，收入朱淵清、廖名春主編，《上博館藏戰國楚竹簡研究》（上海：上海書店，2002），頁 228～232。認為是饒宗頤先生最先提出的觀點。

諭而〔知〕之，謂之進〔之〕。弗諭也，諭則知之〔矣〕，知之則進耳。諭之也者，自所小好諭乎所大好。「窈窕〔淑女，寤〕寐求之」，思色也。「求之弗得，寤寐思伏」，言其急也。「悠哉悠哉，輾轉反側」，言其甚〔急也。急〕如此其甚也，交諸父母之側，為諸？則有死弗為之矣。交諸兄弟之側，亦弗為也。交〔諸〕邦人之側，亦弗為也。〔畏〕父兄，其殺畏人，禮也。<u>由色諭於禮，進耳。</u>

（將級別低的東西與級別高的東西）相比較而知道（某種道理），稱這一現象爲「進一步（領會）」。假如把（級別低的東西與級別高的東西）比較了，就可以知道（某種道理）了。假如知道了（某種道理）就「進一步（領會）」了。所謂「諭」，是拿小的所好跟大的所好相比。《詩經·關雎》說「窈窕淑女，寤寐求之」，這是描述（男子對女子）的思念。「求之弗得，寤寐思伏」，是說這種思念很切。「悠哉悠哉，輾轉反側」，是說這種思念相當強烈。但如此強烈的思念，在父母面前向淑女表達出來，可以做到嗎？即便用死來威脅也是不做的。在兄弟面前向淑女表達出來，也是不做的。在國人面前向淑女表達出來，也是不做的。首先怕自己的父母兄弟，其次怕其他人，這就是禮。通過好色這件事，再加以比較而知禮，這就是進了一步。[3]

---

[3] 釋文據池田知久，《馬王堆漢墓帛書五行篇研究》（東京：汲古書院，1993）。原文為日文，筆者作了翻譯。順便指出，郭店楚簡〈五行〉找不到可以和這段文章對應的地方。

這樣看來，〈孔子詩論〉中「關雎以色諭於禮」，其實是有所本的，〈五行〉二十五章說文以「關雎」爲例，對「由色諭於禮」之原理作了非常詳盡的解釋。說〈孔子詩論〉影響了〈五行〉二十五章說文，這種可能性不大，因爲在〈孔子詩論〉中「關雎以色諭於禮」並未做什麼論證，幾乎是拿來就用的，它的前提是〈五行〉二十五章說文的論述已經廣爲人知，毋需再作解釋了。[4] 在〈孔子詩論〉和〈五行〉二十五章說文中，「色」都指的是「情」、「欲」，「禮」都可以視爲抑制「情」、「欲」的外在規範。

馬王堆帛書〈五行〉的思想與《孟子》極爲密切，這是衆所周知的。所以，通過馬王堆帛書〈五行〉，〈孔子詩論〉或許與《孟子》也能建立起關係。那麼，在《孟子》中，是否也有「色」與「禮」關係之論述呢？我們在《孟子・告子下》中發現了一段文字，與馬王堆帛書〈五行〉之表述方式有相似之處。

> 任人有問屋廬子曰：「禮與食孰重？」曰：「禮重。」「色與禮孰重？」曰：「禮重」。曰：「以禮食則飢而死，不以禮食則得食，必以禮乎？親迎則不得妻，不親迎則得妻，必親迎乎？」屋廬子不能對。明日之鄒，以告孟子。孟子曰：「於答是也何有？不揣其本，而齊其末，方寸之木可使高於岑樓。金重於羽者，豈謂一鉤金與一輿羽之謂哉？取食之重者與禮之輕者而比之，奚翅食重？取色之重者與禮之輕者而比之，奚翅色重？往應之曰：『紾兄之臂而奪之食，則得食，不紾則不得食，則將紾之乎？踰東家牆而摟其處子，則得妻，不摟，則不得妻，則將摟之乎？』」

---

[4] 當然，從邏輯上看，不能否定，還有第二種可能性，那就是〈孔子詩論〉和〈五行〉説文引用了共同的文獻。

任國有人問孟子學生屋廬子說:「禮與食,哪一個重要?」
屋廬子回答說:「禮重要。」又問:「色與禮,哪一個重
要?」屋廬子回答說:「禮重要。」任國的人又說:「按照禮
的方式去求食就會餓死,不按照禮的方式去求食則能得食,
還一定要遵照禮嗎?行親迎之禮得不到妻子,不行親迎之禮
則能得到妻子,還一定要行親迎之禮嗎?」屋廬子不能回
答。第二天到了鄒邑,把這話告訴了孟子。孟子說:「回答
這個問題有何難。不衡量其根本,而祇向其末節看齊,方寸
之木可以讓它高於岑樓。金子重於羽毛,哪裡指的是一隻帶
鉤的金子與一車的羽毛相比?取食之重者與禮之輕者而比
之,豈止是食更重要?(兩者差別太大了)。取色之重者與
禮之輕者而比之,豈止是色更重要?(兩者差別太大了)。
你去回答他:『扭斷你哥哥的胳臂奪取他的食物,你就有吃
的,不扭斷你就沒有吃的,你會去扭斷嗎?跳過東家院牆去
抱那家姑娘,你就能得到妻子,不抱,就得不到妻子,你去
抱嗎?』」

〈告子下〉篇和〈五行〉二十五章說文及〈孔子詩論〉相比,
有三點是相同的。第一,〈告子下〉篇也論證了「色」與「禮」關
係。第二,論證的方法相似,也運用了比較的方式。第三,〈告子
下〉篇的「色」也指的是「情」、「欲」,「禮」也可以視為外在規
範。

然而,三者雖然圍繞「色」與「禮」展開話題,但問題意識並
不相同,〈告子下〉篇的問題意識在於「色」與「禮」哪個更重
要,勿庸置疑,「禮」更重要,但討論這個問題時,必須在可以接

受的範圍之內,不能絕對化,當「禮」絕對化到了危及生存(如餓死、不能娶妻生子維續生命等)時,這樣的「禮」是不敢要的。這一方面反映了孟子在「禮」這個問題上的一貫態度,即「禮」主要是發自內心的「德」,而作為外在規範的「禮」是可以變通的。另一方面也展示出孟子高超的辯論技巧。〈五行〉二十五章說文及〈孔子詩論〉則不同,這兩家是通過「色」(以〈關雎〉為例),說明「禮」為什麼會產生,「禮」在什麼樣的情況下發揮作用,「詩」對於「禮」而言具有怎麼的意義?總之,〈五行〉二十五章說文及〈孔子詩論〉是一家,〈告子下〉篇是一家,兩家祇是話題、論證形式上相似,思路並不相同。〈五行〉二十五章說文及〈孔子詩論〉討論的不是「情」、「欲」和「禮」孰輕孰重的簡單問題,而是人性與「禮」之間的相互關係,所以更為複雜,更具哲學意義。

二

在此,有必要具體分析〈孔子詩論〉、〈五行〉及《孟子》這三家是如何討論「色」與「禮」之關係的。〈孔子詩論〉中涉及關雎的地方有好幾處,先引用如下:

1. 關雎以色諭於禮……(簡10)

2. 關雎之攺,則其思益矣。(簡11)

3. 反納於禮,不亦能攺乎。(簡12)

4. 以琴瑟之悅,擬好色之願,以鐘鼓之樂……(簡14)

簡10的「關雎以色諭於禮」，通過〈五行〉二十五章說文可以了解其意。簡 11 的「關雎之改，則其思益矣」中的「改」，有多種解釋，但除了釋作「改」值得參考外，其餘或無法準確釋意，或缺乏文獻例證，都不能令人滿意。[5] 筆者提出，這個字是「已」的假借字，意為「中止」、「抑止」。因為我們可以找到有力的文獻例證。《荀子‧大略》中有「〈國風〉之好色也，傳曰，盈其欲而不愆其止。其誠可比於金石，其聲可內於宗廟。」楊倞作注曰：「好色，謂關雎樂得淑女也。盈其欲，謂好仇，寤寐思服也。止，禮也。欲雖盈滿而不敢過禮求之。此言好色人所不免，美其不過禮也。」這裡談的也是〈關雎〉，也是將「色」和「禮」聯繫起來，把「止」，即把有界限看作是「禮」。〈毛詩序〉說：「變風發乎情，止乎禮義。發乎情，民之性也。止乎禮義，先王之澤也。」其宗旨和《荀子‧大略》相同，祇是更明晰地指出「止」意為「抑止」。「已」在古典文獻中用作「止」意極為常見。所以將「改」釋為「已」，意為「止」，具備最有力的文獻依據，比釋「改」更為

---

[5] 如饒宗頤，〈竹書〈詩序〉小箋〉假借為「毫」，指男女「合毫」之禮；周鳳五，〈〈孔子詩論〉新釋文及注解〉借為「娶」；李零，《上博楚簡校讀記》、范毓周，〈上海博物館藏楚簡〈詩論〉的釋文、簡序與分章〉借為「妃」；王志平，〈〈詩論〉箋疏〉假為「述」。這些見解都是由〈關雎〉詩意推測而來，不能對「關雎以色諭於禮」及相關簡文作出準確解釋。廖名春，〈上博簡〈關雎〉七篇詩論研究〉將此字讀為「改」，「即毛《序》之「風」、「正」、「化」，也就是毛《序》所謂「移風俗」或《禮記‧樂記》所謂「移風易俗」」；李學勤，〈〈詩論〉說〈關雎〉等七篇釋義〉也讀為「改」，訓為更易。讀為「改」之見解，現已為眾多學者接受，其解釋與筆者的觀點接近，但缺乏有力的文獻例證。對各家之解釋，劉信芳，《孔子詩論述學》（合肥：安徽大學出版社，2003），頁 170～172；黃懷信，《上海博物館藏戰國楚竹書〈詩論〉解義》（北京：社會科學文獻出版社，2004），頁 23～24，有歸納，可參照。

合理。同時，和〈五行〉二十五章說文相對照，也使我們更相信，「改」字祇能借爲「已」，意爲「止」。[6]「關雎之改，則其思益矣」可以這樣解釋，爲什麼需要「關雎之已」，是因爲思色之心實在太重了，需要通過「禮」來抑止它。簡 12 的「反納於禮，不亦能改乎」意思相近，即「反過來用禮去對應，不就能夠克制思色之心了嗎？」簡 14「以琴瑟之悅，擬好色之願，以鐘鼓之樂……」因爲簡文殘斷，不能準確理解，但這兩句顯然從〈關雎〉篇「窈窕淑女，琴瑟友之」、「窈窕淑女，鐘鼓樂之」而來，裏面的「好色」並不具有否定的意義。總之，後面這三條簡也都和「色」有關係。

通過〈孔子詩論〉的關雎簡文，我們可以讀出以下的信息。一，「色」是一種「情」、一種「欲」，或者說是一種生而有之的本能的「性」。二，「好色」是一種正常的情欲，祇有當它超越一定限度，有害於社會時，才需要借助「禮」之外力去加以克制。三，〈孔子詩論〉論述關雎的宗旨何在？顯然，此乃強調「詩」是「禮」之敎化的重要手段和工具。這一點，不光從「關雎之已」，從簡 10「樛木之時、漢廣之智、鵲巢之歸、甘棠之保、綠衣之思、燕燕之情」中也能看得出來。廖名春先生認爲「關雎之已、樛木之時、漢廣之智、鵲巢之歸」是對好色本能的超越，「甘棠之保」是對利己本能的超越，「綠衣之思、燕燕之情」是對見異思遷

6　曹峰，〈試析上博楚簡〈孔子詩論〉中有關「關雎」的幾支簡〉（同注 2）；池田知久和趙建偉有同樣觀點，參照池田知久〈上海楚簡〈孔子詩論〉中出現的「豊（禮）」的問題〉，收入《池田知久簡帛研究論集》（北京：中華書局，2006），頁 376～402。趙建偉，〈楚簡校記〉，《新出楚簡國際學術研討會論文集（郭店・其他簡卷）》（武漢大學，2006 年 6 月 26 日～28 日），頁 299。

本能的超越，而這些本能最終得以由淺至深，達到「賢於其初」（簡 10）的地步，是在得到禮的教化之後，才得以昇華的。[7] 因為簡文的缺少，關雎以外各篇這樣去解釋是否準確合理，還不敢定論，但這些篇章和關雎一樣，是禮教中的工具，這一點是可以肯定的。

筆者曾指出，在〈孔子詩論〉中有四個「民性固然」，分別和「葛覃」、「甘棠」、「木苽」、「杕杜」四詩相關。[8] 而這幾個「民性固然」其實和「禮」都有密切的關係，「葛覃」說的是「反本」之禮，「甘棠」說的是「宗廟」之禮。在文獻中均可找到對應。「木苽」一詩，《詩》之〈毛傳〉和《孔叢子》說與「苞苴之禮」相關。[9] 拙文〈試析上博楚簡〈孔子詩論〉中有關「木苽」的幾支簡〉認為，〈孔子詩論〉中「木苽」論述，可以和《禮記‧表記》、《儀禮‧士相見禮》相對照。[10]「杕杜」因簡文缺失，不知其詳，但因為和「葛覃」、「甘棠」、「木苽」論述格式相同，所以也一定和禮有關。值得注意的是，這四篇詩的論述，都是先說「民性固然」，然後再引導出相關的「禮」來。因此，這裡談的是「性」與「禮」的關係。

這樣看來，在〈孔子詩論〉中，由詩談禮，通過詩開展禮的教化，決非關雎孤立的現象，而是一個普遍的現象。我們在研究〈孔

---

[7] 廖名春，〈上海博物館藏詩論簡校釋箚記〉，收入朱淵清、廖名春主編，《上博館藏戰國楚竹簡研究》（上海：上海書店，2002），頁263。

[8] 曹峰，〈對〈孔子詩論〉第八簡以後簡序的再調整〉，本書第一章有該文之一部分。

[9] 《詩》〈毛傳〉：「孔子曰，吾於〈木瓜〉，見苞苴之禮行。」《孔叢子‧記義》：「孔子讀詩……於〈木瓜〉，見苞苴之禮行。」

[10] 此文原載於謝維揚、朱淵清編，《新出土文獻與古代文明研究》（上海：上海大學出版社，2004），頁56～62。今收入本書第三章。

子詩論〉時，往往注重它和《毛詩》之間的區別，這兩者間的確有很大差異，但試圖用詩來改變人的情性，移風易俗，兩者是相通的。〈毛詩序〉說：「變風發乎情，止乎禮義。發乎情，民之性也。止乎禮義，先王之澤也。」又說：「故正得失，動天地，感鬼神，莫近於詩。先王是以經夫婦，成孝敬，厚人倫，移風俗。」〈毛詩序〉強調「止乎禮義」以及「經夫婦，成孝敬，厚人倫，移風俗」是「先王」即統治者的事，而〈孔子詩論〉沒有點明，在「色」（情、性）與「禮」的關係上，兩者的區別，僅在於此吧。

再來看〈五行〉二十五章說文，因爲它用關雎來作說明，而且結論是「由色諭於禮」，所以，它的立場、觀點和〈孔子詩論〉是完全一致的。論述的同樣是「情」、「欲」與「禮」的關係，同樣將「色」視爲人正常的本能，也同樣突出了「詩」的教化功能。值得注意的是，馬王堆帛書〈五行〉第二十五章說文不見於郭店楚簡，而且和馬王堆帛書〈五行〉所見其他的「色」有很大區別。馬王堆帛書〈五行〉中的「色」大部分指的是形於人之外表的「容色」，〈五行〉經文中有所謂「玉色」之說，以下引用相關的簡文。

> 仁之思也清。清則察、察則安、安則溫、溫則〔悅、悅則戚、戚則親、親則〕（以上第181行）憂〈愛〉、憂〈愛〉則玉色、王色則形、形則仁。
>
> 知之思也長。〔長〕則得、得則不忘、不忘則明、明則〔見賢人、見賢人則玉色、玉（以上第182行）色〕則形、形則智。[11]

---

[11] 郭店楚簡〈五行〉有幾乎相同的內容。引文部分通假字的確定，內容的增

〈五行〉區別人之行有「德之行」和「行」兩類,「玉色」是「成德」過程中,一個重要的外顯指標。所以,這裡的「色」既非表現爲「情」、「欲」之色,也和外在的「禮」無關,「色」和「德」相關,「玉色」是「德」的呈現。郭梨華〈儒家簡帛佚籍中「德」與「色」的辨析〉認爲,「『色』之能爲『德』,並非源自外在的教化或禮儀規準使然,而是源自本然已有之仁、義、禮、智不形於內時的『行』,及『形於內』時的作用結果。」[12] 除了第二十五章說文,馬王堆帛書〈五行〉(包括郭店楚簡〈五行〉在內),「色」都和「禮」無關,「色」指容色,「禮」指內在的潛質。[13] 而第二十五章說文在論述「諭而知之,謂之進〔之〕」之認識論原理時,突然引「由色諭於禮」爲例,「色」指情欲,「禮」指外在規範,因此,在思想內容上,與二十五章說文以外的部分有很大差異,這實在是值得深思的現象,郭店楚簡中不見二十五章說文的內容,顯然,這是馬王堆帛書〈五行〉形成過程中添加上去的。但這裡加入的,顯然是和〈五行〉中占主導思想(與《孟子》最爲接近)不相統一的、其他成分的思想。

如前所述,馬王堆帛書〈五行〉(包括郭店楚簡〈五行〉)的思想與《孟子》極爲密切,但有著密切關係的並不是二十五章說文,而是論述「仁、義、禮、智」的部分。如〈盡心上〉篇有以下兩段話:

補,均依據了郭店楚簡〈五行〉。

[12] 郭梨華,〈儒家簡帛佚籍中「德」與「色」的辨析〉,《湖南省博物館館刊》第一期(2004),頁111。

[13] 《孟子》也是將「禮」視爲內在於心的一種德。如〈告子上〉篇有「惻隱之心,仁也。羞惡之心,義也。<u>恭敬之心,禮也</u>。是非之心,智也。仁義禮智,非由外鑠我也。我固有之也。弗思耳矣。」

孟子曰：「……君子所性，仁義禮智根於心。其生色也，睟然見於面，盎於背，施於四體，四體不言而喻。」

孟子曰：「形色，天性也。惟聖人然後可以踐形。」

這同樣論述的是「色」和「德」的關係，認為「君子」、「聖人」之「色」和常人是不同的，在這個問題上，《孟子》和馬王堆帛書〈五行〉的主體部分完全一致。

在《孟子》其他篇章中，「色」多為顏（臉）色之意。如下所示，《孟子》中「色」有時也指包括女色在內的「美色」。

口之於味也、目之於色也、耳之於聲也、鼻之於臭也，性也。（〈盡心下〉）

王曰：「寡人有疾，寡人好色。」對曰：「昔者太王好色，愛厥妃。詩云：『古公亶父，來朝走馬，率西水滸，至于岐下。爰及姜女，聿來胥宇。』當是時也，內無怨女，外無曠夫。王如好色，與百姓同之，於王何有？」（〈梁惠王下〉）

天下之士悅之，人之所欲也，而不足以解憂。好色，人之所欲。妻帝之二女，而不足以解憂。富，人之所欲。富有天下，而不足以解憂。貴，人之所欲。貴為天子，而不足以解憂。人悅之、好色、富貴無足以解憂者，惟順於父母，可以解憂。人少則慕父母，知好色則慕少艾，有妻子則慕妻子，仕則慕君，不得於君則熱中。大孝終身慕父母，五十而慕者，予於大舜見之矣。（〈萬章上〉）

〈盡心下〉篇和〈梁惠王下〉篇將喜愛「美色」視爲人之常情，孟子並不否定好色的行爲，即便好色的主體是君主，但這兩條既未論及「色」與「禮」的關係，也未論及「色」與「德」的關係。〈萬章上〉篇談的是舜如何盡孝的問題，說「人悅之、好色、富貴」這些使人歡悅的事情都不足以使舜解憂，唯有「孝」才能使舜解憂。「色」在這裡祇是孟子論「孝」時的一個參照而已。

因此，在《孟子》中，眞正談及「色」與「禮」的關係的，祇有〈告子下〉篇，如前所述，〈告子下〉篇中「色」是「情」是「欲」，「禮」是外在規範。孟子爲什麼會在〈告子下〉篇中突然涉及這一話題呢？我們注意到，「色」與「禮」的關係並不是孟子主動提出，而是一種被動的回答，裏面不僅談到「色」與「禮」的關係，還談到「食」與「禮」的關係，這使我們想到告子那段著名的話「食、色，性也。仁，內也，非外也。義，外也，非內也。」（〈告子上〉），因此〈告子下〉篇這段話的出現，很可能有這樣的思想背景，即當時有人在討論「食」、「色」這些自然本性和外在規範（禮）發生衝突時，該服從誰的問題。在孟子看來，這不成爲問題，從〈告子下〉篇的回答來看，孟子強調的是不要把問題絕對化，但從孟子的一貫思想看，他認爲「禮」是否接受或實施，首先要經過內心的裁判。以下這段話就是一個很好的例證。

萬章曰：「敢問交際，何心也？」孟子曰：「恭也。」曰：「卻之卻之爲不恭，何哉？」曰：「尊者賜之，曰：『其所取之者，義乎，不義乎？』而後受之，以是爲不恭，故弗卻也。」曰：「請無以辭卻之，以心卻之，曰：『其取諸民之不

義也』。而以他辭無受,不可乎。」曰:「其交也以道,其接也以禮,斯孔子受之矣。」萬章曰:「今有禦人於國門之外者,其交也以道,其餽也以禮,斯可受禦與?」曰:「不可。〈康誥〉曰:『殺越人于貨,閔不畏死,凡民罔不譈。』是不待教而誅者也。殷受夏,周受殷,所不辭也。於今為烈,如之何其受之」(〈萬章下〉)

總之,在《孟子》那裡,並無討論「性」(食、色)和「禮」之關係的問題意識,是向屋廬子提問的任國人有這樣的意識。但即便「色」和「禮」之關係的問題意識,任國人與〈孔子詩論〉及〈五行〉二十五章說文的角度又不同,任國人注意是「色」和「禮」孰輕孰重,〈孔子詩論〉及〈五行〉二十五章說文注意的是「禮」來自於何處,以及「詩」在外在規範(禮)建立時所能發揮的作用。在〈孔子詩論〉及〈五行〉二十五章說文看來,「禮」來源於「色」這種人類的情欲,「禮」是為了防止人類的情欲給社會帶去危害才產生的。而「詩」教則有助於「禮」的建設和傳播,這就是〈孔子詩論〉論述「色」、「禮」關係之目的。

三

那麼,先秦文獻中,哪些是正視人的情欲,認為「禮」出自人的情欲,是對情欲的正確化解和引導呢?我們首先來看看出土文獻中的有關資料。

禮，因人之情而為之節文者也。(《郭店楚簡‧語叢一》)

情生於性，禮生於情。(《郭店楚簡‧語叢二》)

禮作於情。(《郭店楚簡‧性自命出》)

傳世文獻中，這類資料就更多了。

古者聖王以人性惡，以為偏險而不正，悖亂而不治，是以為之起禮義，制法度，以矯飾人之情性而正之，以擾化人之情性而導之也。(《荀子‧性惡》)

禮者，因人之情，緣義之理，而為之節文者也。(《管子‧心術上》)

禮者，因人之情而為之節文，以為民坊者也。(《禮記‧坊記》)

先王本之情性，稽之度數，制之禮義。(《禮記‧樂記》) [14]

故禮者，因人情為文。(《韓詩外傳‧卷三》)

禮者，則天地之體，因人情而為之節文者也。(《韓詩外傳‧卷五》)

觀三代損益，乃知緣人情而制禮，依人性而作儀，其所由來尚矣。(《史記‧禮書》)

---

[14] 《禮記‧樂記》還有「合情飾貌者，禮樂之事也」、「哀樂之分，皆以禮終」。說的即是禮樂所作之事在于調和感情，檢束儀容。這也是以「禮」節「情」之表述。

禮者，因時世、人情，為之節文者也。(《史記‧劉敬叔孫通
列傳》)

禮者，實之文也。……故禮因人情而為之節文。(《淮南子‧
齊俗》)

民有好色之性，故有大婚之禮，有飲食之性，故有大饗之
誼。有喜樂之性，故有鍾鼓筦絃之音。有悲哀之性，故有衰
絰哭踊之節。故先王之制法也，因民之所好而為之節文者
也。因其好色而制婚姻之禮，故男女有別。因其喜音而正雅
頌之聲。故風俗不流。因其寧家室，樂妻子，教之以順。故
父子有親。因其喜朋友而教之以悌，故長幼有序。(《淮南
子‧泰族》)

　　雖然，〈孔子詩論〉沒有採用「禮生於情」，「禮因人之情而為
之節文」的說法，但人之有情，屬於天性，因民之情，以禮導之的
基調完全相同。〈孔子詩論〉沒有做理論上的總結，而是用關雎這
一非常具體的例子，來說明「色」是如何昇華到「禮」的。

　　這就不能不談到《荀子》。《荀子》與〈孔子詩論〉及〈五行〉
二十五章說文在形成時代上孰先孰後，暫且不論。但這三者之關係
要遠遠超出《孟子》與〈孔子詩論〉及〈五行〉二十五章說文的關
係，這是難以否定的。理由有三。第一，在目前所能找到的傳世文
獻中，通過〈關雎〉，談「色」與「禮」的關係，最早是《荀子》，
這一點拙文〈試析上博楚簡〈孔子詩論〉中有關「關雎」的幾支
簡〉和池田知久〈上海楚簡〈孔子詩論〉中出現的「豊（禮）」的

問題〉[15] 作了非常詳盡之論述，這裡不再重複。第二，既肯定人的情欲，又將情欲和禮關聯起來。這是荀子思想極為重要之組成部分。荀子所講的「性」是人生而有之的自然賦予的東西。在人有「欲」這一點上，任何人都不例外。「欲」的追求是多種多樣，沒有止境的，如果不加限制，就會給國家、社會帶來混亂。先王之所以作「禮」，就是為了調節「性」、節制「欲」，為了止「爭」救「亂」。池田知久〈上海楚簡〈孔子詩論〉中出現的「豐（禮）」的問題〉對此作了極為詳細之論述，這裡不再重複。第三，人性是可以通過「詩書禮樂」的教育和學習改變的，所以「詩書禮樂」是教人知禮的重要方法和手段，《荀子》這方面的論述不可勝數，也是廣為人知的事。[16]

　　如果說《荀子》與〈孔子詩論〉及〈五行〉二十五章說文的區別何在，後者並不強調人性之善惡，也未提及「禮」之制作者是「先王」一類的統治者，兩者的區別僅在於此吧。

　　在孔子以後的儒學傳人中，有人強調要「遠色」，如《禮記·坊記》中有以下內容：

----

[15]　曹峰，〈試析上博楚簡〈孔子詩論〉中有關「關雎」的幾支簡〉（同注 2），池田知久，〈上海楚簡〈孔子詩論〉中出現的「豐（禮）」的問題〉（同注 6）。

[16]　郭店楚簡〈性自命出〉也一樣，強調人之「情」是活動的、可變的，通過「詩書禮樂」這種外「物」的教育引導，可以激發、改善人的「情」，使人的「情」朝著希望的方向發生變化，這種論述對〈孔子詩論〉的研究有參考價值。參照金谷治，〈楚簡〈性自命出〉的考察〉（曹峰、西山尚志譯），山東大學儒學研究中心編，《儒林》第二輯（濟南：山東大學出版社，2006），頁 49～60。

子云：「寡婦之子，不有見焉，則弗友也，君子以辟遠
也。」故朋友之交，主人不在，不有大故，則不入其門。以
此坊民，民猶以色厚於德。子云：「好德如好色。」諸侯不
下漁色。故君子遠色以為民紀。故男女授受不親。御婦人則
進左手。姑、姊、妹、女子子已嫁而反，男子不與同席而
坐。寡婦不夜哭。婦人疾，問之不問其疾。以此坊民，民猶
淫泆而亂於族。

這同樣是將「色」視為「情」、「欲」，也論述了「色」與「禮」
（「男女授受不親」以下均為「禮」）的關係，指出要用「禮」去節
制「色」，思路和〈孔子詩論〉、《五行》二十五章說文、《荀子》相
同。但把重點放在「禮」的政治作用上。就是說，「禮」之節制已
非引導和調節，而是將「色」視為一種不正常的心理，刻意加以防
範，將「色」與「禮」對立起來了。《禮記‧中庸》有「齊明盛
服，非禮不動，所以脩身也。去讒遠色，賤貨而貴德，所以勸賢
也」也是相似的表述。《禮記‧樂記》中記載魏文侯和子夏論樂
時，子夏特別強調聲色之好有害君德，「鄭音好濫淫志、宋音燕女
溺志、衛音趨數煩志、齊音敖辟喬志。此四者皆淫於色而害於德，
是以祭祀弗用也。」這也是對「色」持排斥之態度。

四

通過以上的比較，我們得知，〈孔子詩論〉、〈五行〉二十五章
說文、《孟子》三者雖然都有「色」和「禮」關係之論述，《孟子》
與前二者祇是表面的相似。《孟子》並無深入討論「色」（情、欲）

和「禮」（外在規範）的問題意識，也無「禮」來自於情欲，是對
情欲之調節或引導的任何表述。〈五行〉二十五章說文的思想傾向
雖然接近於〈孔子詩論〉，但〈五行〉二十五章說文在論「色」論
「禮」方面和〈五行〉的主體思想又有區別。「禮」來自於情欲，
是對情欲之調節或引導，《詩》是禮之教化的重要工具。這方面之
論述，出土文獻見於郭店楚簡〈性自命出〉及〈語叢一〉、〈語叢
二〉。傳世文獻見於《管子》、《荀子》、《禮記》及漢以後〈毛詩
序〉等許多文獻，尤以《荀子》的論述最為豐富，我們在研究〈孔
子詩論〉時，既要注意這種思想傾向之一致，同時要注意〈孔子詩
論〉未討論人性善惡，未言及聖人、先王等統治者制禮，也未見濃
厚政治化傾向等方面之區別，這就是本文的結論。

　　本文最初發表於《孔子研究》2006 年第 6 期，2006 年 11 月。

第五章

〈魯邦大旱〉思想研究

　　在上海博物館所藏戰國楚簡中，〈孔子詩論〉、〈子羔〉、〈魯邦大旱〉三篇雖然筆跡相同，而且均以孔子爲主人公，但這三篇思想內容其實是各自獨立的，相互之間竝沒有必然的聯繫。〈魯邦大旱〉實際上是一則短篇故事，一則關於孔子或者說假托孔子的短篇故事，之所以可以稱之爲假托，是因爲極其相似的故事格局和對應話語在《晏子春秋》和《說苑》中也出現了，祇不過那裡的主人公換成了晏子。我們目前無法確定，眞實的主人公究竟應該是孔子還是晏子，或者是其他的賢人。這種確認性的工作，不但難以做到，而且沒有必要。我們可以想像，這類關於大旱對策的套話曾經一度十分流行。它是一個時代或一個學派在闡述天災與人事的關係時，一種典範式的對應態度。那麼，在這個或這類故事中，哪些是值得重視的思想現象呢？這正是本文所欲探求的重點。在此之前，有必要對〈魯邦大旱〉這段不長的故事再作一次解釋。《上海博物館藏戰國楚竹書（二）》[1] 出版後，關於〈魯邦大旱〉的釋文又出

----
[1] 馬承源主編，《上海博物館藏戰國楚竹書（二）》（上海：上海古籍出版

現了許多值得重視的意見，筆者欲博采眾家之長，在新的釋文基礎上更準確地理解〈魯邦大旱〉的思想內容。

原文：

魯邦大旱。哀公胃（謂）孔子：「子不為我圖之？」孔子愈（答）曰：「邦大旱，毋乃遊（失）者（諸）型（刑）與惡（德）虘（乎）。售（唯）☑」（第1號簡）之可才。孔子曰：「庶民智（知）敚（說）之事禩（鬼）也，不智（知）型（刑）與惡（德）。女（如）毋悉（愛）珪璧帶（幣）帛於山川，政（正）坓（刑）與〔惡（德）〕☑」（第2號簡）出遇子贛（貢），曰：「賜，而（爾）昏（聞）迷（巷）迻（路）之言。毋乃胃（謂）丘之愈（答）非與（歟）？」子贛（貢）曰：「否戕（殹）。虘（吾）子女（如）達（重）命，亓（其）與。」「女（若）夫政（正）坓（刑）與惡（德）以事上天，此是才（哉）。若天〈夫〉毋悉（愛）圭璧（第3號簡）帶（幣）帛於山川，毋乃不可。夫山，石以為膚，木以為民。女（如）天不雨，石牉（將）爨（焦），木將死。亓（其）欲雨或甚於我，或必寺（待）虘（乎）名虘（乎）？夫川，水以為膚，魚以（第4號簡）為民。女（如）天不雨，水牉（將）沽（涸），魚牉（將）死。亓（其）欲雨或甚於我，或必寺（待）虘（乎）名虘（乎）？」孔子曰：「於磨（乎）☑（第5號簡）公剴（豈）不飯（飽）枊（梁）飤（食）肉才（哉），殹（抑）亡（無）女（如）庶民可（何）。■（第6號簡）」

譯文：

魯國大旱。魯哀公對孔子說：「您不為我想想辦法嗎？」孔子回答說：「魯國大旱，恐怕是因為在刑與德方面有缺失（才引起的啊）。……」〔魯哀公說：「……〕之可才。」孔子答曰：「庶民雖然知道用說祭來祭祀鬼神，卻不知道刑與德方面的事情。如果在祭祀山川（等神祇）時不吝惜珪璧幣帛，而匡正刑與德（……。）」退出朝廷遇到子貢，孔子說：「賜，你聽到眾人的街談巷議了吧。是不是他們覺得我回答得不對？」子貢說：「沒有啊，如果您重視人的生命，他們都會聽從您的。」孔子說：「匡正刑與德以事奉上天，這是對的。在祭祀山川（等神祇）時不吝惜珪璧幣帛，恐怕就不可以。山以石頭為皮膚，以樹木為民眾。如果天不下雨，石頭將會枯焦，樹木將會死去。他們希望降雨之情更甚於我，又怎會必然等到我們（在祭祀時）去呼喚他的名字呢？河流以水為皮膚，以魚為民眾。如果天不下雨，水將干涸，魚將死亡。他們希望降雨之情更甚於我，又怎會必然等到我們（在祭祀時）去呼喚他的名字呢？」孔子說：「烏呼，……。哀公不是還在那裡大吃大喝嗎？他拿老百姓又怎麼樣了。」[2]

---

[2] 釋文與譯文的製作，除參考馬承源先生所做〈魯邦大旱〉釋文外，還採用了以下論文中的一些觀點。

陳　劍，〈上博簡〈子羔〉、〈從政〉篇的拼合編連問題小議〉（簡帛研究網，2003 年 1 月 8 日）。

劉樂賢，〈讀上博簡〈民之父母〉等三篇箚記〉（簡帛研究網，2003 年 1 月 10 日）。

何琳儀，〈滬簡二冊選釋〉（簡帛研究網，2003 年 1 月 14 日）。

徐在國，〈上博竹書（二）文字雜考〉（簡帛研究網，2003 年 1 月 14

關於上述譯文，有兩處需要在此詳加說明的地方。

第一，關於「惡」字的解釋，學界目前有兩種截然相反的意見。「惡」，原注釋讀爲「薆」，認爲聲符和字義同於「瘞」，意爲「埋」，這個解釋得到了大多數學者的認可。但劉樂賢先生釋「惡」爲「愛」，意爲吝惜，顏世鉉先生表贊同。[3] 筆者認爲釋做「愛」是正確的，理由如下。

一、「惡」字在楚系文字中多見，如郭店楚簡和《上海博物館藏戰國楚竹書（一）》中，幾乎無一例外地釋作「愛」。將「惡」釋爲「瘞」的假借字，雖然假借關係上不存在問題，但缺乏例證。

二、「不愛……」或與「不愛」相類的句式在文獻中多見，而且常用於與祭祀有關的場合。顏世鉉先生舉《詩經・雲漢》「靡神不舉，靡愛斯牲。圭璧既卒，寧莫我聽。」是一例。其他還有：

日）。

顏世鉉，〈上博楚竹書散論（三）〉（簡帛研究網，2003 年 1 月 19 日）。

黃德寬，〈《戰國楚竹書》（二）釋文補正〉，朱淵清、廖名春主編，《上博館藏戰國楚竹書研究續編》（上海：上海書店出版社，2004），頁 434～443。又見簡帛研究網，2003 年 1 月 19 日。

俞志慧，〈《魯邦大旱》句讀獻疑〉（簡帛研究網，2003 年 1 月 27 日）。

秦樺林，〈上博簡〈魯邦大旱〉虛詞箚記〉（簡帛研究網，2003 年 2 月 15 日）。

廣瀨薰雄，〈關於〈魯邦大旱〉的幾個問題〉，《武漢大學學報》第 4 期（2004 年），頁 506～510。

3 參見注 1 所列劉樂賢和顏世鉉論文。

鄭國有災，晉君、大夫不敢寧居，卜筮走望，<u>不愛牲玉</u>。
（《左傳·昭公十八年》）

余不愛衣食於民，<u>不愛牲玉於神</u>。（《國語·魯語上》）

可見，「不愛……」釋作不吝惜要比釋作不埋更具合理性，也更多
文獻的例證。

　　三、或許有學者認為，如果將「不愛……」釋作不吝惜，那
整個文意就會前後衝突，因為子貢問孔子「若夫毋愛圭璧幣帛於山
川，毋乃不可？」即子貢先提出不給山川供奉圭璧幣帛恐怕是不行
的吧？然後後面才會解釋為什麼祭祀山川是沒有意義的，基於這樣
一個邏輯，「悉」就無法解釋為「吝惜」，祇能看作是「埋」的意
思。劉樂賢先生、顏世鉉先生雖然指出孔子不反對祭祀山川，關於
孔子對「說祭求雨」的看法，顏世鉉先生還進一步解釋道「百姓對
於禱神求雨的認知，往往祇在其眼睛所見表面儀式的現象及止災的
作用上；卻不知禱神求雨的精神主要是在於要使為政者反躬自省其
施政作為。」[4] 但竝不能圓滿回答上述的問題。

　　筆者以為，將「不愛……」釋作不吝惜，看上去文意上會發
生矛盾，但其實竝不矛盾。因為按照我的釋文去理解，就知道孔子
雖然不反對「不吝惜珪璧幣帛於山川」，但認為還有更重要的事情
要做，那就是「正刑德」，即通過實質性的行動去拯救民眾的生
命。當然，這一解釋的成立出於對子貢、孔子問答歸屬的重新排
列。這一問題在第二點詳述。

---

[4] 參見注1所列顏世鉉論文。

　　第二，從「子贛（貢）曰：否殹」到「或必寺（待）乎名
乎」為止，看上去祇有一個主語，即「子貢」。但如果這一大段話
都是子貢一個人的發言，顯然說不過去。俞志慧先生最先意識到這
個問題，竝在這段話中途插入了「孔子曰」。俞志慧和廣瀨薰雄兩
位先生從文意上，從古文獻的寫作特徵上，詳細地論證了「孔子
曰」插入的可能性。對此筆者深表贊同。但在「孔子曰」插入的具
體位置上，兩位有所不同。

　　俞志慧釋文為：

> 孔子：「賜，爾聞巷路之言。毋乃謂丘之答非歟？」
> 子貢：「否。」
> 孔子：「緊吾子如重名其歟？」
> 子貢：「如夫政刑與德，以事上天，此是哉！如夫毋瘞圭璧
> 　　　　幣帛於山川，毋乃不可？」
> 孔子：「夫山，石以為膚，木以為民，如天不雨，石將焦，
> 　　　　木將死，其欲雨或甚於我，又必恃乎名乎？夫川，
> 　　　　水以為膚，魚以為民，如天不雨，水將涸，魚將
> 　　　　死，其欲雨或甚於我，又必恃乎名乎？」
> 孔子：「於乎☑」

　　廣瀨薰雄釋文為：

> 孔子：「賜，而昏迣迣之言。毋乃胃丘之會非與？」
> 子貢：「否。殹虐子女違命，丌與。女夫政㠭與悳以事上
> 　　　　天，此是才？女天〈夫〉毋悉圭璧帛帛於山川，毋
> 　　　　乃不可？」

> 孔子：「夫山，石以為膚，木以為民。女天不雨，石牉燓，
> 　　　木牉死。丌欲雨或甚於我，或必寺虗名虗？夫川，
> 　　　水以為膚，魚以為民。女天不雨，水牉沽，魚牉
> 　　　死。丌欲雨或甚於我，或必寺虗名虗？
> 孔子：「於虗☐」

　　關於「吾子如逹（重）命，其與。」筆者贊同廣瀨的斷句和解釋，認為它是子貢說的話，「吾子」可以看作是下對上的稱呼，在此代表孔子。「其」在這裡當副詞用，是「乃」的意思。「與」是動詞，是「參與」的意思。關於「逹（重）命」，廣瀨認為是重複命令的意思。「吾子如逹（重）命，其與」意為「如果您重複命令的話，民眾會隨從您的。」但孔子竝非執政者，竝無重複命令的權力，所以這一解釋不妥。從整段故事體現出孔子重視生命來看，這裡的「命」還是釋作「生命」最為妥當。關於「若夫政（正）刑與德以事上天，此是才（哉）。若天〈夫〉毋惡（愛）圭璧幣帛於山川，毋（無）乃不可。」這兩句話的歸屬，筆者則認為它是孔子說的。因此，最為合理的格局應當是：

> 孔子：「賜，爾聞巷路之言。毋乃謂丘之答非歟？」
> 子貢：「否殹。吾子如重命，其與。」
> 孔子：「若夫正刑與德以事上天，此是哉。若夫毋愛圭璧幣
> 　　　帛於山川，毋乃不可。夫山，石以為膚，木以為
> 　　　民。如天不雨，石將焦，木將死。其欲雨或甚於
> 　　　我，或必待乎名乎？夫川，水以為膚，魚以為民。
> 　　　如天不雨，水將涸，魚將死。其欲雨或甚於我，或
> 　　　必待乎名乎？」

　　　孔子：「烏呼⬚」

也就是說，「若夫正刑與德以事上天，此是哉。若夫毋愛圭璧幣帛於山川，毋乃不可。」都非子貢提出的疑問，而是孔子對自己政見的再次總結。即孔子突出的是正刑與德，輕視的是給山川祭祀時拼命加供的行爲。突出的是人事，輕視的是神事。後面的「夫山」、「夫川」正是對「若夫毋愛圭璧幣帛於山川，毋乃不可」所作的形象解釋，把兩者割裂開來是不妥當的。《禮記・檀弓下》有下面這樣一段話：

　　　歲旱，穆公召縣子而問然，曰：「天久不雨，吾欲暴尫，而奚若。」曰：「天久不雨，而暴人之疾子，虐，毋乃不可與。」「然則吾欲暴巫，而奚若。」曰：「天則不雨，而望之愚婦人，於以求之，毋乃已疏乎。」

這裡兩次出現的「毋乃」，即「毋乃不可與」、「毋乃已疏乎」，都是縣子向穆公表示反對的意見，與本簡文中「若夫毋愛圭璧幣帛於山川，毋乃不可」以及「夫山」、「夫川」一段話的傾向是一致的。如果說「夫山」、「夫川」是孔子的話，那麼表現出同一態度的「毋乃不可」就依然是孔子的言論，不應當割給子貢。至於顏世鉉先生指出的「禱神求雨的精神主要是在於要使爲政者反躬自省其施政作爲」這點從簡文中似乎還看不出來。

　　　基於以上對簡文的理解，筆者在此想對這段故事所表現出的思想特色做些分析。這一分析可以從兩個角度出發，一，與《晏子春秋・內篇諫上》第十五章的比較分析。二，與其他大旱對策的比較分析。

不用說，〈魯邦大旱〉最應引起重視的現象是它與《晏子春秋‧內篇諫上》之第十五章的相似。馬承源先生〈魯邦大旱〉的釋文引用了《晏子春秋‧內篇諫上》內容的一部分，由於篇幅不長，筆者在此全部引用，以做徹底分析。

> 齊大旱逾時，景公召群臣問曰：「天不雨久矣，民且有飢色。吾使人卜，云祟在高山廣水。寡人欲少賦斂以祠靈山，可乎？」群臣莫對。晏子進曰：「不可。祠此無益也。夫靈山固以石為身，以草木為髮，天久不雨，髮將焦，身將熱，彼獨不欲雨乎？祠之何益。」公曰：「不然，吾欲祠河伯，可乎？」晏子曰：「不可。河伯以水為國，以魚鱉為民，天久不雨，水泉將下，百川將竭，國將亡，民將滅矣，彼獨不欲雨乎？祠何益。」景公曰：「今為之奈何？」晏子曰：「君誠避宮殿暴露，與靈山河伯共憂，其幸而雨乎。」於是景公出野暴露三日，天果下雨，民盡得種時，景公曰：「善哉。晏子之言，可無用乎。其維有德。」

先來比較兩者的共同之處。首先從內容來看，兩者均為旱災之對策，且均為君臣之間的問對，祇不過國家有別、人物各異。〈魯邦大旱〉中的魯哀公和孔子到《晏子春秋》換成了齊景公和晏子。其次兩者故事骨架相似，君主都想不惜代價地祭祀山川神祇，即在應付天災時，表現出一種以神事為主的態度。而孔子和晏子則予以反對，表現出一種以人事為主的態度。再次兩者的語言表述相似，〈魯邦大旱〉中的「夫山，石以為膚，木以為民。如天不雨，石將焦，木將死。其欲雨或甚於我，或必待乎名乎？夫川，水以為

膚，魚以爲民。如天不雨，水將涸，魚將死。其欲雨或甚於我，或必待乎名乎？」與《晏子春秋》的「夫靈山固以石爲身，以草木爲髮，天久不雨，髮將焦，身將熱，彼獨不欲雨乎？祠之何益。」「河伯以水爲國，以魚鱉爲民，天久不雨，水泉將下，百川將竭，國將亡，民將滅矣，彼獨不欲雨乎？祠何益。」在構思和表達上極爲相似。

有以上三處這樣極其關鍵的相似，我們不難推測，這類故事是由相同或相近的時代，由思想觀點相同或相近的學派製造出來的，用於闡明其關於天災的基本政治立場。在大旱面前，山川神祇最終自身難保的那段話，實在是太生動精闢了，始作者未必是所謂的孔子或晏子，也可能另有所出，但被組合進孔子或晏子的故事中，成爲一種大旱對策的經典對應方式。

再來比較兩者的不同之處。首先是關於「民」的態度，〈魯邦大旱〉表現出對較強烈的重民意識。這其中有憂患意識，孔子既指出民衆的愚昧，「庶民知說之事鬼也，不知刑與德。」又擔憂大旱面前，由於統治者不爲民衆做什麼，民衆可能會面臨的苦難。「公豈不飽粱食肉哉？抑無如庶民何。」也有不敢輕視公衆輿論的意識，一出朝廷，馬上就問子貢，「賜，爾聞巷路之言。毋乃謂丘之答非歟？」《晏子春秋》雖談到「民且有飢色」、「民盡得種時」，但不是文章的重點，重民意識似無〈魯邦大旱〉強烈。第二，〈魯邦大旱〉表現出對君主較強烈的批判意識，文章最後一句，顯示出對統治者的極端不滿。第三，《晏子春秋》和〈魯邦大旱〉雖然都表現出重人輕神的態度，但在人事方面，〈魯邦大旱〉提出了具體的對策，即「正刑與德」，《晏子春秋》則提出要君主到野外去，「與靈山河伯共憂」。所以，《晏子春秋》顯示出思想

內容的前後不一致，前面對神的作用幾乎完全予以否定，後面卻又
對神表示親近，在政治上無所作為。第四，結論不同，〈魯邦大
旱〉以批判統治者作結。《晏子春秋》則描繪了一個天人感應的結
局，「於是景公出野暴露三日，天果下雨，民盡得種時」。第五，
出場人物不同，〈魯邦大旱〉多了一個子貢，但子貢的存在與否，
並不構成關鍵區別，因為他對故事格局和思想內容影響並不大。第
六，語言表述不同。《晏子春秋》顯然更具敷衍性，不光故事更長
更具體，而且在個別用詞上也更合理，例如，〈魯邦大旱〉的「夫
山，石以為膚，木以為民」顯然不如《晏子春秋》「以石為身，以
草木為髮」表達得好。「靈山」、「河伯」的說法也比「山」、
「川」要生動。

那麼，是否可以說《晏子春秋》這一段晚於〈魯邦大旱〉，
《晏子春秋》受〈魯邦大旱〉的影響呢？《晏子春秋》這一段晚出
的跡象的確明顯，例如故事更長，表述更成熟。而且思想內容的前
後不一致，顯示出最後的結論部分很可能是後代即關於災異的天人
感應說被大力提倡的時代被附加上去的。[5]《晏子春秋》是傳世文
獻，它被不斷整理、潤色、修改，是完全可能的事。不能簡單地認
為《晏子春秋》這一段一定受〈魯邦大旱〉的影響，《晏子春秋》
這一段被敷衍、被修改之前的原型，很可能與〈魯邦大旱〉相接

---

5 除這一段之外，《晏子春秋》還有很多地方可以看出按感應說整理故事的
 痕跡。如與《左傳‧昭公二十年》同樣的關於齊景公生病的文章，在《晏
 子春秋‧外篇》之第七章及〈內篇諫上〉之第十二章，結論部分被加上
 「公疾愈」，以顯示有效的政治舉措會影響到君主身體的好轉。這種感應
 式的故事亦見於《晏子春秋‧內篇諫上》之第十八章（彗星出現）、第二
 十一章（火星的出現與消失），〈外篇〉第二章（彗星的出現與消失）
 等。

近。除去語言修飾的成分,以及天人感應說的結尾,《晏子春秋》這一段原型比〈魯邦大旱〉早也完全可能。如前所述,〈魯邦大旱〉這一段有《晏子春秋》所無的重民意識,君主批判意識,以及「正刑與德」的具體對策,體現出思想內容上的前後一致和成熟。

筆者認爲很難區分〈魯邦大旱〉與《晏子春秋》這一段孰前孰後,它們很可能誕生於非常接近的時代和非常接近的學派。《晏子春秋》中有相當多的篇章談到天災,談到人事和神事孰重的問題,與〈魯邦大旱〉接近的《晏子春秋》的這一段雖然沒有重民意識,君主批判意識,以及政治上的具體舉措,但在其它有關鬼神、災異、祭祀的篇章中,這些問題都被提及。如〈內篇諫上〉之第十二章、第十四章,〈內篇問上〉之第十章,〈內篇雜下〉之第四章、第六章。〈外篇〉之第二章、第三章、第六章、第七章。其主要思想意識與〈魯邦大旱〉非常接近。所以它們都有可能是同時代的作品。

通過與《晏子春秋》的比較,我們可以嘗試回答以下兩個問題。第一,旱災發生的年代問題。馬承源先生在〈魯邦大旱〉釋文中引用了《左傳‧哀公十五年》的經文「秋八月,大雩」以及《春秋繁露‧精華》中的一段話「大雩者何?旱祭也。難者曰,大旱雩祭而請雨,大水鳴鼓而攻社。」認爲〈魯邦大旱〉所言及的旱災是哀公十五年發生的。廖名春先生也作如此推測。[6] 楊朝明先生則認爲不一定發生在哀公十五年這一年,「說它發生在魯哀公十一年到魯哀公十六年的六年之內更好一些。」[7] 但既然《晏子春秋》中也

---

[6] 廖名春,〈上海簡〈魯邦大旱〉箚記〉,廖名春編,《清華簡帛研究》第二輯(北京:清華大學思想文化研究所,2002 年 3 月)。

[7] 楊朝明,〈上海博物館竹書〈魯邦大旱〉管見〉,楊朝明著,《儒家文獻

出現了同樣的故事格局和對應話語，我們就無法確定這故事一定發生在魯國。雖然不能排除發生在魯國的可能性，但從思想史的角度看，這種確認性的工作其實沒有多大意義。如果缺乏依據，永遠得不出令人信服的結論。其次，旱災祇是引發思想內容的一個前提條件，就思想史而言，它具體何時發生其實並不太重要。第二，關於孔子真實性的問題。和第一個問題一樣，這裡勢必產生故事主人公歸屬於孔子還是晏子的疑問，有可能是其中一位，有可能兩位都是，有可能兩位都不是。在充滿多種可能性的前提下，我們不能匆忙地將其歸屬於孔子。眾所周知，有關魯哀公與孔子之間問對的資料極多，其數量可能不下於晏子與齊景公之間的問對。馬驌《繹史》卷八十六〈孔子類記一〉中有〈哀公問〉一節，從中可知，其材料分布於《論語》、《墨子》、《莊子》、《荀子》、《韓非子》、《呂氏春秋》、《禮記》、《大戴禮記》、《韓詩外傳》、《史記》、《孔叢子》、《孔子家語》、《說苑》、《新序》等多種書籍中，這其中雖有真實的成分，但不乏編造的故事。目前出土的〈魯邦大旱〉可以說又多了一則新的魯哀公與孔子之間的問對故事。前文指出，〈魯邦大旱〉的最後一句顯示出對統治者的極端不滿。然而遍查所有的魯哀公與孔子問對的文獻材料，看不到一例孔子對哀公的直接批判。倒是《晏子春秋》中，晏子對君主毫不留情的批評幾乎比比皆是。從這一特徵看，我們毋寧說〈魯邦大旱〉的整體風格更接近於《晏子春秋》，而與傳統文獻所刻劃的孔子形象有距離。

與早期儒學研究》（濟南：齊魯書社，2002 年 3 月）。

　　筆者認為還應該將〈魯邦大旱〉和文獻所見其他君臣之間關於旱災的對策作一比較。這一比較中所需要突出的思想現象在於兩個方面。一，神事與人事孰重的問題。二，刑與德的問題。

　　傳統文獻中關於旱災的記載為數不少，但由此引申出對策的並不多見。除上引《晏子春秋·內篇諫上》第十五章外，較典型的還有以下數例。

　　　　夏，大旱。公欲焚巫、尪。臧文仲曰：「非旱備也。修城郭、貶食、省用、務穡、勸分，此其務也。巫、尪何為。天欲殺之，則如勿生。若能為旱，焚之滋甚。」公從之。是歲也，饑而不害。（《左傳·僖公二十一年》）

這也是發生於魯國的大旱，魯僖公欲照民間迷信風俗，焚燒殘疾人以求雨，被魯大夫臧文仲阻止。臧文仲的對策主要有二，一是修城郭、二是「貶食、省用、務穡、勸分」即節省民力和加強生產。關於「修城郭」，孔疏引服虔云：「國家凶荒，則無道之國乘而加兵，故修城郭為守備也。」清人沈欽韓《春秋左傳補注》云：「民難於食，故修土功，給其稍食，亦救荒之策。」兩說似都可通。其結果是「是歲也，饑而不害。」這裡並無天人感應式的描述，承認發生災害，但由於實施了理智的政治舉措，並未釀成大災。

　　與這段描述接近的是上文所引《禮記·檀弓下》的魯穆公與縣子的那段話。縣子在反對用人作為犧牲的態度上與臧文仲無異，但未闡明具體對策。

　　《孔子家語·曲禮子貢問》中有一段孔子和齊景公關於旱災的問對。

> 孔子在齊，齊大旱，春飢。景公問於孔子曰：「如之何？」
> 孔子曰：「凶年則乘駑馬，力役不興，馳道不修，祈以幣
> 玉，祭祀不懸，祀以下牲。此賢君自貶以救民之禮也。」

孔子的對策主要是通過君主的自我約束，如不乘好馬，不發力役。
祭祀時用低等的祭祀用品來代替高等的祭祀用品，即自貶來達到救
民之目的，並認為這才合於禮。與之接近的是《禮記‧曲禮下》和
《禮記‧雜記下》中的這兩段話。

> 歲凶，年穀不登，君膳不祭肺，馬不食穀，馳道不除，祭事
> 不懸。大夫不食粱，士飲酒不樂。（〈曲禮下〉）[8]

> 孔子曰：「凶年則乘駑馬，祀以下牲。」（〈雜記下〉）

《左傳‧僖公二十一年》與《禮記‧檀弓下》對神事幾乎完全予以
否定，體現出一種重人事、輕神事的精神。類似的話題亦見於《左
傳‧昭公二十年》。

> 齊侯疥，遂痁，期而不瘳。諸侯之賓問疾者多在。梁丘據與
> 裔款言於公曰：「吾事鬼神豐，於先君有加矣。今君疾病，
> 為諸侯憂，是祝、史之罪也。諸侯不知，其謂我不敬，君盍
> 誅於祝固、史嚚以辭賓？」公說，告晏子。晏子曰：「日宋
> 之盟，屈建問范會之德於趙武。趙武曰：『夫子之家事治，

---

[8] 類似的說法亦見《賈誼新書‧禮篇》：「歲凶穀不登，臺扉不塗，榭徹干
侯，馬不食穀，馳道不除，食減膳，饗祭有闕。」

言於晉國，竭情無私。其祝、史祭祀，陳信不愧。其家事無
猜，其祝、史不祈。』建以語康王。康王曰：『神、人無
怨，宜夫子之光輔五君，以為諸侯主也。』」公曰：「據與
款謂寡人能事鬼神，故欲誅於祝、史，子稱是語，何故？」
對曰：「若有德之君，外內不廢，上下無怨，動無違事，其
祝、史薦信，無愧心矣。是以鬼神用饗，國受其福，祝、史
與焉。其所以蕃祉老壽者，為信君使也，其言忠信於鬼神。
其適遇淫君，外內頗邪，上下怨疾，動作辟違，從欲厭私，
高臺深池，撞鐘舞女。斬刈民力，輸掠其聚，以成其違，不
恤後人。暴虐淫從，肆行非度，無所還忌，不思謗讟，不憚
鬼神。神怒民痛，無悛於心。其祝、史薦信，是言罪也。其
蓋失數美，是矯誣也。進退無辭，則虛以求媚。是以鬼神不
饗其國以禍之，祝、史與焉。所以天昏孤疾者，為暴君使
也，其言僭嫚於鬼神。」公曰：「然則若之何？」對曰：
「不可為也。山林之木，衡鹿守之。澤之萑蒲，舟鮫守之。
藪之薪蒸，虞候守之。海之鹽蜃，祈望守之。縣鄙之人，入
從其政。逼介之關，暴征其私。承嗣大夫，強易其賄。布常
無藝，徵斂無度。宮室日更，淫樂不違。內寵之妾，肆奪於
市。外寵之臣，僭令於鄙。私欲養求，不給則應。民人苦
病，夫婦皆詛。祝有益也，詛亦有損。聊、攝以東，姑、尤
以西，其為人也多矣。雖其善祝，豈能勝億兆人之詛。君若
欲誅於祝、史，修德而後可。」公說，使有司寬政，毀關，
去禁，薄斂，已責。

　　幾乎完全相同的文字又見於《晏子春秋・外篇》之第七章。
《晏子春秋》加了三個字結論，即「公疾愈」。同樣題材的記述亦

見於《晏子春秋·內篇諫上》第十二章。上引文字雖然很長，但值得全引。這篇文章對鬼神本身並未表示否定的態度，但站在理智的立場上，否定的是連鬼神也無法接受的人事，並指出如果不「修德」，即不採取「使有司寬政，毀關，去禁，薄斂，已責」之政治措施，僅僅加大祭祀力度是沒有任何用處的。它雖然不是有關大旱的題材，但筆者認爲其整體基調與〈魯邦大旱〉接近，有助於我們對簡文的理解。《荀子·天論》有以下這段話：

> 「雩而雨，何也？」曰：「無佗也，猶不雩而雨也。日月食而救之，天旱而雩，卜筮然後決大事，非以為得求也，以文之也。故君子以為文，而百姓以為神。以為文則吉，以為神則凶也。」

《荀子·天論》指出祭祀和降雨其實沒有關係，祭祀活動在君子看來祇是一種形式，在百姓看來則是神事。如果都像老百姓那樣將祭祀看作神事，就不吉利了。〈魯邦大旱〉其實也是這種態度，它表面上看上去並不否定祭祀活動，但最終的真實的態度是否認山川祭祀有絕對的效果，並用生動的比喻對其作用予以了嘲諷。

　　《孔子家語·曲禮子貢問》和《禮記·曲禮下》、《禮記·雜記下》、《賈誼新書·禮篇》可能均產源於同一話題，都是在談歲凶之際，如何表現禮的精神，它對祭祀即神事並不否定，但認爲在必要的時候可以降低標準。如果將《論語》作爲比較可信的孔子材料，從中可以看出孔子雖然不言「怪、力、亂、神」，但也重視祭祀以及由祭祀體現的禮的精神。如《論語·八佾》中，有一段孔子和子貢關於祭祀時所用犧牲的談話。

　　　子貢欲去告朔之餼羊。子曰：「賜也，爾愛其羊，我愛其
　　禮。」

因爲告朔之禮早已不行，子貢欲去除作爲犧牲的餼羊，孔子則寧可
保持犧牲，以恢復其禮。〈魯邦大旱〉貶低犧牲的作用，而且也沒
有提到要用禮的精神去對付大旱，視「正刑德」爲首要問題。所以
〈魯邦大旱〉中的孔子與《論語》所見孔子有著一定差距、和《孔
子家語・曲禮子貢問》、《禮記・曲禮下》、《禮記・雜記下》、
《賈誼新書・禮篇》所見孔子也有所不同。在整體基調上接近《左
傳・昭公二十年》、《晏子春秋・外篇》之第七章和《荀子・天
論》。

　　上述的分析告訴我們，〈魯邦大旱〉與重人事、輕神事的思
想傾向相一致。雖然這一思想的發生、發展及影響還有待更深入的
研究，但基本上可以肯定，它與這樣的時代要求相伴生。即要求強
化君主的權力，提高君主對臣民的影響力和控制程度，形成一個以
君主爲中心的專制體制的國家。因此，神的作用不能取代人的即君
主的作用，如果神的作用無助於君主或者有害於君主時，就會遭到
否定。〈魯邦大旱〉雖沒有絕對否定山川祭祀，但把它看作是低層
次、類似民間迷信的東西。在大旱面前，〈魯邦大旱〉更強調君主
的作用與權威。這樣的思考方式，基本上是戰國時代君主專制被提
倡後的產物。關於〈魯邦大旱〉思想之時代烙印的考察，還可以從
第二個方面，即刑與德的問題入手。

　　馬承源先生釋文引了《韓非子・二柄》「明主之所導制其臣
者，二柄而已矣。二柄者，刑德也。何謂刑德。曰，殺戮之謂刑，
慶賞之謂德。爲人臣者，畏誅罰而利慶賞。故人主自用其刑德，則

羣臣畏其威而歸其利矣。故世之姦臣則不然。」以及《說苑‧政理》「治國有二機，刑德是也。王者尚其德而希其刑，霸者刑德並湊。彊國先其刑而後其德。夫刑德者，化之所由興也。德者養善而進其闕者也。刑者懲惡而禁後者也。故德化之崇者至於賞、刑罰之甚者至於誅。」但未作分析。廖名春先生的論文《上海簡〈魯邦大旱〉札記》也引用了這兩段，但他認為簡文與《韓非子‧二柄》最為接近，「簡文『刑與德』，就是指殺戮與慶賞，所謂『失諸刑與德』，就是指魯哀公『非使賞罰之威利出於己也，聽其臣而行其賞罰』。即批評魯哀公政不在己，治國之權柄操諸於季氏。」[9] 對此，楊朝明先生予以反對，他認為孔子提倡實行德治，以刑罰作為德治的補充。[10]

　　筆者以為兩位先生的意見都有偏頗。首先，「刑與德」不等於「刑德」。「刑德」是一個專有名詞，它主要為法家、陰陽家、黃老思想家所用。在法家中《韓非子》使用最多，上引《說苑‧政理》顯然也受到過法家思想的影響。〈魯邦大旱〉在總體思想傾向上接近於儒家，與《韓非子》君主作為控制臣下手段之「刑德」還是有距離的，在《韓非子》那裡，「刑德」並非「正」的對象，不是一種理念，而是具體的操作工具。因此，不能將這裡的「刑與德」釋作「殺戮」與「慶賞」二柄。同樣，也看不出「正刑與德」與陰陽家、黃老思想家有何關連。其次，如前文所述，把〈魯邦大旱〉中的孔子視為真孔子，這是不慎重的。如果先視其為真孔子，再將所謂的孔子思想套到〈魯邦大旱〉上，作簡單類比，是不合適的。

　　〈魯邦大旱〉將大旱產生的原因歸結爲「失諸刑與德」，又將大旱對策歸結爲「正刑與德」。從中可以看出它非一般的臨時的救災問題，而是借大旱對策，談君主應該如何統治的政治問題。這一特徵比前文所引任何一篇大旱對策都要強烈。不同時代的儒家思想關於「刑與德」有不同的解釋，「刑」可以意爲重刑，即強化刑罰的作用，也可以意爲輕刑，通過減輕本來過於嚴酷的刑罰來緩解社會矛盾。「德」可以意爲向民眾施行「教化」之德政，匡正君主自身的德行，推行上行下效的政治。也可意爲給民眾以更多的利益恩惠，使之向統治者親附。由於簡文缺失，或者說〈魯邦大旱〉過於簡短。我們無法弄清「刑與德」究竟何意。雖然如此，我們依然能看出一些值得重視的思想現象，〈魯邦大旱〉將「刑」與「德」放在並重的位置，同時將「刑」放在「德」之前，這極爲有趣。因爲早期儒家一向是將「刑」視作否定對象的。例如《論語‧爲政》中有：

> 子曰：「道之以政，齊之以刑，民免而無恥。道之以德，齊之以禮，有恥且格。」

與之相近的態度在郭店楚簡〈緇衣〉、〈成之聞之〉以及上博楚簡〈從政〉中也能看到。

> 子曰：「倀（長）民者，善（教）之以惪（德），齊之以豊（禮），則民又（有）懽心。善（教）之以正（政），齊之以坓（刑），則民又（有）免心。」（郭店楚簡〈緇衣〉第23～24 號簡）

是古畏（威）備（服）型（刑）罰之妻（屢）行也，繇（由）走（上）之弗身也。昔者君子有言，曰，戰與型（刑）人，君子之述（遂）恵（德）也。（郭店楚簡〈成之聞之〉第5～7號簡）

豊（禮）則寡而為惥（仁），諮（教）之以型（刑）則述（遂）。（〈從政〉甲篇第3號簡）

隨著時代的推移，儒家輕刑重德的態度逐漸變化，開始重視「刑」作為國家統治手段的作用，將它同「德」放到等同的位置上。如郭店楚簡〈緇衣〉所見以下這段話正是儒家態度變化的例證。

子曰：「正（政）之不行，孝（教）之不成也，則坓（刑）罰不足恥，而雀（爵）不足懽（勸）也。古上不可以埶（褻）坓（刑）而望（輕）雀（爵）。（郭店楚簡〈緇衣〉第27～29號簡）

再看〈魯邦大旱〉，它把國家統治最重要的問題放在「刑與德」上，而不是以「德」為主，以「刑」為輔，也沒有像荀子那樣突出以「禮」治國。從這個角度看，似乎與早期儒家思想不相吻合，而與君主專制意識日漸強烈，希望通過「刑」、「德」兩方面的措施更直接更有效地控制民眾的意識接近。當然〈魯邦大旱〉的「刑與德」未必已如《韓非子》那樣具體化為「刑」、「賞」二柄，在「刑德」這一固定名詞的形成上，《韓非子》受「正刑與德」這類說法以及意識的影響也有可能。

　　本文原題〈〈魯邦大旱〉初探〉，最初發表於朱淵清、廖名春編，《上博館藏戰國楚竹簡研究續編》（上海：上海書店出版社，2004 年）。收入本書時篇題有變。

第六章

〈恆先〉的編聯與分章

前言

上海博物館藏戰國楚竹書〈恆先〉這部戰國時代的出土文獻具有不可估量的文獻價值和思想價值，首先它幾乎完整無缺，這使我們不需過多人為地增補、推測，就可以原原本本地接觸到兩千多年前先人的思想。其次，它的思想豐富深奧，內容與傳世的以及已經出土的道家文獻既相近、又不同。相信在很長一段時間裏，這部文獻會成為研究者們注目的焦點。同任何一部出土文獻一樣，對〈恆先〉作文本的整理是第一步的工作，雖然李零先生已經為我們提供了精當的釋文，但有待繼續解決的問題也依然存在。筆者認為〈恆先〉的斷句、編聯還有值得商榷之處，整部文獻也應當適度地予以分篇、分章。當然關於〈恆先〉的編聯和分章，最終要到研究取得相當大的成就之後，才能取得統一的意見，但這並不等於現在不需要這項工作。目前的工作可能依然存在錯誤，但這樣做是為了給研究的進一步展開提供一些清晰的思路和討論的框架，避免走不必要的彎路。為便於閱讀，凡可以確定假借的文字均採用寬體，凡暫時不能肯定的字，用括弧標出可能的假借字。

第一節　〈恆先〉編聯的再調整

至今爲止，針對李零先生的編聯，已有兩位學者提出異議。龐樸先生重新排列的簡序如下：

1－2－3－4－8－9－5－6－7－10－11－12－13 [1]

顧史考先生重新排列的簡序如下：

1－2－4－3－5－6－7－8－9－10－11－12－13 [2]

在此，先討論顧史考先生的排列是否具有合理性。顧先生認爲三、四兩簡應該互換。李零先生的原釋文是這樣編聯的：

　　氣是自生，互莫生氣，氣是自生自作。互氣之（簡 2）生，不獨有與也。或，互焉。生或者同焉。昏昏不寧，求其所生。異生異，鬼生鬼，章生非，非生章，袞生袞，求欲自

---

[1]　龐樸，〈〈恆先〉試讀〉，姜廣輝主編，《中國古代思想史研究通訊》第二輯（北京：中國社會科學院歷史研究所思想史研究室，2004），頁 21～23。又見簡帛研究網，2004 年 4 月 26 日）。郭齊勇，〈〈恆先〉——道法家形名思想的佚篇〉，《江漢論壇》2004 年第 8 期，頁 5～9。又見簡帛研究網，2004 年 5 月 8 日；丁四新，〈楚簡〈恆先〉章句釋義〉，丁四新主編，《楚地簡帛思想研究（二）》（武漢：湖北教育出版社，2005），又見簡帛研究網，2004 年 7 月 25 日；趙建功，〈〈恆先〉易解（上）〉（簡帛研究網，2004 年 1 月 26 日）；趙建功，〈〈恆先〉易解（下）〉（簡帛研究網，2004 年 2 月 7 日）；季旭昇，〈恆先譯釋〉，季旭昇主編，《〈上海博物館藏戰國楚竹書（三）〉讀本》（臺北：萬卷樓圖書股份有限公司，2005）也按龐樸先生的意見排列竹簡。
[2]　顧史考，〈上博竹簡〈恆先〉簡序調整一則〉（簡帛研究網，2004 年 5 月 8 日）。

復。復（簡3）生之生行，濁氣生地，清氣生天。氣信神
哉，云云相生，信盈天地。同出而異生，因生其所欲。察察
天地，紛紛而（簡4）復其所欲。明明天行，唯復以不廢。

顧先生則重排如下：

氣是自生，互莫生氣，氣是自生自作。恆氣之（簡2）{之
生}行，濁氣生地，清氣生天。氣信神哉，云云相生，信
（伸）盈天地。同出而異生，因生其所欲。察察天地，紛紛
而（簡4）生，不獨有與也。或互生焉。或者（著？）同
焉。昏昏不寧，求其所生。異生異，鬼生鬼，韋生非，非生
韋，衾生衾，求欲自復。復，（簡3）復其所欲。明明天行，
唯復以不廢。

顧先生認爲簡4「之生」二字是衍文，又疑簡3「焉生」二字誤倒，
而改成「生焉」。筆者以爲這一編排是有問題的，爲了能使自己的
解釋說得通，而輕易增刪、變動原文，這是不可取的事。反復通讀
李零先生所作釋文，可以發現原來的編排並無問題，從簡2到簡
5，不僅思想內容具有前後一致性，就是從文句的修飾來考察，也
能得知簡4和簡5是無法斷開的。「察察（也可能讀爲「業業」）天
地，紛紛而復其所欲。明明天行，唯復以不廢。」文氣貫通，簡4
的「生其所欲」與簡5的「復其所欲」、簡4「察察天地」與簡5
「明明天行」顯然是相對應的文句。既然簡4和簡5緊密相連，那
麼，簡4也就不可能搬到簡3前面去了。此外，如下文所論證的那
樣，「恆氣之生」指的是由「恆氣」構成的萬物，它是一個專有名

詞，說「之生」二字是衍文，顯然是不妥當的。至於改「焉生」為「生焉」，造出「或互生焉。或者（著？）同焉」的句子，也頗牽強，因為顧先生自己也無法解釋這個句子。

　　再來看龐樸先生的編聯，龐樸先生在簡 4 與簡 5 的中間插入簡 8、簡 9，形成以下的格局：

> 　　察察天地，紛紛而（簡 4）多采，物先者有善，有治無亂。有人焉有不善，亂出於人。先有中，焉有外；先有小，焉有大；先有柔，焉（簡 8）有剛；先有圓，焉有方；先有晦，焉有明；先有短，焉有長。天道既載，唯一以猶一，唯復以猶復。恆氣之生，因（簡 9）復其所欲。明明天行，唯復以不廢。

龐樸先生並沒有對其編聯的改變詳作解釋，也許他認為從簡 1 到簡 7 闡述的都是抽象的原理，「先有中……焉有長」這段文字看上去也很抽象，所以要把它放到前面去，但這樣處理也是不合理的。理由之一，如上所述，第四號簡與第五號簡之間的文氣貫通，不容打斷。理由之二，「采物」是一個固有名詞，見於馬王堆帛書〈二三子問〉篇和《左傳》等文獻，是區別等級的旌旗、衣物，引申為禮儀制度。這一見解是正確的。自廖名春先生首先提出這一見解後，[3] 獲得了較多學者的贊同。[4] 即便「采物」不能連讀，讀成「多

---

[3]　廖名春，〈上博藏楚竹書〈恆先〉新釋〉，《中國哲學史》第 3 期（2004年），頁88。

[4]　如李銳，〈〈恆先〉淺釋〉（簡帛研究網，2004 年 4 月 23 日）；郭齊勇，〈〈恆先〉——道法家形名思想的佚篇〉（同注 1）；王志平，〈〈恆先〉管窺〉（簡帛研究網，2004 年 5 月 8 日）；董珊，〈楚簡〈恆先〉初探〉（簡帛研究網，

采」的可能性也很小。龐先生稱「多采」爲「多姿多彩」，可是這一
意義的「多采」相當晚出，先秦文獻中幾乎看不到。

　　總之，我們不能爲了使某種解釋獲得成立，而打破原作的文
氣。根據文章的內容來排列簡序，固然無可非議，但這不是唯一的
決定因素，只要言之成理，各種各樣的排序在邏輯上都可以成立。
但一篇文章在修飾上固有的特徵，卻不是那麼容易可以曲解的。因
此，在尚未完全吃透原文思想的前提下，根據語句通順與否，來爲
之排列，可能更具真實性，可靠性。

　　龐樸先生在簡 7 後面接簡 10，形成以下格局：

　　　凡（簡7）言名先者有疑，荒言之後者校比焉。

筆者雖然在斷句上與龐先生有所不同，但對簡 7 後面接簡 10 之排
列表示贊同。如按李零釋文來排列，簡 7 與簡 8 之間作「凡多采
物」，在「凡」和「采物」之間加一個「多」字，讀起來總覺得很生
硬。如讀成「凡言、名」就通順多了。[5]

　　筆者以爲，李零先生的編聯還有二處需要修改。即簡 10 應該
和簡 8 相連、簡 9 應該和簡 11 相連。原簡 9 與簡 10 編聯如下：

　　　互氣之生，因（簡9）言名先■者有疑，慌言之後者校比焉。

2004 年 5 月 12 日）；劉信芳，〈上博藏竹簡〈恆先〉試解〉（簡帛研究網，
　2004 年 5 月 16 日）；丁四新，〈楚簡〈恆先〉章句釋義〉（同注 1）；李旭
　昇，〈恆先譯釋〉（同注1）等。
[5] 「言、名」如廖名春，〈上博藏楚竹書〈恆先〉新釋〉（同注 3，頁 90）所
　言，指的是簡 5、簡 6、簡 7「名出於言……言非言，無謂言。名非名，無
　謂名」中所見「言」、「名」兩個概念。

按照這一排列，就要把「恆氣之生」和「言名」掛起鈎來，廖名春先生解釋道：「恆」與「氣之生」要「因」即借助「言」和「名」。[6]董珊先生解釋道：在「恆氣」得以定義之後才能說明「有」和「名」。[7]這都非常費解。再來看原簡 10 與簡 11 的編聯：

　　舉天下之作強者，果天下（簡 10）之大作。

「舉天下之作」在〈恆先〉中是反復出現的固有名詞，唯獨這裡連讀成「舉天下之作強者」似乎並不合理，當然還可以讀作「舉天下之作，強者果天下之大作」，但《恆先》中並沒有「大作」之用法，「天下之作」與「天下之大作」兩者在邏輯上究竟是什麼關係，也是難以解釋的問題。其實根本問題還在於語言上的不通順。如果將簡 10 和簡 8 連讀、簡 9 與簡 11 連讀，變成「舉天下之作，強者果。天下（簡 10）多采（綵）物。……」、「恆氣之生，因（簡 9）之大。作……。作……。」就明白易懂了。尤其簡 9 與簡 11 的連讀，筆者認爲可以從文獻中找到依據。

　　天地四時，非生萬物也，神明接，陰陽和，而萬物生之。聖人之治天下，非易民性也，（柎）〔拊〕循其所有而滌蕩之，故因則大，（化）〔作〕[8] 則細矣。（《淮南子‧泰族》）

6　廖名春，〈上博藏楚竹書〈恆先〉新釋〉（同注 3），頁 90。陳麗桂，〈上博簡（三）：〈恆先〉的義理與結構〉（簡帛研究網，2004 年 12 月 19 日）的表述與廖名春相同。
7　董珊，〈楚簡〈恆先〉初探〉（同注 4）。
8　讀「化」爲「作」是王念孫之說，學者多從之。見王念孫，《讀書雜誌》（南京：江蘇古籍出版社，2000），頁 949。

老子曰：……先王之法，非所作也，所因也。其禁誅，非所為也，所守也。故能因即大，作即細。能守即固，為即敗。（《文子・道原》）

老子曰：……先王之法，非所作也，所因也。其禁誅，非所為也，所守也。上德之道也。老子曰：以道治天下，非易人性也，因其所有，而條暢之。故因即大，作即小。（《文子・自然》）

天道因則大，化則細。因也者，因人之情也。人莫不自為也，化而使之為我，……人不得其所以自為也，則上不取用焉。故用人之自為，不用人之為我，則莫不可得而用矣。（《慎子・因循》）

通過與前三例相比較，可知《慎子・因循》中的「化則細」其實就是「作則細」。筆者認為，在〈恆先〉的政治哲學中，對於「恆氣」生成之物，最基本的態度是「因」。對於「作」，作者並不抱肯定的態度。所以「恆氣之生，因（簡9）之大。」可與上述文例中的「因則大」或「因即大」相比，「作……。作……。」則反映的是與「作則細」類似的態度。限於篇幅，這裡不作展開，拙論〈從「自生」到「自為」──〈恆先〉政治哲學探析〉[9]有詳細論述。總之，筆者以為，最為合理的編聯應該是以下的排列。

1－2－3－4－5－6－7－10－8－9－11－12－13

---

[9]　此文原載於中央研究院歷史語言研究所編，《古今論衡》第 14 期，2006 年 5 月。今收入本書第七章。

第二節 〈恆先〉的分篇與分章

〈恆先〉所包含的思想內容雖然豐富，但論述並非雜亂無章。在筆者看來，〈恆先〉結構完整、條理清晰、前後呼應、層層推進。語言表達簡潔明瞭，緊緊圍繞各章的主旨，話題十分集中。它雖然以「恆先」爲邏輯上的最高出發點，但著眼點不在於無名無形之道體，而在於有名有形的世界之產生過程以及這個世界的治理方法。該文可以清楚地劃分成上下兩篇，它的上半部重在論述基本的普遍的原理，下半部側重於如何依據基本的普遍的原理指導現實政治。〈恆先〉問世之後，已有相當多的學者爲之作注。在此，除特別需要解釋之處外，筆者不作逐字逐句的注譯，僅對每一段的宗旨作大致的概括，試圖從〈恆先〉的文章結構出發勾勒〈恆先〉的思想結構。

上篇

第一章

> 恆先無有，樸（樸），宵（靜），虛。樸（樸），大樸（樸）。宵（靜），大宵（靜）。虛，大虛。自厭不自忍，或作。有或爲有氣，有氣爲有有，有有爲有始，有始爲有往者。未有天地，未（簡 1）有作、行、出、生。虛靜爲一，若寂寂[10] 夢夢，靜同而未或明，未或滋生。

---

[10] 如李銳，〈〈恆先〉淺釋〉（同注 4）指出的那樣，「寂」下有重文符號，故應讀作「寂寂」。

　　這一章有著相對集中的話題，如郭齊勇先生所言，它涉及到兩大問題。一是「道之體」、「道之靜」，二是「道之用」、「道之動」。[11]〈恆先〉重點顯然在於後者。這一章雖然花費許多筆墨描述「大樸」、「大靜」、「大虛」的「無有」狀態，描述「虛靜為一」、「未或明」、「未或滋生」的混沌世界，但這只是一個鋪墊，從〈恆先〉整體來看，它是為了點出有形世界發生之源頭和依據。

第二章

　　氣是自生，恆莫生氣，氣是自生、自作。恆氣之（簡 2）
　　生，不獨有與也。或，恆焉。生或者同焉。

　　與有形世界之發生相關的最重要的兩個要素是「或」和「氣」。關於「或」，很多學者視其為空間概念的「域」，筆者理解「或」為一種不確定的存在，很可能是「氣」的前身，所以它和「氣」一樣是「恆」在的。關於「氣是自生，恆莫生氣，氣是自生、自作」，大多數學者理解為，「氣」並非由「恆」生出，「氣」的產生是其自身自然作用的結果。筆者則認為，「氣是自生」、「氣是自生、自作」並非「氣」自己生自己，而指的是由「氣」構成的萬物其生成過程為「自生、自作」。「恆莫生氣」指的是「恆」（這裡指代「道」）並不有意識地去生成由「氣」構成之物。〈恆先〉在上篇中反覆強調「氣是自生」，有其深刻的用意，因為下篇所論「自作」、「自為」的政治哲學，正是由此而來，因此上下篇的思想內容是相互呼應的。拙論〈從「自生」到「自為」——〈恆先〉政

―――――――――――――――――――
[11] 郭齊勇，〈〈恆先〉——道法家形名思想的佚篇〉（同注 1）。

治哲學探析〉[12] 詳細地論證了這一觀點，這裡不作展開。「恆氣之生」指的就是由「恆氣」構成的萬物，「不獨有與」正好證明了這一點。《老子‧第二十五章》云：「有物混成，先天地生，寂兮寥兮，獨立不改，周行而不殆，可以為天下母。吾不知其名，字之曰道。」馬王堆帛書〈道原〉云：「一者其號也，虛其舍也，無為其素也，和其用也。是故上道高而不可察也，深而不可測也。顯明弗能為名，廣大不能為刑（形），獨立不偶，萬物莫之能令。」這充分說明了只有「道」是「獨立」、「不偶」（亦即「不與」）的，相反，與「道」相對的萬物是「不獨有與」的。

第三章

> 昏昏不寧，求其所生。異生異，鬼（歸）生鬼（歸），韋（違）生非，非生韋（違），衺（依）生衺（依）。求欲自復，復（簡 3）生之。生行，濁氣生地，清氣生天。氣信神哉，云云相生，伸盈天地。同出而異性，因生其所欲。䰙（察？業？）䰙（察？業？）天地，紛紛而（簡 4）復其所欲。明明天行，唯復以不廢。

第三章集中討論的是有形的、現象的世界之生成關係。不同的東西產生出不同，相同的東西產生出相同，相互背離的東西產生出相互排斥，相互排斥的東西產生出相互背離，相互依順的東西產生相互依順。這就是生成關係總體的、基本的原則。在各種生成關係中，「氣」是起點和動力，「復」是運動的方式，「欲」既是生成的結果，又是再生成的原因。

---

[12] 同注 9。

第四章

> 知旣(幾?機?)而充(無)思不实(天)■。有出於或，
> 生出於有，音（意）[13] 出於生，言出於音（意），名出於
> （簡 5）言，事出於名。或非或，無謂或。有非有，無謂
> 有。生非生，無謂生。音（意）非音（意），無謂音（意）。
> 言非言，無謂言。名非（簡 6）名，無謂名■。事非事，無謂
> 事。

　　第四章的主題在於討論，通過「言」、「名」即知識和符號構築
的有序的、具有確定性的世界是如何產生的，因爲人爲的、政治的
世界正建築在此之上。「知旣（幾？機？）而充（無）思不实
（天）」或許可以釋爲知「幾？機？」則沒有思維不可以達到高級
的境界。[14] 從「或」一直到「事」的衍生關係，「或非或，無謂
或」等七項頗具名辯色彩的論述，與人的語言、知識與思維密切相
關，最後與人事密切相關。表明作者對有形世界中具有確定性的秩
序和規則採取肯定而不是否定的態度。

　　筆者認爲，由上述四章構成的上篇，其內容基本上是一部生成
論，文章的表現方法非常接近，往往通過「有…爲有」、「生」、「出
於」等詞彙來表述各種生成關係。當然，這種生成並不一定指後者
爲前者所創生，如「恆」並未有意識生「氣」，但可以把前後兩者
看作具有邏輯上的先後關係，「恆先」就是邏輯上的最高出發點。

---

[13] 筆者贊同林義正先生的觀點，認為「音」當讀為「意」，見廖名春，〈上博
　　藏楚竹書〈恆先〉新釋〉（同注 3），頁 87。
[14] 具體論證請參照本書第十一章〈〈恆先〉釋義四題〉。

上篇還具有這樣的特徵，即它主要論述的是普遍的、抽象的、一般的原理，相對而言，下篇則是具體的、特殊的、依據上篇的宇宙生成論可以直接指導現實政治的原理。[15]

下篇

第一章

恙（祥）宜（義）、利巧、[16] 采（綵）物出於作，作焉有事，[17] 不作無事。舉天〔下〕[18] 之事，自作。為事，[19] 甬（用）以不可廈（更）也。

---

[15] 董珊，〈楚簡〈恆先〉初探〉（同注 4）；陳麗桂，〈上博簡（三）：〈恆先〉的義理與結構〉（同注 6）也認為〈恆先〉可以分作上下兩部分，不同的是，董珊的上半部分到「恙宜利巧」為止。陳麗桂的上半部分到「明明天行，唯復以不廢」為止。

[16] 原釋文作「利主」，董珊，〈楚簡〈恆先〉「詳宜利巧」解釋〉，（簡帛研究網，2004 年 11 月 9 日）認為，「主」字當隸定為「丂」，即「巧」的假借字，筆者深表贊同，並有〈楚簡〈恆先〉「祥義利巧綵物出於作」解〉一文（簡帛研究網，2004 年 12 月 26 日）作進一步分析。收入本書第八章〈〈恆先〉釋義四題〉）。

[17] 如廖名春，〈上博藏楚竹書〈恆先〉新釋〉（同注 3，頁 88）指出的那樣，「作」後面的符號應不是墨塊，而是重文符號。

[18] 龐樸，〈〈恆先〉試讀〉（同注 1）認為「舉天之事」中當補一「下」字，從下文的「舉天下之名」與此呼應來看，這個見解是正確的。

[19] 「自作。為事」大多學者連讀為「自作為事」，但文獻中幾乎看不到這種用法。「為事」則多見，如「善為事者，先量其國之大小。……不能為事者，不先量其國之大小。」（《戰國策・燕策》）；「為事先倡，守職分明，以立成功〔者〕也。」（《淮南子・主術》）、「為事之不成，國之不利也。」（《管子・乘馬》）。

筆者贊同廖名春先生的意見，認為「祥義」、「綵物」都是專有名詞。[20] 同時，筆者認為「利巧」也是一個專有名詞。[21] 在這裡，「祥義」、「利巧」、「綵物」三者均代表人為即「作」的產物，作者用「作焉有事」對其持批判態度。根據上篇的「氣是自生、自作」，作者認為「舉天下之事」都是「自作」，要沿「用」而「不可」多加「更」動。

第二章

> 凡（簡 7）言、名，先■者有恆（疑？），慌（妄？）言之，後者校比焉。舉天下之名，虛誣（屬），習（襲）以不可改也。

與上文的「舉天下之事」相對，這一段專講「舉天下之名」。「習（襲）以不可改也」顯然與上一章「甬（用）以不可廛（更）也」是對文，「廛（更）」與「改」的意思是相通的。用知識和符號構築的「天下之名」，同樣要沿「襲」之而「不可」輕易「改」動。

---

[20] 參照廖名春，〈上博藏楚竹書〈恆先〉新釋〉（同注 3），頁 88。關於「祥義」，除廖名春先生所舉《左傳・成公十六年》和《墨子・迎敵祠》外，還可舉《墨子・公孟》：「有義不義，無祥不祥」；《管子・白心》：「祥於鬼者義於人」、「義於人者，祥其神也」；馬王堆帛書《十六經・前道》：「聖〔人〕舉事也，闔（合）於天地，順於民，羊（祥）於鬼神。使民同利，萬夫賴之，所胃（謂）義也。」可見「祥」指神事，「義」指人事。

[21] 詳見曹峰，〈楚簡〈恆先〉「祥義利巧綵物出於作」解〉（同注 16）。

第三章

> 舉天下之作，強者果。天下（簡10）多采（緣）物，先者有
> 善，有治，無亂。有人焉有不善，亂出於人。先有中，焉有
> 外。先有小，焉有大。先有柔，焉（簡8）有剛。先有圓，
> 焉有方。先有晦，焉有明。先有短，焉有長。天道既載，唯
> 一以猶一，唯復以猶復。

　　作者對「天下多緣物」即天下禮儀等級制度的增多抱批判態
度，因為這些都是人為的產物，「有人焉有不善，亂出於人。」其
立場接近《老子‧第十八章》所見「大道廢，有仁義。慧智出，有
大偽。六親不和，有孝慈。國家昏亂，有忠臣。」（馬王堆帛書
《老子》甲乙本基本一致，郭店楚簡《老子》丙本不見「慧智出，
有大偽」）；《老子‧第三十八章》所見「故失道而後德，失德而後
仁，失仁而後義，失義而後禮。夫禮者，忠信之薄，而亂之首。」
（馬王堆帛書《老子》甲乙本基本一致，郭店楚簡《老子》無此
段）。「先有中……焉有長」可以看作是一種具有道家思想傾向的指
導現實政治的原則，這一政治原則顯然視「中」、「小」、「柔」、
「圓」、「晦」、「短」為「有善，有治，無亂」的一面，視「外」、
「大」、「剛」、「方」、「明」、「長」為人為追求的、「不善」的、
「亂」的一面。作者雖然沒有明講「柔弱」勝「剛強」，但可能有
這層意思在裏面。

第四章

恆氣之生，因（簡 9）之大。作■，其窸龙不自若■。作■，甬（庸）有果與不果，兩者不廢。舉天下之為也，無夜（舍）也，無與也，而能自為也。（簡 11）舉天下之生，同也，其事無不復。〔舉〕[22] 天下之作也，無忓極，無非其所。舉天下之作也，無不得其極而果遂。甬（庸）或（簡 12）得之，甬（庸）或失之。舉天下之名，無有廢者，與（舉）天下之明王、明君、明士，甬（庸）有求而不予。▼[23]（簡 13）

對「恆氣之生」即「恆氣」構成之物只要因順即可。下篇第一章說「舉天下之事」都是「自作」，要沿「用」而「不可」多加「更」動。下篇第二章說用知識和符號構築的「天下之名」，同樣要沿「襲」之而「不可」輕易「改」動。這其實都是「因」即「無為」的政治態度。只要有人為之「作」，「窸龙」（純樸）[24] 就不可能得到保存，就必然會出現「果與不果」兩種結局。最高的政治是無為之治，用〈恆先〉的話講就是「無舍」、[25] 「無與」、「無忓

---

[22] 龐樸，〈〈恆先〉試讀〉（同注 1）認為「天下之作」前當補一「舉」字，從「舉天下之……」反復出現看，這個見解是正確的。

[23] 「予」字，原從「呂」從「心」，從李銳，〈〈恆先〉淺釋〉（同注 4）讀為「予」。

[24] 筆者支持董珊，〈楚簡〈恆先〉初探〉（同注 4）的意見，認為這二字當讀為「敦厖」或「淳厖」，除董珊所舉《左傳·成公十六年》有「是以神降之福，時無災害，民生敦厖，和同以聽，莫不盡力以從上命」外，還可舉《淮南子·泰族》「淳厖敦厚者，書之教也。」筆者以為還可讀為「純蒙」，《論衡·自然》中有「道家德厚，下當其上，上安其下，純蒙無為。」

[25] 「無舍」指萬物自己尋找合適的處所，而不是指定之。馬王堆帛書《經法·論》：「凡事无小大，物自為舍。逆順死生，物自為名。名刑已定，物自為

極」、「無非其所」。[26] 不作人爲的干預、不走極端、讓萬物各得其
所。讓「天下之爲」(「天下之生」) 都能「自爲」，讓「天下之作」
能「無不得其極而果遂」，讓「天下之名」能「無有廢者」。[27] 那
「天下之明王、明君、明士」就能「求而」有「予」、「事無不
復」，不計較「得」、「失」了。〈恆先〉在最後一章點明了其明確
的、現實的政治目標。

　　下篇的主題更爲清晰明瞭，那就是爲「天下之明王、明君、明
士」解決「天下之事」、「天下之名」(還有「天下之作」、「天下之
爲」、「天下之生」) 問題時，提供政治上的指導原則。所以整個一
部〈恆先〉顯然可以剖爲上下兩篇，這兩篇既各有主題，又密切相
關。八個小章則各有獨立的相對集中的話題。整部文獻思想結構完
整，說理層次分明，用詞簡潔明瞭。具有極高的研究價值。以
「道」爲最高出發點，將「天下」納入視野，既重視根本的普遍的
原理，又重視現實的具體的政治操作，這種思想結構具有典型的黃
老思想特徵。深入的研究還有待今後，相信上述的文本分析，能爲
這種思想結構的解剖提供明確的線索。

　　本文最初發表於《清華大學學報》2005 年第 3 期，2005 年 6 月。

正。」可資啓發。

[26] 這種無爲的姿態可與馬王堆帛書《經法·論》:「故執道者之觀於天下殴，无
執殴，无處也，无爲殴，无私殴。」馬王堆帛書《經法·國次》:「過極失
〔當〕，天將降央(殃)」、「故唯聖人能盡天極，能用天當」相對照。

[27] 「無有廢者」即「無有廢名」，馬王堆帛書《經法·論》:「三名:一曰正名，
一曰立(位)而偃(安)，二曰倚名，法(廢)而乳(亂)，三曰強主滅而无
名。三名察則事有應矣。」《管子·白心》:「是以聖人之治也，靜身以待之，
物至而名自治之。正名自治，奇名自廢(原作「正名自治之，奇身名廢」，
從王念孫改)。名正法備，則聖人無事。」可資啓發。

第七章

〈恆先〉政治哲學研究

前言

上海博物館藏楚竹簡〈恆先〉雖然簡文完整，但意義古奧，許多地方尚無令人滿意的解釋，「氣是自生」就是其中的一個難點。與「氣是自生」相前後的簡文如下：

> 恆先無有，樸、靜、虛。樸，大樸。靜，大靜。虛，大虛。自厭不自忍，或作。有或焉有氣，有氣焉有有，有有焉有始，有始焉有往者。未有天地，未（簡 1）有作、行、出、生。虛靜為一，若寂寂夢夢，靜同而未或明，未或滋生。氣是自生，恆莫生氣，氣是自生、自作。恆氣之（簡 2）生，不獨有與也。或，恆焉。生或者同焉。[1]

---

[1] 關於「樸」字的釋讀，關於「若寂寂夢夢」的釋讀，以及簡文的句讀，學界還有許多爭論之處。這裡所引簡文祇代表筆者個人意見，可參見曹峰，〈談〈恆先〉的編聯與分章〉，《清華大學學報》第 3 期（2005 年）。又見本書第六章。或曹峰，〈〈恆先〉編聯、分章、釋讀札記〉（簡帛研究網，

「氣是自生」的難解之處在於，如果把〈恆先〉前半部分看作是一部生成論，勿庸置疑，「道」（體現爲「恆先無有」）處於生成系列中本源的、頂點的位置，在此之後出現了「或」和「氣」，「或」和「氣」是「有」生成時兩大不可缺少的要素。「有」出現之後，才形成了時間上的開始和往復。至此爲止的簡文似乎並不難理解，然而，後面卻話鋒一轉，說「氣是自生」、「恆莫生氣」，就是說作者非常明確地切斷了「恆」與「氣」之間的生成關係，而且作者似乎嫌強調的還不夠，又鄭重其事地說了一遍「氣是自生自作」。不光「氣」是如此，「生或者同焉」，就是說「或」和「氣」一樣非「恆」所生，是「自生自作」的。[2] 作者爲什麼要創作這樣一種看似不合常理的生成理論，實在令人費解。

2004 年 5 月 16 日）。但「氣是自生，恆莫生氣，氣是自生、自作。恆氣之生，不獨有與也。」一段在隸定和句讀上爲學界公認，基本上沒有爭論。另外，這段話，筆者試做如下白話文譯，看完全文，纔能明白筆者爲什麼會這樣解譯。

「恆」之「先」沒有任何存在物，處於一種「樸」、「靜」、「虛」的狀態。「樸」（不是普通的「樸」）是「大樸」；「靜」（不是普通的「靜」）是「大靜」；「虛」（不是普通的「虛」）是「大虛」。（道體）自我滿足又不自我壓抑的結果，「或」（某種不確定的東西）產生了。有了「或」就有了「氣」，有了「氣」就有了「有」（確定的東西），有了「有」就有了「始」（時間上的開始），有了「始」就有了「往」（時間上的往復）。（「恆先無有」的狀態下，）天地尚未出現，也無任何「作」、「行」、「出」、「生」的行爲。虛無靜寂渾然不分，如寂寂冥冥混混沌沌的樣子，靜寂混同，某種程度的晝夜沒有出現，某種程度的萬物也未滋生。「氣」確實是自己產生的，「恆」（不有意識、有目的）地去生「氣」，「氣」的確是自己生、自己作。「恆氣」（不變的終極的氣）之生成物，不像「道」那樣是「獨立不改」的。「或」（不確定的存在），是不變的終極的。不變的終極的「或」之產生和不變的終極的「氣」之產生是相同的。

2　關於「或」，很多學者視其爲空間概念的「域」。筆者理解「或」爲一種初始的、不確定的存在，很可能是「氣」的前身，所以它和「氣」一樣是「恆」

第一節 以往的研究

對於「氣是自生」，整理者李零先生僅作了一個簡略的說明，「此句的意思是說道並不直接生氣」，對「氣是自生、自作」未予說明。至今為止，關於〈恆先〉的釋文及研究論文，對「氣是自生」或避而不談，或語焉不詳。[3] 也有一些學者意識到「氣是自生」是〈恆先〉中不能不解決的重要問題，並試圖作出解釋。例如吳根友先生在〈上博楚簡〈恆先〉篇哲學思想探析〉一文中指出：

> 非常令人奇怪的是：〈恆先〉篇作者一方面在生成的過程中描述了「氣」是由「或」產生的，另一方面又說「氣是自生，恆（先）莫生氣，氣是自作自生。」這種前後矛盾的說法，反映了作者什麼樣的一種思想呢？對此，我們可以作兩種理解：第一種理解是，作者所說的「恆莫生氣」，其意思是說「恆先」並不直接產生氣。第二種理解是：作者雖然說是「或」產生「氣」，但對於「氣」又如何產生「天地萬物」

在的。本書第八章〈〈恆先〉釋義四題〉的第三節「『知機而無思不天』解（兼論『或』）」有詳細論述。

[3] 如龐樸，〈〈恆先〉試讀〉，姜廣輝主編，《中國古代思想史研究通訊》第二輯（北京：中國社會科學院歷史研究所思想史研究室，2004），頁 21～23。又見簡帛研究網，2004 年 4 月 26 日）祇說「其中的氣，是自己生出來的。」「此外絕對沒有誰能生出氣來」。廖名春，〈上博藏楚竹書〈恆先〉新釋〉，《中國哲學史》第 3 期（2004 年），頁 83～92。說「恆」和「氣」之間「兩者沒有化生關係」。陳麗桂，〈上博簡（三）：〈恆先〉的義理與結構〉（簡帛研究網，2004 年 4 月 19 日）說「這個『氣』的產生，是自然而然，沒有外動力，也沒有來路，沒有根源。它不是由作為最高根源的虛無之『互』生化出來的，而是由本身內部自然而然興生的，因此說『自生自作』。」這些解釋都還需要充分的證據。

的過程並不了解。因為這是一個現代意義上的實證性的科學
問題，作者無法回答，只好歸自于「氣」自生自作。由第二
種理解來看，作者的哲學宇宙論與其科學的宇宙演化過程思
想似乎處於一種脫節狀態。當然，也可能是因為我們對出土
文獻的整理還有問題，或者是因為有錯簡、漏簡，對其鋪墊
性說法不了解，造成了相互矛盾的說法。[4]

吳根友先生的第一種解釋，並沒有說明「恆先」為什麼不能生
「氣」。第二種解釋則將簡文的難解歸結為竹簡作者的宇宙論知識
有局限，所以「氣是自生、自作」是無可奈何的說法，或者〈恆
先〉本身有錯簡、漏簡，總之，「自生」說在〈恆先〉中不具備存
在的合理性。

　　郭齊勇先生〈〈恆先〉——道法家形名思想的佚篇〉認為「氣
是自己生成、自己運動，是本篇最重要的思想。」他把「或」釋為
「域」，認為「恆先、恆、道、域、恆氣、氣，基本上是等質等值
的概念」，「恆、恆先（圓滿自足，寂然不動）」是「道之體」、「道之
靜」，「域、恆氣、元氣（自生自動，感而遂通）」是「道之運」、「道
之動」。因此，「或（域）」和「氣」是「道的別名」，是「恆常恆在
的，亦可稱為恆」，祇不過體現出「道」的不同功能、不同側面而
已，正因為「或（域）」和「氣」都是「道」，那麼它們就「都是自
生的，不是他者使生的」、「故不能說是道、恆產生、化生出域、元
氣」。既然「或（域）」和「氣」都是「道」，「道」生「氣」就屬於

---

[4]　吳根友，〈上博楚簡〈恆先〉篇哲學思想探析〉，丁四新主編，《楚地簡帛思
　　想研究（二）》（武漢：湖北教育出版社，2005），頁 68～69。又見簡帛研究
　　網，2004 年 5 月 8 日。

「自生」，而非他生。[5]「道之體」、「道之靜」、「道之運」、「道之動」之解釋有其合理的一面，但仍不能充分說明〈恆先〉作者為何要反復強調「氣」之「自生」和「自生、自作」。而且，在〈恆先〉中，「或（域）」和「氣」果然就是「道的別名」嗎，這些都有待更有力的說明。

丁四新先生〈楚簡〈恆先〉章句釋義〉第二章注釋〔4〕和注釋〔5〕分別談到「氣是自生」和「氣是自生、自作」，但他卻認為這兩者並不相同，關於「氣是自生」，他指出：「『氣』是由它自身生作出來的，說明『氣』在生作的過程中，它自身確定自身、構造自身和產生自身，而不是由任何一個他者派生或生化出來。」關於「氣是自生、自作」，他指出：「這一句說明『恆氣』是萬事萬物的本根，而天地萬物的產生是由『氣』來決定和生作的。」[6] 氣是萬物產生之源頭之結論有值得參考處，但缺少充足的論證，而且他人為地將「氣是自生」與「氣是自生自作」割裂開來，不僅不能使問題得到圓滿解決，反而使問題複雜化了。

劉貽羣女士〈試論〈恆先〉的「自生」〉一文，專門著眼於「自生」的問題加以討論，她認為「與〈太一生水〉一樣，〈恆先〉也是難得的大談宇宙生成論的專文」，她將〈恆先〉所體現的生成法分為五類，即「自生」、「復」、「生」、「焉有」、「出於」。「不僅氣是自生，其他一切物事，在它看來，也都是自生，因而有所謂『生或者同焉（或生或）』，『異生異，鬼生鬼，韋生韋，悲生悲，哀生哀』

---

[5] 郭齊勇，〈〈恆先〉——道法家形名思想的佚篇〉，《江漢論壇》第 8 期（2004年），頁 5～9。又見簡帛研究網，2004 年 5 月 8 日。

[6] 丁四新，〈楚簡〈恆先〉章句釋義〉，丁四新主編，《楚地簡帛思想研究（二）》（武漢：湖北教育出版社，2005），頁 98、頁 100。又見簡帛研究網，2004 年 7 月 25 日。

的說法。雖然我們現在還說不清楚『異生異，鬼生鬼』是什麼意思，但我們可以肯定，它們都暗含著同一個意思：自生。……像這樣不停地自生下去，其結果便出來了『復』的現象，即好像是生而又生，不停地生開去，其實却是回到了自己，是簡單重複。」[7] 劉貽羣女士的觀點中值得注意的是，她不僅認為「氣是自生」，而且「一切物事」也都是「自生」，就是說，她的著重點不光在「恆先」與「氣」的關係，也在於「一切物事」，這一點具有啓發性，但她不能說明〈恆先〉強調「一切物事」都是自生的目的何在，因為這才是問題的關鍵。

　　以上諸位學者的論文有一個共同的不足點，即推測的成分居多，很少援引文獻中之用例加以對照印證，使得其觀點缺乏說服力。[8] 李銳先生的論文〈「氣是自生」:〈恆先〉獨特的宇宙論〉彌補了這方面的缺陷。李銳先生指出「氣是自生」反映出〈恆先〉有一種非常獨特的宇宙生成論，它與突出「有生於無」的宇宙生成論相近而不同，與突出生成秩序的數術生成論相近而不同，與將上述兩者結合起來的混合型生成論也相近而不同，它特別強調「氣是自生」，即:「萬有不是來自『無』」。這種「自生」型宇宙論一直要到魏晉玄學才能找到知音」，「裴頠在《崇有論》中，向秀、郭象在《莊子》注中，將『有』自生的思路發展到了極致。有學者認為郭象的『自生獨化論』有可能受到般若經的影響，現在看來，郭象也有可能不依賴般若學而發展出這一理論。」甚至後世的周敦頤、張

----

[7] 劉貽羣，〈試論〈恆先〉的「自生」〉，丁四新主編，《楚地簡帛思想研究（二）》（武漢:湖北教育出版社，2005），頁 82。又見簡帛研究網，2004 年 6 月 13 日。

[8] 劉貽羣先生引了《莊子・在宥》中的一段話，其中有「物固自生」，但意欲說明的是「自生」與「復」的關係。並不能說明為何「氣」要「自生」。

載、朱熹的思想都可以從「氣是自生」中找到源頭。「氣是自生」的觀點雖然在很長一段時間裡湮沒不彰,但也並非毫無影跡。李銳先生指出《易緯‧乾鑿度》中有:「夫有形生于無形,則乾坤安從生?故曰:有太易、有太初、有太始、有太素。太易者,未見氣也。太初者,氣之始也。太始者,形之始也。太素者,質之始也。」對「太初者,氣之始也。」鄭玄是這樣解釋的:「元氣之所本始。太易既自寂然無物矣,焉能生此太初哉!則太初者,亦忽然而自生。」也就是說,鄭玄明確地提到了「氣是自生」,這是和〈恆先〉最為接近的說法。李銳先生還指出,在鄭玄之前,王充《論衡》也提到了「自生」,如〈物勢〉篇中有「夫天地合氣,人偶自生也。」〈自然〉篇中有「天地合氣,萬物自生。」[9]

李銳論文的意義在於,他以具體的例證說明〈恆先〉的發現對於中國思想史具有重要的影響,魏晉玄學及後世思想家中的一些重要觀點並非空穴來風、或受外來影響,它的確源自先秦思想。「自生」的思想從〈恆先〉到魏晉玄學也非一片空白,王充和鄭玄就是過渡和橋梁。

但是,李銳論文和上述論文一樣,祇是拘泥於「氣是自生,恆莫生氣」、「氣是自生、自作」句子本身或在宇宙生成論中思考問題,不能著眼於〈恆先〉整體的思想結構展開討論。所以最終不能回答「氣是自生」為什麼不是一種有缺陷的宇宙生成論,「氣是自生」為什麼在〈恆先〉中有它存在的合理性,〈恆先〉為什麼要反復強調「自生、自作」,「氣是自生」為什麼是〈恆先〉中極為重要、不可或缺的思想?

---

[9] 李銳,〈「氣是自生」:〈恆先〉獨特的宇宙論〉,《中國哲學史》第 3 期(2004年),頁 93~99。

第二節　先秦秦漢思想史所見「自生」問題

在李銳論文所提出的文例中，筆者以為最值得重視的是王充的《論衡》，《論衡》是解開〈恆先〉難題的一把珍貴的鑰匙。《論衡》非常詳盡地論述了「自生」的問題，其用例極為豐富。有必要把「自生」的用例更多羅列出來，結合前後文作仔細的分析。

> 儒者論曰：「天地故生人」。此言妄也。夫天地合氣，人偶自生也，猶夫婦合氣，子則自生也。夫婦合氣，非當時欲得生子，情欲動而合，合而生子矣。且夫婦不故生子，以知天地不故生人也。然則人生於天地也，猶魚之於淵，蟣蝨之於人也，因氣而生，種類相產。萬物生天地之間，皆一實也。（〈物勢〉）

> 夫天不能故生人，則其生萬物，亦不能故也。天地合氣，物偶自生矣。（〈物勢〉）

> 難曰：「人道有為故行、天道無為何行。」曰：「天之行也，施氣自然也，施氣則物自生，非故施氣以生物也。不動，氣不施，氣不施，物不生，與人行異。」（〈說日〉）

> 天地合氣，萬物自生，猶夫婦合氣，子自生矣。……或說以為天生五穀以食人，生絲麻衣人。此謂天為人作農夫桑女之徒也，不合自然，故其義疑，未可從也。試依道家論之。（〈自然〉）

天之動行也，施氣也，體動氣乃出，物乃生矣。由人動氣也，體動氣乃出，子亦生也。夫人之施氣也，非欲以生子，氣施而子自生矣。天動不欲以生物，而物自生，此則自然也。施氣不欲為物，而物自為，此則無為也。謂天自然無為者何，氣也。恬澹無欲、無為無事者也。(〈自然〉)

夫天覆於上，地偃於下，下氣蒸上，上氣降下，萬物自生其中間矣。當其生也，天下須復與也，由子在母懷中，父不能知也。物自生，子自成，天地父母，何與知哉。(〈自然〉)

問曰：「人生於天地，天地無為，人禀天性者，亦當無為，而有為，何也。」曰：「至德純渥之人，禀天氣多，故能則天，自然無為。禀氣薄少，不遵道德，不似天地，故曰不肖。不肖者，不似也。不似天地，不類聖賢，故有為也。天地為鑪，造化為工，禀氣不一，安能皆賢。賢之純者，黃老是也。黃者，黃帝也。老者，老子也。黃老之操，身中恬澹，其治無為，正身共己，而陰陽自和，無心於為而物自化，無意於生而物自成。」(〈自然〉)

天道無為，故春不為生，而夏不為長，秋不為成，冬不為藏。陽氣自出，物自生長，陰氣自起，物自成藏。(〈自然〉)

需要指出的是，王充以當時的儒者為論難的對象，針對儒者「天地故生人」即人類和萬物是天地有意識生成的論點，王充予以徹底的否定，提出天地沒有「故」意生「人」生「物」，「人」和「物」都

是「偶」而「自生」的。所以,「自生」正是王充用來駁難儒者最主要的論據。在上述用例中,有一些非常值得注意的、對〈恆先〉有啓示意義的現象。

第一,如「試依道家論之」所言,王充在反對儒者時,有著鮮明的立場,即以道家學說爲依據。而〈恆先〉具有濃厚的道家思想傾向,是無可置疑的。

第二,「氣」居於「天地」和「萬物」之間,萬物乃天地「施氣」、「合氣」所生。

第三,《論衡》中的「天地」,處於生成序列的最頂點,其地位可與〈恆先〉中的「恆」相比。萬物之生,雖有「天地」作爲本源,但本源並未有目的有意識地「生」物,一切生成都是偶然的、自然的,是「自生」。天地並非不生萬物,祇是從不有意去生。所以天道是「無為」的,萬物是「自生」、「自為」的,能夠「則天」的「至道之人」無爲,「稟天氣」、「薄少」的「不肖者」有爲。

第四,王充論述「天地」、「氣」和「萬物」之間的關係,論述「人自生」、「物自生」,其目的不是爲了論述宇宙生成論,而祇是利用這種生成論闡明一種政治哲學,即「無心於為而物自化,無意於生而物自成」的黃老政治哲學。

第五,與「自生」相近或相關的言語表現,其實還有「自成」、「自化」、「自出」、「自起」等等。

對於「氣是自生」之研究而言,《論衡》給予我們的啓發甚多。因爲這兩者之間有著頗爲相近的思想結構。雖然就生成的本源來說,《論衡》不是「恆」、「恆先」,而是「天地」,但王充是爲了應對儒者而這樣說的,「天地」和「恆」、「恆先」一樣都代表著本根和

頂點。[10] 筆者以爲，從《論衡》中得到的啓發可以歸納爲以下幾點。

首先，「天不能故生人，則其生萬物，亦不能故也。」「天之動行也，施氣也，體動氣乃出，物乃生矣。」「天動不欲以生物，而物自生，此則自然也。」之說法可以爲〈恆先〉「恆莫生氣」的解釋提供啓示。通過《論衡》可知，「恆莫生氣」很可能表明的是這樣一個意思，即並非「恆」（本根的存在）和「氣」之間沒有生成關係，祇是「氣」以及由「氣」形成的萬物並非「恆」故意地、有目的地、有意識地生成出來的。這樣解釋的話，盡管「氣」前面有「或」、有「恆」，同時又講「氣是自生」，但這前後不再有自相矛盾的地方。

其次，「氣是自生」並不是講「氣」自己生自己，也非如劉貽羣女士所言，「一切物事」是自己生自己，而是說由「或」由「氣」構成的「有」（有形的確定的存在）是無目的地、自然而然出現的。〈恆先〉作者爲了強調這一點，特別又加了一句「氣是自生、自作」。

第三，如前所述，王充引用道家生成論的觀點不是爲了論述生成論，而是爲了闡發他的政治哲學。如「天動不欲以生物，而物自生，此則自然也。施氣不欲爲物，而物自爲，此則無爲也」所言，「物自生」與「物自爲」是相對應的，「天」「自然」所以「天」「無爲」，「物自生」所以「物自爲」。〈恆先〉何嘗不是如此。在本文第三節中筆者將詳細論證〈恆先〉上篇的宇宙生成論和下篇的人間政治論有著密切的關係，前半章強調「自生」，正是爲了引導出下半章的「自爲」。

---

[10] 的確，在《論衡》的生成論中，「氣」在「天地」之後，這也與《恆先》不同。但在理解「自生」時，並不影響我們從《論衡》中受到啓發。

　　至今爲止關於「自生」的研究，有一個共同的傾向，即祇把「自生」放在宇宙生成論中加以考察。如果說「自生」不是一種生成論，這是不合理的。但認爲「自生」祇不過是一種生成論，也是不合理的。「自生」和「自爲」是相輔相承的，祇有跳出宇宙生成論，進入「自爲」的政治哲學，纔能真正理解「氣是自生」。要解開〈恆先〉「自生」之謎，重點不在於如何「自生」，而在於爲何「自生」。

　　既然「自生」意爲不故意生，既然「自生」應該和「自爲」聯繫起來理解，既然與「自生」相近相關的語言表達方式還有很多，那視野就豁然開朗了。也就是說，我們在尋找文獻例證時，可以在更大範圍內，注目那些與「自生」相似的意境。首先可以舉出的是《莊子‧天道》。

　　　上必無爲而用天下，下必有爲爲天下用，此不易之道也。故<u>古之王天下者</u>，知雖落天地，不自慮也。辯雖彫萬物，不自說也。能雖窮海內，<u>不自爲也</u>。<u>天不產而萬物化，地不長而萬物育，帝王無爲而天下功</u>。

這裡的「天不產」、「地不長」之語言表現方法，和〈恆先〉的「恆莫生」相近。正因爲「天不產」、「地不長」，所以「萬物化」、「萬物育」，即萬物自「化」、萬物自「育」。正因爲「天不產」、「地不長」，所以與之相應的「帝王」姿態就是「無爲」和「不自爲」，「自爲」者或者「有爲」者祇能是「天下」之人。再看以下用例。

> 天無為以之清，地無為以之寧。故兩無為相合，萬物皆化。
> 芒乎芴乎，而無從出乎。芴乎芒乎，而無有象乎。萬物職
> 職，皆從無為殖。故曰，天地無為也，而無不為也。人也孰
> 能得無為哉。(《莊子‧至樂》)

和《論衡》一樣，這裡也說天地相合而生萬物。要注意的是，天地
是「無為相合」，在「無為相合」基礎上萬物「皆化」，萬物「從無
為殖」。所以這和「氣是自生，恆莫生氣」沒有兩樣。「芒乎芴乎，
而無從出乎。芴乎芒乎，而無有象乎。」描述的正是「道」沒有任
何有意識的作為，「職職」萬物卻自然而然生化出來的情形，關於
「芒乎芴乎，而無從出乎。」郭象注曰：「皆自出耳，未有為而出
之也。」「自出」亦即「自生」、「未有為而出之」亦即「莫生」吧。
正因為天地是「無為相合」，所以最終能達到「無為」、「無不為」的
最高境界。其次可以舉出的是《淮南子‧泰族》。

> 天設日月，列星辰，調陰陽，張四時，日以暴之，夜以息
> 之，風以乾之，雨露以濡之。其生物也，莫見其所養而物
> 長。其殺物也，莫見其所喪而物亡，此之謂神明。聖人象
> 之，故其起福也，不見其所由而福起。其除禍也，不見其所
> 以而禍除。
>
> 天致其高，地致其厚，月照其夜，日照其晝，〔列星朗〕，陰
> 陽化，非有〔為焉〕，〔正其〕道而物自然。故陰陽四時，非
> 生萬物也。雨露時降，非養草木也。神明接，陰陽和，而萬
> 物生矣。……天地四時，非生萬物也，神明接，陰陽和，而

萬物生之。聖人之治天下，非易民性也，（枂）〔拊〕循其所
有而滌蕩之。故因則大，（化）〔作〕則細矣。……夫物有以
自然，而後人事有治也。[11]

這裡的「莫見其所養」、「莫見其所喪」、「非生」、「非養」、「非
易」之語言表現方法，也和〈恆先〉的「莫生」相近，要注意的是
〈泰族〉篇前面講到「天」「其生物也」、「其殺物也」，後面又說
「天」「非生萬物也」，看似矛盾，其實並不矛盾，因爲這正是「聖
人」要「象之」的無爲無不爲的「神明」，其目的在於達成「夫物有
以自然，而後人事有治也」的政治目標。〈恆先〉也無二致，這一
點在後文中再作展開。再看《淮南子·脩務》：

夫地勢，水東流，人必事焉，然後水潦得谷行。禾稼春生，
人必加功焉，故五穀得遂長。聽其自流，待其自生，則鯀、
禹之功不立，而后稷之智不用。

這裡的意境和〈泰族〉篇「夫物有以自然，而後人事有治也」是一
致的。如果聽「水」自流，待「人」自生，一切順其「自然」的
話，「鯀、禹之功不立」，「后稷之智不用」，帝王個人人爲的努力都
是多餘的。

---

[11] 這段話中所見增補和訂正均從王念孫，《讀書雜誌》（南京：江蘇古籍出版
社，1985），頁948～949。《文子·精誠》中也有基本相同的內容：
老子曰：天致其高，地致其厚，日月照，列星朗，陰陽和，非有爲
焉，正其道，而物自然。陰陽四時，非生萬物也。雨露時降，非養草
木也。神明接，陰陽和，而萬物生矣。

其次，《列子‧天瑞》有以下這樣一段話：

> 有生不生，有化不化。不生者能生生，不化者能化化。生者
> 不能不生，化者不能不化，故常生常化。常生常化者，無時
> 不生，無時不化。陰陽爾，四時爾。不生者疑獨，不化者往
> 復。往復，其際不可終。疑獨，其道不可窮。《黃帝書》
> 曰：「谷神不死，是謂玄牝。玄牝之門，是謂天地之根。綿
> 綿若存，用之不勤。」故生物者不生，化物者不化。<u>自生自
> 化，自形自色，自智自力，自消自息。謂之生化形色智力消
> 息者，非也。</u>

從上引文章中可以看出，「生」與「化」屬於同一層次，「自生」和
「自化」可以並列起來。「生物者」、「化物者」可與〈恆先〉中的
「恆」、可與《論衡》中的「天地」相對應。「自生自化，自形自
色，自智自力，自消自息」的主語是「常生常化者」，可與〈恆先〉
中的「氣是自生、自作」相對應。「謂之生化形色智力消息者，非
也」指的是「生物者」、「化物者」並不有意、有心去「生化形色智
力消息」，可與〈恆先〉中的「恆莫生氣」相對應。

西晉張湛所注《列子》，向有僞書之說。但學者也都承認，以
張湛個人之力，絕對僞造不出如此有深度、有體系、文氣簡勁宏
妙、內容前後呼應的作品來。也就是說，即便《列子》是張湛編
撰、整理的，一定也有其依據、引用的藍本。對於上引這段文字，
嚴北溟、嚴捷所撰《列子譯注》，通過分析張湛對「疑獨」所作注
釋，指出張湛其實完全不理解原意，正因爲不理解原意，所以「可

判斷上面一章應爲先秦佚文」。[12] 現在看來，這段文字和〈恆先〉的思想傾向非常接近，祇是沒有進一步引伸出政治哲學而已。

　　將「自化」和「自生」對應起來的文例，亦見於《莊子‧在宥》中雲將和鴻蒙的對話。

> 鴻蒙曰：「意，心養。汝徒處無為，而物自化。墮爾形體，吐爾聰明，倫與物忘，大同乎涬溟。解心釋神，莫然無魂，萬物云云，各復其根。各復其根而不知，渾渾沌沌，終身不離。若彼知之，乃是離之。無問其名，無闚其情，物故自生。」[13]

這段話講的是「無為」與「養心」的關係，所謂「養心」即人心進入「道」的境地，以「無為」的姿態，讓外物「自化」、「自生」，主體卻不主動去干預、感知外物。這雖然講的是「養心」，但「道」不有意識生「物」，任由物「自生」、「自化」的基本原則，與〈恆先〉、與上引各用例之基調完全一致。[14]

---

[12] 參見嚴北溟、嚴捷，《列子譯注》（上海：上海古籍出版社，1986）前言，頁4～5。

[13] 《莊子》中「自化」的用例還見於〈秋水〉：「道無終始，物有死生，……物之生也，若驟若馳，無動而不變，無時而不移。何為乎，何不為乎。夫固將自化。」和〈在宥〉篇一樣，也是講人們認知外物時，必將無所作為，祇能等待外物「自化」。

[14] 其實丁四新先生已經注意到「自生」和「自化」之間的關係，但又說：「《莊子‧秋水》、〈則陽〉等篇雖然有『自化』的概念，但都是相對人為而言的，與《恆先》的『自生』在性質上不同。」見〈楚簡〈恆先〉章句釋義〉（同注6）。丁四新先生把生成論中的「自生」和政治哲學中的「自化」對立了起來，其實如本文反復論述的那樣，《恆先》講生成論中的「自生」目的正是為了要導出人為世界的「自為」的合理性，「自生」和「自為」兩者在性

　　如果「自化」和「自生」意義相近，那麼可以找出的文獻例證就更多了。眾所周知，「自化」是《老子》中一個重要概念，它出現過兩次。例如：

> 道常無為而無不為。侯王若能守之，萬物將自化。化而欲作，吾將鎮之以無名之樸。無名之樸，夫亦將無欲。不欲以靜，天下將自定。（第三十七章）

「萬物將自化」在郭店楚簡《老子》甲本和馬王堆《老子》甲乙本中，均作「萬物將自為」，「天下將自定」在郭店楚簡《老子》甲本中作「萬物將自定」、馬王堆《老子》甲乙本中作「天地將自正」。

> 我無為而民自化，我好靜而民自正，我無事而民自富，我無欲而民自樸。（第五十七章）

郭店楚簡甲本作「我無事而民自富，我無為而民自為，我好靜而民自正，我不欲而民自樸。」馬王堆《老子》甲乙本基本上與今本相同。

　　《老子‧第三十七章》是一種政治哲學，在「道」和「萬物」的關係中講「萬物」的「自化」，祇要侯王守「道」，「萬物將自化」、「天下將自定」。祇有在「萬物」「化而欲作」時，侯王纔「鎮之以無名之樸」。第五十七章也是政治哲學，聖人「無為」、「好靜」、「無事」、「無欲」，即對「民」在政治上無目的、無意識、無作為，「民」就能「自化」、「自正」、「自富」、「自樸」。這種政治哲

質上並不對立。筆者以為，《莊子》中〈秋水〉、〈則陽〉篇所見「自生」和「自化」兩者在性質上也不對立。

學，對我們分析〈恆先〉以「自爲」爲代表的政治理論，有著重要的啓發意義。其實，《老子·第十七章》的風格也是相同的。

> 太上，下知有之。……悠兮其貴言，功成事遂，<u>百姓皆謂我自然</u>。

馬王堆帛書《老子》甲乙本與今本基本相同，郭店楚簡丙本除了「功成事遂」作「成事遂功」外，其他也大致相同。這段話說的是，最高的統治者，百姓僅僅知道其存在而已，而且他們「貴言」（即希言、忘言），表示他們對百姓的作爲毫不干涉，所以百姓高興地說「我自然」，即我們能做自己想做的事。這樣的統治者纔能取得「功成事遂」的政治成就。《恆先》既想要取得政治上之成功，所以強調「舉天下之作，無不得其極而果遂」，又要讓「舉天下之事，自作」、「舉天下之爲也，……而能自爲」。這種政治目標與《老子·第十七章》同出一轍。

從《老子》的上引用例，我們可以發現，以「自化」爲媒介，「自生」又可以和「自正」、「自富」、「自樸」、「自然」對應起來，這些用「自」來表達的詞彙，還可以找到很多很多。如《老子·第三十二章》的「萬物將自賓」、「民莫之令而自均」、〈六十四章〉的「輔萬物之自然」。《莊子·應帝王》中的「使物自喜」、《莊子·在宥》中的「形將自正」、「物將自壯」。《管子·形勢解》中的「則民自循」、「則民自試」，〈內業〉篇中的「和乃自成」、「精將自來」。馬王堆帛書《十六經·順道》中的「形恆自定」、「事恆自施」、「來自至、去自往」。《淮南子·詮言》、《韓詩外傳·卷一》中的「天地自然」。《淮南子·泰族》、《文子·精誠》中的「而物自然」。《淮南子·本經》中的「天下自和」。《史記·曹相國世家》的「治道貴清

靜，而民<u>自定</u>」等等。池田知久先生用其中一個詞彙即「自然」來總括這些「自～」。在《〈莊子〉——「道」的思想及其演變》一書第十二章〈聖人之「無爲」和萬物之「自然」〉[15]中，他指出在《老子》和其他道家系統的各文獻中，使用「自然」、「自～」的句子，都具有同樣的思考模式，即「道」與「聖人」是「無為」的存在，「萬物」、「百姓」的運動、變化是「自然」的存在，這兩者之間有著「主體→客體」、「原因→結果」的對應關係。的確如池田先生指出的那樣，與「自～」相關的語言表現，大多數描述的都是「萬物」、「百姓」的形態。[16]這種「無爲→自然」的思維模式，筆者以爲也適用於〈恆先〉的研究，即〈恆先〉呈現出的是「無舍、無與→自爲」的思維模式，這在下一節作具體分析。

　　從以上的分析中可以得出結論，雖然「自生」的用例在文獻中比較少見，但是如果把視野擴展到與「自生」相關的各種表現方法，擴展到「自然」的問題，那就可以發現，「自生」決非孤立的現象，相當多具有道家傾向的文獻，在相當長的時間內，從各種各樣的角度、全方位地、極其詳盡地討論過和「自生」相關的問題。從生成論角度講，「自生」指的是包括人在內的萬物並不是被故意「生」出來的。從政治論角度講，「自生」指的是包括人在內的萬物必然「自為」，所以最高的政治一定是「無為」。我們在研究〈恆先〉時，一定要把「自生」、「自生、自作」放到這樣一個大的思想背景中去，纔能有所領悟。[17]

---

[15] 池田知久著，黃華珍譯，《〈莊子〉——「道」的思想及其演變》（臺北：臺灣國立編譯館出版，2001），頁 497～536。

[16] 在描述「道」和「聖人」的態度時，確實也有「自然無為」、「無為自然」的說法，即將原來呈對應關係的兩者合二為一，但時代已經相當靠後了。最早的用例似見於王充《論衡》。詳見池田知久前揭書第十二章第四節第二項。

[17] 有必要注意的是，《老子・第七章》中出現了「自生」這個詞。原文為「天長地久。天地所以能長且久者，以其不自生，故能長生。」（馬王堆帛書

第三節　〈恆先〉上、下篇的對應關係

〈恆先〉為什麼要在前半篇的宇宙生成論中突出「恆莫生氣、氣是自生」，為什麼要反復強調「氣是自生、自作」，僅僅從文獻中尋找例證，為之解釋，說服力依然是不夠的，必須著眼於〈恆先〉全篇，從〈恆先〉整篇的思想脈絡中尋找前後呼應關係，尋找「恆莫生氣、氣是自生」、「氣是自生、自作」的合理性。這也會成為解讀〈恆先〉思想全貌的重要突破口。

在此首先提出結論，筆者以為，〈恆先〉在上篇提出生成論中的「自生」，是為了給下篇的政治哲學提供指導思想。[18] 上篇的「自生」對應著下篇的「自為」，對應著下篇「因」的思想。請看〈恆先〉下篇中以下文例。

> 舉天〔下〕之事，自作。為事，用以不可更也。（簡7）
> 全天下的事，都是自作。為事之際，要沿用（已有之事）而不作更改。

《老子》甲乙本基本相同，郭店楚簡《老子》無）。看上去《老子》對「自生」持否定的態度。但筆者以為，這個「自生」和《恆先》所見「自生」是完全無關的，這裡講正因為天地不狹隘，不自私，不自顧自己的「生」，所以「能長生」。表現的是一種老子特有的謙遜姿勢。在《老子》中，與之相同的表現還有「不自見，故明。不自是，故彰。不自伐，故有功。不自矜，故長。」（〈第二十二章〉）；「自見者不明，自是者不彰，自伐者無功，自矜者不長。」（〈第二十四章〉）；「以其終不自為大，故能成其大。」（〈第三十四章〉）；「聖人自知不自見，自愛不自貴。」（〈第七十二章〉）。

[18] 筆者根據《恆先》的文章表現方法和思想特徵，將其分為上下兩篇，請參考〈談〈恆先〉的編聯與分章〉（同注 1）或《〈恆先〉編聯、分章、釋讀札記〉（同注 1）。

舉天下之名,虛詒(屬),襲以不可改也。(簡10)
全天下的名,都是人制作出來的虛的東西,但一旦相沿成俗
就不作更改了。

舉天下之為也,無舍也,無與也,而能自為也。(簡11)舉
天下之生,同也。其事無不復。(簡12)
對於全天下之作為,不要去為它設定停息之處,不要去干預
它,要使(恆氣生成之物)能自為。對於全天下之自然生
命,也要取相同的態度,這樣天下沒有不能順利循環往復的
事情。

恆氣之生,因(簡9)之大。作,其竆尨[19] 不自若。作,庸
有果與不果。(簡11)。[20]
對於恆氣生成之物,因之則大。有所作為,(恆氣生成之物
原有的)純樸重厚就不再保持,有所作為,就會有達成目標
和達不成目標兩種結果。

〈恆先〉顯然是一篇為「明王」、「明君」、「明士」提供政治諮
詢的文章。因為「舉天下之事」和「氣」之「生」、「氣」之「作」

---

[19] 筆者支持董珊,〈楚簡〈恆先〉初探〉(簡帛研究網,2004年5月12日)的
意見,認為這二字當讀為「敦厖」或「淳厖」,除董珊所舉《左傳·成公十
六年》有「是以神降之福,時無災害,民生敦厖,和同以聽,莫不盡力以從
上命」外,還可舉《淮南子·泰族》:「淳厖敦厚者,書之教也。」筆者以為
還可讀為「純蒙」,《論衡·自然》有「道家德厚,下當其上,上安其下,純
蒙無為。」

[20] 簡9後面應該接簡11,這是筆者在〈談〈恆先〉的編聯與分章〉(同注1)
及《〈恆先〉編聯、分章、釋讀札記》(同注1)中提出的觀點。

一樣，屬於「自作」，所以，「明王」、「明君」、「明士」在「為事」時，要用而不加更改，對「舉天下之名」要襲而不加更改。對於「舉天下之為」，要「無舍」、「無與」，聽任天下之事去「自為」。「舉天下之生」也一樣，根據「舉天下之生，同也」，我們可以把這句話轉換為：「舉天下之生也，無舍也，無與也，而能自生也。」

　　正因為「氣是自生自作」，所以「氣」的生成物，包括人在內的「萬物」也都是「自生、自作」的、從行為上講就是「自為」的，所以統治者在政治上必須取「無為」姿態。雖然〈恆先〉中沒有「無為」二字，但「明王」、「明君」、「明士」之「無舍」、「無與」體現的正是「無為」的態度。除了「無舍」、「無與」外，〈恆先〉中還有「無忤極」、「無非其所」。即不走極端、讓萬物各得其所。這麼多的「無」無不說的是「無為」。反過來，主體的「無為」，即政治上的無意識、無目的、不干預、不強制，作為結果又必然導致客體即「萬物」、「百姓」的「自作」、「自為」。這種對應關係在〈恆先〉中是十分清楚的。用郭店楚簡《老子》甲本的話來講就是「道恆無為也。侯王能守之，而萬物將自為。」「我無為而民自為」。用《莊子‧天道》的話來講就是「古之王天下者……不自為也。……帝王無為而天下功。」用馬王堆帛書《經法‧道法》的話來講就是「故執道者之觀於天下殹，無執殹，無處也，無為殹，無私殹。是故天下有事，無不自為刑名聲號矣。刑名已立，聲號已建，則無所逃迹匿正矣。」「凡事無小大，物自為舍。逆順死生，物自為名。名刑已定，物自為正。」

　　在下篇中出現了和上篇可以對照的「恆氣之生」，這是一個關鍵詞，如果不能正確地加以理解，就無法說明下篇中為什麼要再講

「恆氣之生」，大多學者依然將第二次出現的「恆氣之生」按宇宙生成論去理解，所以龐樸先生要將第九號簡移到前面去，和第五號簡接起來，不然就無法解釋。[21] 其實，這裡的「恆氣之生」並非在生成序列上處於「恆」、「或」之後的「氣」的「自生」，而指代的是依據「恆氣」纔得以形成的一切生成物。同樣的道理，整理者把簡9和簡10相聯，讀爲「恆氣之生，因言名。」也是不合理的。

在〈恆先〉的政治哲學中，對於「恆氣」生成之物，「明王」、「明君」、「明士」最基本的態度是「因」。可資對照的是，《淮南子·泰族》中有「天地四時，非生萬物也，神明接，陰陽和，而萬物生之。聖人之治天下，非易民性也，（枂）〔拊〕循其所有而滌蕩之，故因則大，（化）〔作〕則細矣。」《文子·道原》中有「老子曰：……先王之法，非所作也，所因也。其禁誅，非所為也，所守也。故能因即大，作即細。能守即固，為即敗。」《文子·自然》中有「老子曰：……先王之法，非所作也，所因也。其禁誅，非所為也，所守也。上德之道也。老子曰：以道治天下，非易人性也，因其所有，而條暢之。故因即大，作即小。」特別值得注意的是《愼子·因循》中以下這段話：

> 天道因則大，化則細。因也者，因人之情也。人莫不自為也，化而使之為我，……人不得其所以自為也，則上不取用焉。故用人之自為，不用人之為我，則莫不可得而用矣。

---

[21] 龐樸，〈《恆先》試讀〉（同注3）。

和《淮南子‧泰族》一樣，《愼子‧因循》中的「化」也應讀爲「作」。通過和上述《淮南子》、《文子》、《愼子》諸文例相對應，筆者認爲，「恆氣之生，因……」這一句應該斷爲「恆氣之生，因之大。作……。作……。」即「恆氣之生，因之大。作，其竆尨不自若。作，庸有果與不果。」纔更合理，即「因」和「作」是相對的詞彙，「因之」則「大」，「作」就會有「不自若」，就會有「果與不果」。根據《愼子‧因循》，我們得知，「因」其實就是因人的「自爲」。[22] 所以，〈恆先〉中，「因」也必須和「自爲」聯繫起來，纔能得到最合理的解釋。

在論述「道」、「聖人」→「無爲」，「萬物」、「百姓」→「自然」的道家傾向的文獻中，常常會用到「因」，或者與「因」相近的「順」、「隨」等詞彙，而且其結果常常與政治上的「無不爲」、與「天下治」相連。這類用例不勝枚舉，除上引三例外，再舉數例。其基本思想傾向和〈恆先〉是同出一轍的。

> 無名人曰：汝遊心於淡，合氣於漠，順物自然，而無容私焉。而天下治矣。（《莊子‧應帝王》）

---

[22] 《愼子‧因循》中的「用人之自爲」已具體化爲一種御臣或御下之「術」，即君主利用普通人逐利畏罰求名的心理，通過利益關係之把握巧妙地使臣民爲自己服務。這種君主權謀在《韓非子》中得到了最大程度的發揮。例如〈主道〉篇「道者，萬物之始，是非之紀也。是以明君守始，以知萬物之源，治紀以知善敗之端。故虛靜以待，令名自命也，令事自定也。虛則知實之情，靜則知動者正。有言者自爲名，有事者自爲形。形名參同，君乃無事焉。」但筆者以爲《恆先》闡述的祇是和「無爲」相關的廣義的一般的政治原理，還沒有到「審合形名」，運用「形名參同」之術使君主立於「無爲」之地的程度。

夫<u>物有常容，因乘以導之</u>。因隨物之容，故靜則建乎德，動則順乎道。……以一人力，則后稷不足。<u>隨自然</u>，則臧獲有餘。故曰：<u>恃萬物之自然</u>，而不敢為也。(《韓非子·喻老》)

<u>因者，君術也</u>。為者，臣道也。為則擾矣，<u>因則靜矣</u>。(《呂氏春秋·任數》)

是故聖人內修其本，而不外飾其末，保其精神，偃其智故，<u>漠然無為而無不為也</u>，<u>澹然無治而無不治也</u>。所謂無為者，不先物為也。<u>所謂〔無〕不為者，因物之所為〔也〕</u>。所謂無治者，不易自然也。<u>所謂無不治者，因物之相然也</u>。(《淮南子·原道》)

是故<u>天下之事，不可為也，因其自然而推之</u>。(《淮南子 原道》)

結語

總之，〈恆先〉講生成論的目的不是為了生成論，而是為了導出相應的政治哲學。〈恆先〉的上篇和下篇有著對應關係，下篇的政治原則必須遵順上篇提出的宇宙生成原則，既然「恆先」是「無有」、是「樸、靜、虛」，那麼「明王」就要取相應的「無舍」、「無與」的態度，既然，「氣是自生、自作」，那麼包括人事在內的「天下之事」就是「自作」，「天下之為」就是「自為」，對應「恆氣」之所生所作，就要取「因」的姿態。這就是〈恆先〉的政治哲學。

用《淮南子‧泰族》的話來講，就是「夫物有以自然，而後人事有治也。」用《論衡‧自然》的話來講就是「無心於為而物自化，無意於生而物自成。」

總之，「氣是自生」、「氣是自生、自作」與前後文並不矛盾，也非莫名其妙之說法，這裡應該沒有錯簡、漏簡，而是合理的存在。與《老子》為首的道家類文獻無衝突之處，基本精神是完全吻合的。

本文原題〈從「自生」到「自為」——〈恆先〉政治哲學探析〉，最初發表於中央研究院歷史語言研究所編，《古今論衡》第 14 期，2006 年 5 月。本書篇題和內容有所改動。

第八章

〈恆先〉釋義四題

第一節　「無有」和「樸」、「靜」、「虛」解

〈恆先〉簡 1 有如下文字：

> 亙（恆）先無又（有），屢（樸），宵（靜），虛。屢（樸），
> 大屢（樸）。宵（靜），大宵（靜）。虛，大虛。

對於這段話，學者大多從宇宙生成論的角度，認爲它描述的是本源
即道體的形態，[1] 當然這並沒有錯。然而筆者以爲沒有那麼簡單，
或許還可以換個角度看問題，即追問〈恆先〉作者用「無有」、用
「樸、靜、虛」，用「大樸、大靜、大虛」去描述道體形態的目的

---

[1] 淺野裕一，〈〈恆先〉的道家特色〉，收入氏著、佐藤將之監譯，《戰國楚簡研
究》（臺北：萬卷樓，2004），頁 147～頁 183，將這句話讀爲「恆先無，有
質、靜、虛。」並解釋說「恆是最初的階段，這一階段是無，不過衹有質、
靜、虛微弱地存在。」趙建功〈〈恆先〉易解・上〉（簡帛研究網，2005 年 1
月 26 日）也作如是句讀，並作相似解釋。然而這一讀法恐怕存在問題，首
先它無視「無有」是一個特有的用詞和概念。其次「樸、靜、虛」描述的是
道體的形狀和特徵，說它是一種存在，文獻無徵。

何在。筆者在〈談〈恆先〉的編聯與分章〉[2] 一文中指出,〈恆先〉其實可以非常清楚地分成上下兩篇,上篇的宇宙生成論和下篇的政治哲學有著強烈的呼應關係,〈恆先〉作者在上篇論述宇宙生成原理的目的是爲了在下篇推演出政治哲學的合理性,下篇的政治原則必須遵順上篇提出的宇宙生成原則。以「道」爲最高出發點,將「天下」納入視野,既重視根本的普遍的原理,又重視現實的具體的政治操作,這種思想結構具有典型的黃老思想特徵。筆者還在〈從「自生」到「自爲」——〈恆先〉政治哲學探析〉[3] 一文中詳細地分析了上篇「自生」、「自作」與下文「自作」、「自為」的關係,發現〈恆先〉作者通過上篇「氣是自生,恆莫生氣」,即由「氣」形成的萬物並非「恆」故意地、有目地、有意識地生成出來,而是自然而然生成出來之觀點的論述,提醒下篇的「明王」、「明君」、「明士」對包括人在內的天下萬物的「自作」、「自為」,要採取「因」的政治態度。這實際上就是「無為」的政治理論。〈恆先〉中雖然沒有出現「無為」二字,但有「無舍」、「無與」、「無忤極」、「無非其所」,這麼多的「無」無不體現的是「無為」的姿態。

所以,筆者以爲,上篇的「無有」、「樸、靜、虛」、「大樸、大靜、大虛」其實正照應下篇「無為」的政治姿態。的確,下篇沒有再次出現與「無有」、「樸、靜、虛」相同或相近的文字。但是如果我們來看看與〈恆先〉有著同樣思想構造的文獻,就會發現這並非無稽之談。首先可以舉出的是馬王堆帛書〈道原〉。〈道原〉不僅在

---

[2]　此文今收入本書第六章。

[3]　此文原載於中央研究院歷史語言研究所編,《古今論衡》第 14 期,2006 年 5 月。今收入本書第七章。

「恆先」等用詞上、在道體形狀的描述上與〈恆先〉相似，在文章結構上也驚人相似。〈道原〉也可以非常清楚地分為上下兩篇，上篇從「恆先之初」到「稽極之不能過」，主要描述的是與「道」相關之抽象原理，下篇從「故唯聖人能察無形」到「索之未无，得之所以。」主要描述的是與上篇相對應的聖人的政治姿態。[4]〈道原〉在上篇在描述道體時說：

> 恆先之初，迵（洞）同大虛。……古（故）无（無）有刑（形），大迵（洞）无（無）名。……一者，亓（其）號也。虛，亓（其）舍也。无（無）為，亓（其）素也。和，亓（其）用也。

而下篇在描述聖人時說：

> 故唯聖人能察无（無）刑（形），能聽无（無）〔聲〕。知虛之實，后能大虛。乃通天地之精，通同而无間，周襲而不盈。服此道者，是胃（謂）能精。

我們從中可以找出很多對應之處來，如上篇有「恆先之初」之「迵（洞）同」，就有下篇聖人之「通同」，[5] 上篇有道體之「無形」、「無名」，就有下篇聖人之「能察無形、能聽無聲」。尤其值得注目

---

[4] 丁四新在為〈道原〉做集釋時，也有意識地將其分為上下兩篇，參看丁四新，〈帛書〈恆先〉集釋〉（簡帛研究網，2004年8月7日）。
[5] 陳鼓應，《黃帝四經今註今譯——馬王堆漢墓出土帛書》（臺北：臺灣商務印書館，1995）就認為下篇的「通同」很可能就是「迵（洞）同」之誤。參見頁479。

的是，上篇認為道體是「大虛」、「虛」的，下篇聖人就必然是「知虛之實」、「能大虛」者。〈恆先〉中也有「虛」、「大虛」、「虛靜」、「靜同」之類的描述，下篇雖然沒有重複，但如果像〈道原〉那樣出現在下篇中也完全不奇怪。如下文所分析的那樣，這些描述其實都和「無為」相關，所以它決非閑筆。

　　再來看馬王堆帛書《經法》中的〈道法〉篇。〈道法〉篇雖然沒有清晰的上下篇結構，但通過宇宙原理導出人間政治哲學之思維構造與〈恆先〉一致。關於萬物生成，它是這樣描述的：

　　<u>虛无刑（形），亓（其）袞冥冥，萬物之所從生。</u>

雖然比較簡單，但「虛无刑（形），亓（其）袞冥冥」和〈恆先〉上篇所見道體之形狀相似，「萬物之所從生」表明萬物之生不是被創生，也和〈恆先〉之「自生」有接近處。與這一宇宙原理對應，〈道法〉篇在後面文字中指出：

　　<u>見知之道、唯虛无（無）有。虛无（無）有，秋稿（毫）成之，必有刑（形）名。刑（形）名立，則黑白之分已。故執道者之觀於天下殹，無執殹，無處也，無為殹，無私殹。</u>

這是說，「見知」（即認識把握世界）之道，在於採取「虛」及「無有」的態度，如果採取了「虛」及「無有」的態度，那就知道，即便再小的事物，也必有它的形名。事物的形名確立了，則「黑白之分」即事物的性質特徵、確定的位置、是非的標準也建立起來了。顯然，後面的「虛無有」與前面的「虛無形」是對應的。值得注意

的是，〈恆先〉中也出現了「虛」和「無有」，雖然「虛」和「無有」在〈恆先〉下篇中沒有再出現，但與之相應的「無舍」、「無與」、「無忤極」、「無非其所」和〈道法〉篇「無執」、「無處」、「無為」、「無私」其實沒有什麼兩樣。

當然我們可以找出許多用「無有」、用「樸、靜、虛」描述道體，而和政治原則沒有直接關係的文獻記載，如《莊子‧天地篇》中有「泰初有無，<u>無有無名</u>，一之所起。」《淮南子‧說山篇》中有「魄問於魂曰：『道何以為體？』曰：『<u>以無有為體</u>。』」《文子‧道原篇》中有「故道者，<u>虛無</u>、平易、<u>清靜</u>、柔弱、<u>純粹素樸</u>，此五者，道之形象也。<u>虛無者道之舍也</u>。平易者道之素也。<u>清靜者道之鑒也</u>。柔弱者道之用也。反者道之常也。柔者道之剛也。弱者道之強也。<u>純粹素樸者道之幹也</u>。」但我們同樣可以找出許多用例，將「無有」、「樸、靜、虛」描述為聖人明君必須具備的姿態，而這種姿態又必然與「無為」相聯。這樣的例子實在太多了。以下首先舉出關於「無有」的用例：

> 天下之至柔，馳騁天下之至堅，<u>無有入無間</u>。<u>吾是以知無為之有益</u>。（《老子‧第四十三章》）

> 老聃曰，<u>明王之治</u>，功蓋天下，而似不自己，化貸萬物，而民弗恃。有莫舉名，使物自喜，立乎不測，<u>而遊於無有者也</u>。（《莊子‧應帝王》）

> 天門者，<u>無有也</u>。萬物出乎<u>無有</u>，有不能以有為有，必出乎<u>無有</u>，而<u>無有一無有</u>。<u>聖人藏乎是</u>。（《莊子‧庚桑楚》）

人主……問而不詔，知而不為，和而不矜，成而不處。止者
不行，行者不止，因刑而任之，不制於物，無肯為使，清靜
以公，神通乎六合，德耀乎海外，意觀乎無窮，譽流乎無
止，此之謂定性於大湫，命之曰無有。(《呂氏春秋·審
分》)

老子曰，大道無為，無為即無有，無有者不居也，不居者即
處而無形。(《文子·精誠》)

聖人卑謙清靜辭讓者，見下也。虛心無有者，見不足也。
(《文子·九守》)

聖人之道，於物無有，道狹然後任智，德薄然後任刑，明淺
然後任察。(《文子·自然》)

老子曰，所謂天子者，有天道以立天下也。立天下之道，執
一以為保，反本無為，虛靜無有，忽恍無際，遠無所止。視
之無形，聽之無聲，是謂大道之經。(《文子·自然》)

以下是關於「樸」、「靜」、「虛」的用例：

致虛極。守靜篤。萬物並作。吾以觀復。夫物芸芸。各復歸
其根。歸根曰靜。是謂復命。復命曰常。知常曰明。(《老
子·第十六章》)

見素抱樸，少私寡欲。(《老子·第十九章》)

道常無為而無不為，侯王若能守之，萬物將自化。化而欲作，吾將鎮之以無名之樸。(《老子‧第三十七章》)

夫虛靜恬淡，寂漠無為者，天地之平，而道德之至。故帝王、聖人休焉。休則虛，虛則實，實者倫矣。虛則靜，靜則動，動則得矣。靜則無為，無為也則任事者責矣。無為則俞俞，俞俞者憂患不能處，年壽長矣。夫虛靜恬淡，寂漠無為者，萬物之本也。……靜而聖，動而王，無為也而尊，樸素而天下莫能與之爭美。(《莊子‧天道》)

道者，萬物之始，是非之紀也。是以明君守始，以知萬物之源，治紀以知善敗之端。故虛靜以待，令名自命也，令事自定也。(《韓非子‧主道》)

得道者必靜。靜者無知，知乃無知，可以言君道也。故曰，中欲不出謂之扃，外欲不入謂之閉。既扃而又閉，天之用密。有准不以平，有繩不以正，天之大靜。既靜而又寧，可以為天下正。(《呂氏春秋‧君守》)

太清之治也，和順以寂漠，質真而素樸，閒靜而不躁，推移而无故。(《淮南子‧本經》)

治道貴清靜而民自定。(《史記‧曹相國世家》)

老子曰，所謂真人者，……明白太素，無為而復樸。……廓然而虛，清靜而無。……守太渾之樸，立至精之中。(《文子‧九守》)

　　再看以下用例，它對理解〈恆先〉的「無有」、「樸」、「靜」、「虛」也有很大幫助：

> 天無為以之清，地無為以之寧。故兩無為相合，萬物皆化。芒乎芴乎，而無從出乎。芴乎芒乎，而無有象乎。萬物職職，皆從無為殖。故曰，天地無為也，而無不為也。人也孰能得無為哉。(《莊子·至樂》)

　　筆者在前述拙文《從「自生」到「自爲」——〈恆先〉政治哲學探析》中曾引用這個例子，認爲它雖然以「天地」爲生成的頂點，與「恆先」有所不同，但天地「無為相合」而生萬物，在「無為相合」基礎上萬物「皆化」，「職職」萬物「從無為殖」。還有「芒乎芴乎，而無從出乎」，郭象注曰：「皆自出耳，未有為而出之也。」這些表述和「氣是自生，恆莫生氣」的精神十分相似。要注意的是「天地」的特徵是「無為」，是「清」、「寧」，「天地」可以「無爲而無不爲」。「人也孰能得無為哉」雖然是個反問句，但正反映出作者的目標和追求。而〈恆先〉也有著類似「清寧」→「出」（自出）→「無爲而無不爲」的思想結構。

　　總之，「無有」、「樸」、「靜」、「虛」既是道體的特徵，又往往是能夠體道得道的聖人明君的特徵，在〈恆先〉中，它的確祇使用於道體形態的描述中，但從其上下篇相互呼應的思想結構來看，其意義必然要影響到下篇的「明王」、「明君」、「明士」的「無為」的政治姿態，在馬王堆帛書〈道原〉中最能清晰地看出這種對應關係，〈恆先〉並非不存在這一對應，祇是沒有那麼顯明罷了。

第二節 「恆氣之生，不獨有與也」解

〈恆先〉簡 2 至簡 3 有如下文字：

> 氣是自生，互（恆）莫生氣，氣是自生、自作。互（恆）氣
> 之生，不蜀（獨）有與也。

在目前已問世的各種〈恆先〉注釋中，這段話的解釋歧義甚多。關
於「恆氣之生，不獨有與」，龐樸先生說恆氣「雖是自生，卻不孤
獨，它還有伴。」[6] 但並沒有指出誰與誰為伴。其他學者多認為
「恆」與「氣」二者「有與」，或「恆」、「或」、「氣」三者「有
與」。如王志平先生〈〈恆先〉管窺〉認為「恆」與「氣」有密切的
關係。[7] 廖名春先生讀為「恆、氣之生，不獨，有與也。」指出：
「上文說『氣是自生，恆莫生氣。氣是自生自作』，強調『氣』、
『生』的獨立性、『氣』與『恆』不同的一面。這裡『不獨，有與
也』，則強調兩者相互聯繫的一面，是說『恆』與『氣之生』，並非
無涉，還有相與的一面。」[8] 董珊先生讀為「恆氣之生不獨，有與
也。」指出：「恆氣雖然是自生自作，但它的出現並非孤立，其前

---

[6] 龐樸，〈〈恆先〉試讀〉，姜廣輝主編，《中國古代思想史研究通訊》第二輯
（北京：中國社會科學院歷史研究所思想史研究室，2004），頁 21～頁 23。
又見簡帛研究網，2004 年 4 月 26 日。

[7] 王志平，〈〈恆先〉管窺〉（簡帛研究網，2004 年 5 月 8 日）。

[8] 廖名春，〈上博藏楚竹書〈恆先〉新釋〉，《中國哲學史》2004 年 3 期，頁 83
～92 頁。陳麗桂，〈上博簡（三）：〈恆先〉的義理與結構〉（簡帛研究網，
2004 年 4 月 19 日）的句讀和表述和廖名春相似。陳麗桂更強調指出「或」
的產生，也少不了「恆」的參與。趙建功，〈〈恆先〉易解‧上〉（同注 1）
作同樣句讀，但釋義為「作為宇宙本原的恆、氣在其存在和生成萬物時，既
是獨立不改的，又是相輔相承的。」

面有『恆』『或（域）』的定義作爲先決條件。」⁹丁四新先生認爲
「恆氣」既是本根也是本體，所以它既是不獨的，當「恆氣」作自
我否定，生作萬物時，又是「有與」的。¹⁰季旭昇先生認爲「『恆
氣』的產生，不是單獨的，它還有伴——『或』」。¹¹還有其他一些
特殊的解釋。¹²

　　筆者在前述《從「自生」到「自爲」——〈恆先〉政治哲學探
析》一文中對「氣是自生，恆莫生氣」作了詳盡的解釋，其實這句
話說的是，由「氣」形成的萬物並非「恆」故意地、有目的地、有
意識地生成出來，而是自然而然生成出來的。筆者以爲，緊接其後
的「恆氣之生」指代的就是不變的終極的「氣」所生成之萬物，而
不是「恆」與「氣」、「恆」與「氣之生」、或「恆」與「或」之間
的關係，「恆」在這裡祇是一個形容詞而已。之所以可以這樣解
釋，與「不獨有與也」有著很大的關係。衆所周知，「獨立不改」、
或「獨立不偶」正是「道」的特性，如《老子・第二十五章》（郭
店楚簡《老子》、馬王堆帛書《老子》甲乙本皆有相似內容）云：

　　有物混成，先天地生，寂兮寥兮，<u>獨立不改</u>，周行而不殆，
　　可以為天下母。吾不知其名，<u>字之曰道</u>。

---

⁹ 董珊，〈楚簡〈恆先〉初探〉（簡帛研究網，2004年5月12日）。
¹⁰ 丁四新，〈楚簡〈恆先〉章句釋義〉，丁四新主編，《楚地簡帛思想研究
　（二）》（武漢：湖北教育出版社，2005）。又見簡帛研究網，2004年7月25
　日。
¹¹ 季旭昇主編，《〈上海博物館藏戰國楚竹書（三）〉讀本》（臺北：萬卷樓圖書
　股份有限公司，2005），頁201。
¹² 如劉信芳，〈上博藏竹簡〈恆先〉試解〉（簡帛研究網，2004年5月16日）
　說「恆氣的生成不是特例」、「也有與恆氣相同的例子」。郭剛，〈上博楚簡
　〈恆先〉之「恆先」「恆氣」窺探〉（簡帛研究網，2004年6月6日）說
　「『恆氣』之所以不獨生，是因為內有『偶』——『清氣』、『濁氣』。」

馬王堆帛書〈道原〉云：

> 一者亓（其）號也，虛亓（其）舍也，无為亓（其）素也，
> 和亓（其）用也。是故上道高而不可察也，深而不可則
> （測）也。顯明弗能為名，廣大不能為刑（形），獨立不
> 偶，萬物莫之能令。

《淮南子·原道》云：

> 所謂無形者，一之謂也。所謂一者，無匹合於天下者也。卓
> 然獨立，塊然獨處。

《鶡冠子·能天》在描述體道得道者的狀態時說：

> 觀乎執莫，聽乎無罔，極乎無係，論乎窈冥，湛不亂紛，故
> 能絕塵埃而立乎太清，往無與俱，來無與偕，希備寡屬，孤
> 而不伴。所以無疵、保然獨至。

這充分說明了祇有「道」是「獨立」、「不偶」（亦即「無匹」、「不
伴」）的，相反，與「道」相對的萬物是「不獨有與」的。
　　〈恆先〉中還有一處「恆氣之生」，在第 9 號簡，原來的編聯
如下所示：

> 亙氣之生，因（簡 9）言名先■者有疑，慌言之后者校比
> 焉。

「恆氣之生」之後是「因言名」，這是一個難解之處，筆者在前述
〈〈恆先〉的編聯與分章〉一文中指出，簡 9 應該和簡 11 相聯，即
編連爲：

> 恆氣之生，因（第 9 號簡）之大。作■，其竊尨（「敦尨」或
> 「淳尨」或「純蒙」）不自若■。作■，甬（庸）有果與不
> 果，兩者不廢。

依據這一新的編聯，解釋起來就容易多了。「明王」、「明君」、「明
士」對於「恆氣」生成之物，最基本的態度是「因」。而對於
「作」，作者則不抱肯定的態度。前述〈〈恆先〉的編聯與分章〉和
〈從「自生」到「自爲」──〈恆先〉政治哲學探析〉對這一新編
聯的成立作了非常詳細的論證。

第三節　「知機而無思不天」解（兼論「或」）

〈恆先〉簡 5 有如下文字：

> 智旣而尣思不宎■。

這句話非常難解，衆說紛紜，很難有統一的意見。李零先生讀此句
爲「知旣而荒思不殄」，認爲這句話「可能是說『知』盡而荒但思
不滅」。[13]　廖名春先生從李零說，進而認爲「知旣」當讀爲「知
止」，「此段說大智在於懂得欲求的實現有盡止，實質是反對無限

---

[13] 馬承源主編，《上海博物館藏戰國楚竹簡（三）》（上海：上海古籍出版社，
　　2003），頁 293。

止地追求欲求的實現。」[14] 陳麗桂先生亦從李零說，指出「人的知識是有窮盡的，但思慮、思維卻可以寬廣無盡，永不終止、窮絕。」[15] 丁四新先生對這一句話有二說。其一，讀「既」為「已」、讀「亢」為「亡」、讀「㝮」為「天」，說這一句話意為「知道既成的天道，則沒有什麼思慮不符合天道，合乎自然的。」其二，讀「亢」為「荒」、讀「㝮」為「珍」，說這一句話意為「知道『天道』或『天行』既備之理，而遠思將來，則人事、人命不會滅絕。」[16] 王志平先生將這句話與前文「唯復以不廢」聯繫起來，讀「㝪」為「氣」、讀「亢」為「妄」、讀「㝮」為「吞」，指出「本句是說祇有循環往復，永不停息，纔能知道『氣』的規律，不產生妄想。」[17] 黃人二、林志鵬兩位先生讀「亢思」為「無使」，但對全句未作解釋。[18] 劉信芳先生從龐樸先生〈〈恆先〉試讀〉的編聯，將簡5連到簡9後，認為「㝪（既）」說的是簡9「天道既載」以下所講的道理，他讀「亢（荒）思」為「孟浪之思」，讀「不㝮（珍）」為「不盡」，引《管子・內業》：「精也者，氣之精者也。氣，道乃生，生乃思，思乃至，知乃止矣。」認為《管子・內業》的「思——知——止」和「智㝪而亢思不㝮」的「知——荒思——不珍」有著一定的關係。[19] 季旭昇先生也將5連到簡9後，認為「『知既』即『知成』，指知道上文的『天道既載』；『亢思』即上文的『唯一以猶一，唯復以猶復』。全句是說：知道天道既成，必需藉著『一』和『復』來維持不墜，那麼，『一』和

14 廖名春，〈上博藏楚竹書〈恆先〉新釋〉（同注8）。
15 陳麗桂，〈上博簡（三）：〈恆先〉的義理與結構〉（同注8）。
16 丁四新，〈楚簡〈恆先〉章句釋義〉（同注10）。
17 王志平，〈〈恆先〉管窺〉（同注7）。
18 黃人二、林志鵬，〈上博藏簡第三冊恆先試探〉（簡帛研究網，2004年5月12日）。
19 劉信芳，〈上博藏竹簡〈恆先〉試解〉（同注12）。

『復』這種『大思』就不會殄滅了。」[20] 淺野裕一先生讀此句爲「知既而荒思不殄」，說它意爲「無論怎樣竭盡智慧，被迷妄纏住的欲望也不會斷絕。」[21] 趙建功先生讀此句爲「智既而亡思不天」，說它意爲「人的所謂智慧一旦停止肆意妄用，則其思想沒有不合天道、通於神明的。」[22]

　　李銳先生讀「𩇯」爲「幾」、讀「㐬」爲「亡」、讀「実」爲「天」，並認爲它可能與〈五行〉「幾而知之，天也」、「聖之思也輕，思也者，思天也」相關。[23] 筆者對此比較贊同，曾撰文指出：

　　　　郭店楚簡〈五行〉篇中有「智弗思不得，思不清不察，思不長不形。」「不智，思不能長。」「智之思也長，長則得，得則不亡，不亡則明，明則見賢人，見人則玉色，玉色則形，形則智。」「目而知之謂之進之。喻而知之謂之進之。譬而知之謂之進之。幾而知之。天也。」馬王堆帛書〈五行〉也有相似內容。關於「幾而知之。天也。」馬王堆帛書〈五行〉有更進一步解釋，「鐖而知之，天也。鐖也者，齎數也。唯有天德者，然後鐖而知之。」如果把「𩇯」看作是「幾」的假借字，那麼在「智（知）」、「幾」、「思」、「天」這些關鍵詞上，兩者就有著相當多的一致，這種一致恐非偶然。[24]

---

[20] 季旭昇主編，《〈上海博物館藏戰國楚竹書（三）〉讀本》（同注 11），頁225。

[21] 淺野裕一，〈〈恆先〉的道家特色〉（同注 1）。

[22] 趙建功，〈〈恆先〉易解・上〉（同注 1）。

[23] 李銳，〈〈恆先〉淺釋〉（簡帛研究網，2004 年 4 月 23 日）。

[24] 曹峰，〈〈恆先〉編聯、分章、釋讀札記〉（簡帛研究網，2004 年 5 月 16日）。

但筆者祇是進一步強調了〈五行〉和〈恆先〉之間的相似性，並沒有解釋「幾」和「天」究竟指的是什麼，沒有給出明確答案。而且不論是上述各家，還是筆者解釋，終究祇是一種推測，沒有哪一家具較強的說服力。

在前述拙文〈〈恆先〉的編聯與分章〉中，筆者將這句話和以下部分合起來編為上篇第四章：

> 智餂而巟思不忞■。有出於或，生出於有，音（意）出於生，言出於音（意），名出於（簡5）言，事出於名。或非或，無謂或。有非有，無謂有。生非生，無謂生。音（意）非音（意），無謂音（意）。言非言，無謂言。名非（簡6）名，無謂名■。事非事，無謂事。

筆者以為，「智餂而巟思不忞」當為一個命題，它的意含可能在下文中得到一定的闡發，但下文因過於抽象，同樣極為難解，尚未出現學界公認的圓滿解釋。從行文方式看，下文通過「出於」將「或」、「有」、「生」、「意」、「言」、「名」、「事」各項目按前後關係排列起來，這個「或→有→生→意→言→名→事」的序列可以看作是一個從不確定到確定，從微小到顯明的發展過程。按照這個思路去理解「智餂而巟思不忞」之命題，以下用例也許會給我們一些啟發：

> 種有幾。得水則為㡭，得水土之際，則為蛙蠙之衣，……青寧生程，程生馬，馬生人。人又反入於機。萬物皆出於機，皆入於機。（《莊子·至樂》）

這段話中間的變遷過程太複雜，不具引。它描述了生物界的物類從「幾」即細微的狀態開始起源，經過光怪陸離的變化（用「則為」、「為」、「化而為」、「生」、「生於」、「生乎」表述，與〈恆先〉「出於」類似），最後「人又反入於機。萬物皆出於機，皆入於機」的過程。即人最終要返還到造化之初的狀態中去，萬物都是這樣。從不明確的「幾」的狀態出發，最後又回到「機（幾）」。《列子‧天瑞》也有相同內容，祇是變遷過程更爲繁復。關於「機」，張湛的解釋是「機者，羣有之始，動之所宗，故出無入有，散有反無，靡不由之也。」

當然，〈恆先〉有所不同，〈恆先〉中出現的不是生物界的物類，而是從「或」到「事」的系列，且越來越明確化，沒有回到造化之初去。但〈恆先〉特別強調「復」，可見〈恆先〉作者相當重視「重複」、「反復」、「回歸」這種事物運行的方式。[25] 所以，〈恆先〉很可能存在「萬物皆出於機，皆入於機」的意識，「𦟘」很可能確實讀爲「機」或「幾」。值得注意的是，董珊先生也讀「𦟘」爲「機」，並舉《周易‧繫辭下》爲例：[26]

> 子曰：知幾其神乎？君子上交不諂，下交不瀆，其知幾乎？幾者，動之微，吉之先見者也。君子見幾而作，不俟終日。易曰：介于石，不終日，貞吉。介如石焉，寧用終日？斷可識矣。君子知微知彰，知柔知剛，萬夫之望。

---

[25] 董珊，〈楚簡〈恆先〉初探〉（同注 9）也認爲這段話「當承上文，指『復』而言」，卻又作了個自我否定的補記「這種理解似嫌狹窄」。

[26] 董珊，〈楚簡〈恆先〉初探〉（同注 9）。

我們還可以找出以下這些文例作爲佐證：

> 夫易。聖人之所以極深而研幾也。唯深也，故能通天下之志。唯幾也，故能成天下之務。唯神也，故不疾而速，不行而至。（《周易·繫辭下》）

> 知至至之，可與言幾也。（《周易·乾卦·文言》）[27]

這些用例均有助於我們對「幾」（或「機」）之意義的理解。如果「𣅏」果然可以讀爲「機」或「幾」，那麼它在「或→有一生→意→言→名→事」的系列中，顯然指代的就是「或」。這又有助於我們對「或」的理解，有很多學者讀「或」爲「域」，看來這種可能性比較小，與「機」相照應的「或」，其意義祇能指的是「初始的、不確定的、細微的狀態」，這一解釋與簡1「自厭不自忍，或作。有或焉有氣，有氣焉有有，有有焉有始，有始焉有往者」中「或」的性質也完全一致。因爲「或」正好在「有」（確定的存在）之前，所以它祇能是微弱的、不確定的存在。

那麼，「实」究竟何義呢？先來看以下用例：

> 古之人，其知有所至矣。惡乎至。有以爲未始有物者，至矣，盡矣，不可以加矣。其次以爲有物矣，而未始有封也。其次以爲有封焉，而未始有是非也。（《莊子·齊物論》）

27　今本無「言」字，阮元云：「古本足利本與下有言字」，《集解》本亦有言字。依文意補。

古之人，其知有所至矣。惡乎至。有以為未始有物者。至
矣，盡矣。弗可以加矣。其次以為有物矣。將以生為喪也，
以死為反也。是以分已。其次曰，始無有，既而有生，生俄
而死。以無有為首，以生為體，以死為尻。孰知有無死生之
一守者，吾與之為友。(《莊子‧庚桑楚》)

這兩段話均說到「知有所至」，即「知」的極致。就〈齊物論〉
言，這種極致指的是「知」能追溯到「未始有物」的境界，其次是
「有物」而未封(分)的境界，再其次是有封(分)而無是非的境
界。〈庚桑楚〉雖然也劃分為三個階段，但內容有所不同，雖也以
知「未始有物」為極致，但作者顯然對第三階段「以無有為首，以
生為體，以死為尻」也極推崇。但不管怎樣，在以知「未始有物」
為極致這一點上，兩者是相同的。前引《周易‧乾卦‧文言》「知
至至之，可與言幾也」也說明了「知至」指的正是知悉事物的最初
階段。

　　再來看〈恆先〉「或→有→生→意→言→名→事」之系列，
與「恆先」或「恆」相比，「或」雖然不是邏輯上的最高點，但
在這個系列中，我們可以將「或」歸到「有物」之前的、未封
(分)的階段。將「有」以後的各項歸到出現分界、出現是非的
階段。這樣，能追溯到「或」就算是「知」之「至」了。在〈恆
先〉中，與「至」相應的正是「実」字，把此字讀為「天」，意為
「盡」、「極」，或像董珊先生那樣讀為「極高明」、「極神
明」，都是合適的。[28]

---

[28] 董珊，〈楚簡〈恆先〉初探〉(同注9)。

通過以上論證，我們確認這句話意為「能知道事物的原初階段，則沒有思維不能臻於極致。」它也另一個角度證明了利用〈五行〉來解釋是完全合適的。「鐵而知之，天也。鐵也者，虛數也。唯有天德者，然後鐵而知之。」這裡的「鐵（幾）」正是事物起始徵兆之意，與「機」意相同。[29]「鐵而知之，天也。」「唯有天德者，然後鐵而知之。」與「知機而無思不天」之意有共通之處。

第四節 「祥義利巧綵物」解

〈恆先〉第 7 號簡有如下文字：

恙宜利主，采勿出於作。

董珊先生〈楚簡〈恆先〉詳宜利巧解釋〉[30] 一文，從古文字學的角度，論證了原作「主」的字應當讀為「丂（巧）」，因此「利主」就是「利巧」。筆者認為這個解釋是非常有說服力的，因為不僅文字學上的考證令人信服，而且如董珊先生所指出的那樣，郭店楚簡《老子》甲本簡 1 有「絕巧棄利，盜賊無有」（王弼本第十九章相同），可見，「巧」和「利」是意義相近、可以並用的詞彙。筆者在〈〈恆先〉編聯、分章、釋讀札記〉[31] 一文中，曾從龐樸先生〈〈恆

---

[29] 關於〈五行〉中這段話的解釋，劉信芳，《簡帛五行解詁》（臺北：臺灣藝文印書館，2000），頁 160～161、頁 300～301 匯集了各家之說，結論是「幾（機）」為「事之始發」之意。

[30] 董珊，〈楚簡〈恆先〉詳宜利巧解釋〉（簡帛研究網，2004 年 11 月 9 日）。

[31] 同注 24。

先〉試讀〉，[32] 將該處文句讀爲「詳義利，主緣物、出於作」。但如下文所考證的那樣，「恙宜」就是「祥義」，所以，將這句話三字一讀是不合適的。於是想到「恙宜利主」既然與「采勿出於作」對文，「恙宜利主」的中間也許脫寫一「於」字，原文可能是「恙宜利〔於〕主，采勿出於作」。[33] 看到董珊論文之後，我決定放棄自己的主張。董珊先生把「利主」釋爲「利巧」，使〈恆先〉的這處難關終於突破了。

　　筆者以爲，「祥義」、「利巧」、「緣物」是三個並列的名詞，它們都是人爲之「作」的產物，是〈恆先〉作者所要否定的東西。下面作具體的論證。

　　第一，「祥義」究竟該如何解釋？筆者以爲，廖名春先生將「恙宜」讀爲「祥義」是合理的。[34] 用例除廖名春先生所舉《左傳・成公十六年》「德、刑、詳、義、禮、信，戰之器也。德以施惠，刑以正邪，詳以事神，義以建利，禮以順時，信以守物。」《墨子・迎敵祠》「其人爲不道，不修義詳。」外，還可舉出以下文例：

　　　　有義不義、無祥不祥。（《墨子・公孟》）

　　　　祥於鬼者義於人（《管子・白心》）

　　　　義於人者，祥其神也（《管子・白心》）

---

[32] 龐樸，〈〈恆先〉試讀〉（同注6）。

[33] 曹峰，〈上海博物館藏戰國楚竹簡〈互先〉譯注（二）〉（東京：日本上海博楚簡研究會第12次例會研究報告，2004年9月25日）。

[34] 廖名春，〈上博藏楚竹書〈恆先〉新釋〉（同注8）。

聖〔人〕舉事也，閡（合）於天地，順於民，<u>羊（祥）於鬼神</u>。<u>使民同利，萬夫賴之，所胃（謂）義也</u>。（馬王堆帛書《十六經・前道》）

<u>章怨外利，不義</u>。棄親即狄，不祥。以怨報德，不仁。<u>夫義所以生利也，祥所以事神也，仁所以保民也</u>。<u>不義則利不阜</u>，不祥則福不降，不仁則民不至。古之明王不失此三德者，故能光有天下，而和寧百姓，令聞不忘。（《國語・周語中》）

可見「祥」、「義」在古典文獻中常常對舉，「祥」指與神相關之事，「義」指與人相關之事，都是名詞。相當多的學者從李零讀「恙」爲動詞的「詳」，讀上下文爲「詳宜利主」，意爲「詳察其所宜，而利合於主」，[35] 看來是不合適的。

第二，「利巧」究竟該如何解釋？如前所言，董珊先生已經指出，郭店楚簡《老子》甲本簡 1 有「絕巧棄利，盜賊無有」（王弼本《老子・第十九章》同）。從下文「盜賊無有」來看，這裡的「巧」和「利」當指製造出人間珍品的智巧及人人貪欲之貨利，所以「巧」當釋爲「智巧」或「技巧」。王弼本《老子・第五十七章》中有「天下多忌諱，而民彌貧。民多利器，國家滋昏。<u>人多伎巧</u>，奇物滋起。法令滋彰，盜賊多有。」「伎」呂惠卿本、陳象古本、寇才質本、林希逸本及各種古本作「技」，「伎巧」傅奕本作「智慧」，馬王堆帛書甲本作「知（智）」。如作「伎巧」或「技巧」，文意均與王弼本第十九章相通。作「智慧」或「知（智）」也無衝突之處。如下列用例所示，在具有道家思想傾向的文獻中，

---

35 同注 13，頁 294。

「巧」意爲「智巧」、「智謀」、「僞詐」的情況似更多些，而且多屬被否定的一面。

> 何謂反諸己也。適耳目，節嗜欲，釋智謀，<u>去巧故</u>，而游意乎無窮之次，事心乎自然之塗，若此則無以害其天矣。無以害其天則知精，知精則知神，知神之謂得一。凡彼萬形，得一後成。(《呂氏春秋・論人》)

> 所謂天者，純粹樸素，質直皓白，未始有與雜糅者也。所謂人者，偶㧖智故，<u>曲巧僞詐</u>，所以俛仰於世人而與俗交者〔也〕。(《淮南子・原道》)

> 施及周室（之衰），澆淳散樸，（雜）〔離〕道以僞，儉德以行，<u>而巧故萌生</u>。(《淮南子・俶眞》)[36]

> 逮至衰世，人衆而財寡，事力勞而養不足，於是忿爭生，是以貴仁。仁鄙不齊，比周朋黨，設詐諝，<u>懷機械巧故之心</u>，而性失矣，是以貴義。(《淮南子・本經》)

> <u>聖人不巧</u>，時反是守。(馬王堆帛書《十六經・觀》)[37]

古典文獻中，「巧」確如董珊先生所言，有「巧言」等言說上的「巧詐」、「名辯」之意，郭店楚簡〈性自命出〉中也確有「巧言

---

[36] 王引之認為「之衰」二字恐後人所加，王念孫認為「雜」當為「離」字，均見王念孫，《讀書雜志》（南京：江蘇古籍出版社，2000），頁 778。

[37] 《國語・越語下》有「上帝不考，時反是守。」（「考」即「巧」的借字），《漢書・司馬遷傳》有「<u>聖人不巧</u>，時變是守。」（顏師古注：「無機巧之心，但順時也。」）

利詞」之類說法，但從郭店楚簡《老子》甲本（王弼本第十九章同）「巧」與「利」相對爲文，後面接「盜賊」；《老子・第五十七章》後面接「奇物」來看，在《老子》這兩章中，「巧」和「名辯」無關。其實郭店楚簡《老子》甲本「絕巧棄利，盜賊無有」前面提到了語言上的「辯」，即「絕智棄辯，民利百倍」（王弼本第十九章作「絕聖棄智」），後面提到「絕僞棄慮，民復孝慈。」（王弼本第十九章作「絕仁棄義」）「智辯」、「巧利」、「僞慮」三事各有側重，意義上不可能重複，所以，「智辯」與「巧利」應是兩個話題。〈恆先〉的思想傾向與《老子》、與上引諸例完全一致，對「巧利」持否定態度是很自然的事。而且，如下文所論述的那樣，「巧利」和「祥義」、「綵物」均與人爲之「作」相關。所以，這裡的「利」、「巧」顯然是相對爲文的一個名詞。「利」指「貨利」，「巧」指「智巧」、「技巧」。

第三，「綵物」究竟該如何解釋？廖名春先生指出，「綵物」見於《左傳・文公六年》：「古之王者知命之不長，是以竝建聖哲，樹之風聲，分之采物……」孔穎達疏：「綵物，謂綵章物色，旌旗衣服，尊卑不同，名位高下，各有品制。」馬王堆帛書〈二三子問〉有「夫文之孝（敎），綵物畢存者，亓（其）唯龍乎」等文獻。「綵物」也可作「物綵」，見於《左傳・隱公五年》：「取材以章物綵，謂之物」。所以「綵物」或「物綵」指的是區別等級的旌旗、衣物，即禮儀制度 ，這一觀點得到了學界的普遍贊同，基本上沒有異議。[38] 因此，可以說，「綵」、「物」也是相對爲文，均爲名詞。

這樣看來，「祥義」、「利巧」、「綵物」都是既可單獨成立、又

---

[38] 廖名春，〈上博藏楚竹書〈恆先〉新釋〉（同注 8）。淺野裕一，〈〈恆先〉的道家特色〉（同注 1）認爲「綵物」特指「施以人工色彩的宮殿之屬」。不知依據什麼。

可合二爲一的名詞，雖然各有其義，但從「祥義、利巧、綵物出於作」來看，這三者又是平等的、並列的，也就是說，這三者都出於「人爲」、「人工」之「作」。如前文所述，筆者在〈〈恆先〉的編聯與分章〉一文中指出，根據〈恆先〉的文意和語言表現特色，〈恆先〉可以分爲上下兩篇，上篇到第 7 號簡「事非事，無謂事」爲止，其內容主要談生成論，主要是論述普遍的、抽象的、一般的原理。下篇則是具體的、特殊的、依據上篇的生成論可以直接指導現實政治的原理。從下篇開始，〈恆先〉作者重點談「天下之事」、「天下之名」、「天下之作」、「天下之為」、「天下之生」，即和「人爲」、「人工」相關的問題。所以，下篇一上來就說，「祥義、利巧、綵物，出於作」，是非常合理、自然的。

筆者以爲，和郭店楚簡《老子》甲本批判「智辯」、「巧利」、「僞慮」一樣，〈恆先〉作者對「祥義、利巧、綵物」這些「人爲」、「人工」之物，總體上是抱批判態度的，所以說「作爲有事，不作無事」（簡 7），所以說「作，其蠪尨不自若。作，甬（庸）有果與不果」（簡 11）。祇要有人爲之「作」，「蠪尨」（即「敦厖」、「淳厖」或「純蒙」，純樸之意）[39] 就不可能得到保存。所以〈恆先〉提倡「舉天下之為也，無夜（舍）也，無與也，而能自為也。（簡 11）舉天下之生，同也，其事無不復。天下之作也，無許（忤）極，無非其所。舉天下之作也，無不得其極而果述（遂）。（簡 12）」最高的政治是「無為而治」，即不作任何人爲的干預，不走極端，讓萬物各得其所。讓「天下」之「為」都能「自為」，讓「天下之作」都能「無不得其極而果述（遂）」。

---

[39] 關於「蠪尨」的釋義，參見拙文〈談〈恆先〉的編聯與分章〉（同注 2）。

第九章

〈三德〉的編聯與分章

　　《上海博物館藏戰國楚竹書（五）》[1] 中有一篇由整理者命名爲〈三德〉的文獻。該文獻有許多地方和馬王堆帛書《老子》乙本卷前古佚書相像，[2] 也有許多地方可以和《大戴禮記》、《禮記》相對照，[3] 所以呈現出非常複雜的思想面貌，已經引起了許多學者的注意和重視。同任何一部出土文獻一樣，對〈三德〉進行文本整理是第一步的工作，雖然李零先生對〈三德〉作了非常出色的梳理，但在文字釋讀和竹簡編聯上，仍然留下了許多可探討之處。李零先生祇對〈三德〉局部作了編聯，留下了一些未嘗編排的材料，也未作分章分節。關於編聯問題，李零先生曾作如下說明：

> 這組簡文，大部分可以拼聯，如第一簡至第九簡可拼，第十簡至第十六簡可拼。第十七簡和第十八簡也有可能連在一

---

1 馬承源主編，《上海博物館藏戰國楚竹書（五）》（上海：上海古籍出版社，2005）。
2 本書第十三章作了詳盡的考察。
3 參見本書第十章〈〈三德〉釋讀十八則〉。

起。但第十九簡以下五簡，簡文殘缺，不能斷定其位置。[4]

　　陳劍先生〈談談《上博五》的竹簡分篇、拼合與編聯問題〉[5]
一文（以下簡稱「陳劍一」）對李零先生的編聯作過進一步的闡
發：

> 逐一覆核檢查竹簡間的連讀關係，可以發現前 9 簡實際上可
> 以分為以下 5 組：簡 1，簡 2～3，簡 4～5，簡 6～7，簡 8～
> 9；10～16 簡可分為以下三組：簡 10～12，簡 13～14，簡
> 15～16。各組簡內部當連讀是沒有問題的，但各組間的連讀
> 關係並不能肯定。

　　在肯定李零先生這五組編聯的基礎上，「陳劍一」對〈三德〉
部分竹簡作了新的排列，這些排列分別是，簡 1→簡 4→簡 5；簡
13→簡 14→簡 19；簡 17→簡 15→簡 16；簡 21→簡 18；簡 22→簡
6→簡 7。後來，陳劍先生〈三德竹簡編聯的一處補正〉[6]一文（以
下簡稱「陳劍二」）認為簡 6 和簡 7 相聯並不合理，又提出簡 6→簡
17 的新編聯。如下文所分析的那樣，這些排列中有幾處是非常有說
服力的。但他未對〈三德〉所有簡文作出編聯，也未作出大的分
章。拙文〈《三德》與《黃帝四經》對比研究札記（二）——兼論
〈三德〉的竹簡編聯〉[7]在吸收李零先生和陳劍先生合理部分的基

---

[4] 馬承源主編，《上海博物館藏戰國楚竹書（五）》（同注 1），頁 287。
[5] 陳劍，〈談談《上博五》的竹簡分篇、拼合與編聯問題〉（簡帛網
www.bsm.org.cn〔目前由武漢大學簡帛研究中心管理，以下略〕，2006 年 2
月 19 日）。
[6] 陳劍，〈三德竹簡編聯的一處補正〉（簡帛網，2006 年 4 月 1 日）
[7] 曹峰，〈《三德》與《黃帝四經》對比研究札記（二）——兼論〈三德〉的竹
簡編聯〉（簡帛網，2006 年 4 月 3 日）。

礎上，嘗試對〈三德〉所有簡文作出編聯，並將〈三德〉分爲兩大部分、六個章節。但那仍然是依據竹簡自然殘損狀態作出的權宜之計，不能說明有些章節彼此間內在的相互關係，有的章節劃分還不夠合理。吸收釋字、補字、句讀方面各家成果，綜合筆者對〈三德〉文意所作系列研究，[8] 筆者以〈再談〈三德〉的編聯與分章〉[9]爲題對〈三德〉重作了釋文、編聯與分章，新的編聯依然分爲上下兩篇六節，尤其對下篇各節作了大的調整，重在依據文意闡明章節之間的相互關係。王蘭先生〈上博五〈三德〉編聯〉一文（以下簡稱「王蘭」）也對〈三德〉作了分章和新的編聯，其排列如下所示：

> 第一部分：2→3→1→10→11→12 上→香港簡→8 下→9→4→
> 5；
> 第二部分：13→14→19→12 下→20→22→6→7→8 上→21→18
> →17→15→16。[10]

「王蘭」的新編聯對上述各家的意見，批判多於繼承，改動比較劇烈，其意見是否合理，將在下文作出詳細論述。本文以〈再談〈三德〉的編聯與分章〉爲基礎，在排列筆者之分章和編聯的同時，對各家方案的優劣作出分析。文本整理是一項長期而艱鉅的工作，但卻是思想內容分析之前不得不做的首要工作。筆者的排列也一定存在很多問題，敬請方家指正。不能釋讀的字，照搬原釋文。假借關係不確定的字，用「？」表示，其餘一律採用通行字體。由兩支斷簡拼爲一支簡時，拼接處用「／」表示。

8　參見本書第十、十一、十二、十三章。

9　曹峰，〈再談〈三德〉的編聯與分章〉（簡帛網，2006 年 4 月 13 日）。

10　王蘭，〈上博五〈三德〉編聯〉（簡帛網，2006 年 4 月 15 日）。

上篇

第一節

　　天供時■，地供材■，民供力■，明王無思■，是謂三德。卉
木須時而後奮■。天惡如忻■，[11] 平旦毋哭，晦[12] 毋歌／■，
弦、望齋宿，是謂順天之常■。【1】敬者得之■，怠者失之
■，是謂天常。天神之／□，□□□□，皇天將興之■。毋
為偽詐，上帝將憎之■。忌而不忌，天乃降災■。已而不已，
【2】天乃降異■。其身不沒，至於孫子。陽而幽■，是／謂
大感■。幽而陽，是謂不祥■。齊齊節節，外內有辨，男女有
節，是謂天禮■。敬之敬之，天命孔明■。【3】如反之，必遇
凶殃■。毋詬政卿於神次[13]■，毋享逸安，[14] 求利。殘其
親■，是謂罪■。君無主臣，是謂危■。邦家其壞■。憂懼之
閒，疏達之次■，[15] 毋謂之【4】不敢■，毋謂之不然。故

---

[11] 范常喜，〈《上博五・三德》札記六則〉（簡帛網，2006 年 5 月 18 日）認為
這句話有可能讀為「天惡毋喜」，從上下文意看，可能性很大。

[12] 原釋文作「明」，讀為「晦」是採用了晏昌貴，〈《三德》四札〉（簡帛網，
2006 年 3 月 7 日）的觀點。

[13] 李零先生假借為「祇」的字，陳偉，〈上博五〈三德〉初讀〉（簡帛網，2006
年 2 月 19 日）讀作「次」。陳偉，〈楚簡文字釋小——「弔」與「社稷」〉，
《新出楚簡國際學術研討會論文集》（武漢大學，2006 年 6 月 26 日～28
日）有詳細論述。此從陳偉。

[14] 在「逸安」下斷句，採用了何有祖，〈上博五〈三德〉試讀〉（簡帛網，2006
年 2 月 19 日）的觀點，但不贊成他將「安」讀為「焉」。

[15] 讀為「疏達之次」，採用了陳偉，〈上博五〈三德〉初讀〉（同注 13）、〈楚簡
文字釋小——「弔」與「社稷」〉（同注 13）的觀點。

常不利■，邦失幹常，小／邦則劓，大邦過傷■。變常易禮，
土地乃坼，民乃天[16] 死■。善哉善哉三善哉，唯福之基■，
過而改【5】〔之？〕。[17]

　　簡 1 由兩支斷簡拼合而成，拼合處正好拼成一個「歌」字，天
衣無縫。簡 2 由兩支斷簡拼成，中間缺五個字，李零先生認爲可補
爲「□，勿爲□□」，這並無確鑿的證據，暫不從。兩支斷簡雖無
可以相聯的絕對證據，但觀察上下文意和用韻情況，兩者相連的確
比較合適，各家亦無異議。簡 3 由兩支斷簡綴合而成，綴合處正好
拼成一個「是」字，與下面的「謂」字構成「是謂」定型詞，此綴
合毫無問題。簡 5 由兩支斷簡綴合而成，綴合處上下文正好構成
「小邦」二字，此綴合毫無問題。

　　「陳劍一」認爲簡 1 當與簡 4 相聯，指出簡 4 的「如反之」即
「反天之常」、「反天常」之意，與簡 1 的「順天之常」正相對。
「常」、「殃」均爲陽部，押韻沒有問題。「王蘭」接受侯乃鋒先生
的意見，將簡 2 放在篇首。[18] 筆者認爲，李零先生從簡 1 到簡 5 的
排列是可以接受的。首先簡 2→簡 3，簡 4→簡 5 這兩組搭配可以連
接起來，簡 3「天命孔明」和簡 4「必遇凶殃」都押陽韻。簡 4 的
「如反之」並不一定非要和與簡 1 的「順天之常」相對，「如反
之」可以針對簡 1 至簡 3 所述所有內容而言。如按「陳劍一」排
列，那簡 2→簡 3 將沒有去處。因爲簡 5 並未結束，所以簡 2→簡 3

---

[16] 原釋文作「鼉」，讀作「天」是採用了李天虹，〈上博（五）零識三則〉（簡
　　帛網，2006 年 2 月 26 日）的觀點。
[17] 「過而改」後面很可能接「之」，詳細考證參見本書第十章〈〈三德〉釋讀十
　　八則〉。
[18] 侯乃鋒，〈讀上博（五）〈三德〉札記四則〉（簡帛網，2006 年 2 月 27 日）。

無法直接接到簡 5 後面去,而放〈三德〉其他地方更不合適。侯乃鋒、「王蘭」不將簡 1 放在篇首,是認為簡 1「是謂順天之常」應當依附於簡 2 的「是謂天常」繞對。但簡 2 的「敬者得之,怠者失之」顯然是有所指的,「之」指代簡 1 的內容,所以將簡 2 放在篇首,顯得十分唐突,並不可取。在〈三德〉中,有關「天」、「地」、「民(人)」的論述是一條主線,以「天供時,地供材,民供力」開篇,最後以「順天之時,起地之〔材,□民之□〕」結尾,正好上下呼應,因此簡 1 的位置不動為好。

按照筆者的編聯和分節,第一節以「天」、「地」、「民」三德開篇,「過而改〔之?〕」收尾,構成一個內容完整的章節。雖有一些與巫術禁忌相關的內容,但話題大部分集中於「內外」、「男女」、「君臣」等可以視為「幹常」、「常」、「禮」的綱常大事,及其與國家興亡之間的關係。語言特徵:多「是謂」句型,多「原因」→「結果」的論述方式。[19]「王蘭」將簡 4、簡 5 接到簡 9 的後面,這樣就把「是謂」句分割開來,在「原因」→「結果」論述方式為特徵的段落中,突然加入以「毋……毋……」為語言特徵的句子,顯然不太合理。

　　第二節

　　……之是未可以送■,君子不慎其德。四荒之內,是帝之關[20]■。臨民以仁■,民莫弗【22】親■。興興民事■,行往視來

---

[19] 本書第十三章對「原因」→「結果」的論述方式有詳細闡述。

[20] 讀為「關」,採用了范常喜,〈《上博五‧三德》札記三則〉及禤健聰,〈上博楚簡(五)零札(一)〉(均為簡帛網,2006 年 2 月 24 日)的觀點。也可能如何有祖,〈上博五〈三德〉初讀〉(同注 14)所言讀為「閣」。

■。民之所喜■，上帝是祐■。凡度²¹官於人，是謂邦固■。度人於官，是謂邦呂（或「瘠」）²²■。建五官弗措，是謂反逆■。土地乃坼■，民人乃【6】喪■。喜樂無期度，²³是謂大荒■，皇天弗諒，必復之以憂喪■。凡食飲無量計■，是謂饕皇，上帝弗諒■，必／復之以荒■，上帝弗諒■，以祀不享■。【7】邦四益，是謂方華²⁴，雖盈必虛■。宮室過度■，皇天之所惡■，雖成弗居■。衣服過制，失於美，是謂違章■，上帝弗／諒■。鬼神禋祀■，上帝乃訽（怡？），邦家〔不？〕【8】荅（路？露？）■。【17】

　　簡 22 是一支上端殘缺、下端完整的簡，在李零先生的編聯中，此簡無歸屬。「陳劍一」將簡 22 和簡 6 相聯，是完全正確的。從押韻上看，「仁」與「親」均歸真部。從文意上看，文獻中不乏「仁」、「親」連用的例子。²⁵簡 7 由兩段綴合而成，從上文有「必復之」、上下文均有「上帝弗諒」，且文意貫通無礙看，此綴合無問題。簡 8 亦由兩段綴合而成，綴合處正好構成〈三德〉常見的「上帝弗諒」，而且前後文都和「上帝」相關，所以這一綴合是可信的。

---

²¹ 李零先生假借為「托」的字，陳偉，〈上博五〈三德〉初讀〉（同注 13）讀為「度」，此從陳偉。

²² 李零先生假借為「竄」的字，陳偉，〈上博五〈三德〉初讀〉（同注 13）讀為「呂」（或「瘠」），陳劍，〈《上博（五）》零札兩則〉（簡帛網，2006年 2 月 21 日）讀為「露」或「路」，此從陳偉。

²³ 李零先生假借為「限度」的詞，孟蓬生，〈〈三德〉零詁二則〉（簡帛網，2006 年 2 月 28 日）讀為「期度」，意為「終極」或「窮盡」。何有祖，〈上博五〈三德〉試讀（二）〉（簡帛網，2006 年 2 月 21 日）及「王蘭」讀為「謹度」，這兩種讀法均有說服力，現暫從孟蓬生。

²⁴ 李零先生隸為「芉」的字，何有祖，〈上博五字釋二則〉（簡帛網，2006 年 3 月 3 日）讀為「華」，此從何有祖。筆者亦有論證，參見本書第十章。

²⁵ 拙文〈〈三德〉釋讀十八則〉作過詳細論證，參見本書第十章。

「陳劍二」認爲簡6不能和簡7相聯，理由如下：

> 6、7兩簡相連處的「土地乃坏，民人乃喪」句，從押韻的角度看很成問題。「坏」是鐸部字，「喪」是陽部字，鐸陽通押或說合韻在先秦韻文中極爲罕見。上文「固、露（或路）」押韻（魚部），「措、逆」押韻（鐸部），後文「荒、諒、喪、皇、諒、康、諒、言」押韻（陽部），這些韻腳字所在韻段的文意也正分別自成一組，各韻段分別以同部字自相押韻，是很嚴整的。如果認爲「土地乃坏」的「坏」字跟上文的「措、逆」押韻，而「民人乃喪」的「喪」字係與下文的「荒、諒……」等字押韻，但其後的「喜樂無菫（限）度，是謂大荒……」等說的是另外的意思，從韻腳字所屬意群的角度來看就又不和諧了。

「陳劍二」進而認爲簡6當與簡17相聯讀作「民人乃莈」，並指出「『莈』當讀爲『落』。『措、逆、坏、落』（鐸部）跟『敔、弬（矩？）』（魚部）分別以同部字自相押韻，從韻腳和簡文意群來看就變得很和諧自然了。」

　　這的確是值得重視的意見，但如果依據文意編聯，「是謂」句型顯然集中於 1→2→3→4→5，22→6→7→8 這兩組爲好，可以保障文意的暢通，而且，如果簡6與簡17相聯，簡7將何去何從，「陳劍二」並未指明，所以簡6與簡17相聯未必是合適的。筆者進而認爲，簡8和簡17，即上篇第二節和第三節可以相聯，讀爲「邦家〔不？〕莈（路？露？）」。簡17最後部分已看不清楚，是李零先生據舊稿錄出，如果四字爲句，加入「不」字是可能的。

「蓉」、「路」、「露」，都在鐸部，可以通假。《管子·四時》有「不知四時，乃失國之基。不知五穀之故，國家乃路。」《荀子·富國》有「其田疇穢，都邑露。」《戰國策·齊策五》有「百姓罷而城郭露」。「路」、「露」均破敗之意。從「建五官弗措，是謂反逆」開始，列舉的都是讓「皇天弗諒」、「皇天所惡」、「上帝弗諒」，必然受到天罰的事情，但如果能「鬼神禮祀」的話，上帝就會高興，邦家還不至於敗落。《黃帝四經》的《經法》篇中，也可以看到這類句式，如「凡觀國，有六逆：其子父、其臣主，雖強大不王。其謀臣在外位者，其國不安，其主不悟則社稷殘。其主失位則國无本，臣不失處則下有根，〔國〕憂而存。……」就是說，即使遭遇導致衰亡的壞現象（如「其主失位」等），但如果還留有一些好現象（如「臣不失處」），就不至於陷入絕境，可以「國憂而存」。

不過，〈三德〉作為韻文，如果出現失韻，總是於心不安。為此，筆者設計了另一套方案，在文末作補充說明。

如前所述，「王蘭」編聯的不合理處在於將「是謂」句分散開來，在描述各種政治現象的文句中，突然加入了為人處世警誡之語，故難令人信服。「王蘭」還將簡 8 拆開來，使簡 8 上半端和簡 21 相聯，形成「上帝弗京（諒），竿之長。枸株覆車，善游者」。「上帝弗諒」雖然順通，但簡 8 上半端說的是政治現象，簡 21 如下文所分析的那樣，是格言警句，要將兩者串聯在一起，似乎不能成立。

依據筆者編聯，第二節以簡 5 為首，不能斷定簡 5 是否可以直接聯接簡 22。但從上下文氣看，將第二節這一組簡文接到第一節下是妥當的。此節圍繞君德（如君民關係、官職制度、自身欲望、疆土擴張、衣服宮室、鬼神祭祀等問題時的態度）以及和國家興亡的

關係展開話題，到「邦家〔不？〕箁（路？露？）」結束，是一個內容基本完整的章節。語言特徵和第一節一樣，多「是謂」句型，多「原因」→「結果」的論述方式。

第三節

敬天之玻（圉？）[26]，興地之岠■，恆道必坕[27]。天哉，／人哉，凭何親哉■，沒其身哉■。知天足以順時■，知地足以固材■，知人足以會親■。不修其成■，而【17】聽其縈，百事不遂，慮[28]事不成■。仰天事君，嚴恪必信■。俯視〔地／理〕，務農■敬戒■。毋不能而為之■，毋能而易之■。驟奪民時■，天飢必來■。【15】奪民時以土攻，是謂稽■，不絕憂恤■，必喪其似（秕）■。奪民時以水事，是謂洍[29]■，喪怠（以）係（繼）樂■，四方來冀■。奪民時以兵事■，是

---

[26] 這個字與「天」相聯，結合簡 10 的「毋〔改〕敤」來看，一定有着不可更改、不可侵犯的意思，所以很可能如「陳劍二」所言，是「圉」、「圄」、「御」、「禦」等字的假借，訓為「禁」。

[27] 侯乃鋒，〈上博（五）幾個固定詞語和句式補說〉，《新出楚簡國際學術研討會論文集》（武漢大學，2006 年 6 月 26 日～28 日）認為「坕」字與「涅」右半相同，可讀為「盈」。侯乃鋒，〈讀簡帛散札〉（簡帛網，2006 年 11 月 26 日）又讀「坕」爲「平」，「簡文即是説作爲常道必定是平易舒緩、容易做到的。」

[28] 李零先生假借為「且」的字，陳偉，〈上博五〈三德〉初讀〉（同注 13）讀為「慮」，此從陳偉。

[29] 魏宜輝，〈試析古文字中的「激」字〉（簡帛網，2006 年 3 月 29 日）；陳斯鵬〈讀《上博竹書（五）》小記〉（簡帛網，2006 年 4 月 1 日）認為，從用韻看，與《呂氏春秋·上農》「篇」字相當的「洍」不當讀為「順」，魏宜輝先生讀「激」，意為「阻礙」，陳斯鵬先生讀為「潮」，通「淖」，意為「沉溺於污泥之中」。

【16】〔謂屬。禍因胥歲，不舉鉦艾。〕……〔不？〕懈於時，上帝喜之，乃無凶災。……【香港簡】……保，乃無凶災■。【9】

簡 17 由兩段綴合而成，綴合處正好構成「天哉，人哉」，這一綴合決無問題。將簡 17 和簡 15 相聯，是採用了「陳劍一」的觀點。相聯後，前後文意貫通，「成」、「縈」押韻（耕部），是可信的編聯。簡 17 也由兩段綴合而成，筆者依據文獻，考證出綴合處爲「地理」二字，[30] 與前後文意相合，因此這一綴合決無問題。「奪民時以土攻，是謂稽，不絕憂愲，必喪其似（秕）。奪民時以水事，是謂洫，喪怠（以）係（繼）樂，四方來冪。奪民時以兵事，是……」這幾句話，范常喜先生已指出，和《呂氏春秋・上農》「奪之以土功，是謂稽，不絕憂唯，必喪其秕。奪之以水事，是謂籥，喪以繼樂，四鄰來虐。奪之以兵事，是謂屬，禍因胥歲，不舉鉦艾。數奪民時，大饑乃來」相近。[31] 故筆者在簡 16 後面補上了「謂屬。禍因胥歲，不舉鉦艾」數字，在今後出版的上博簡殘簡中可能會找到與之相關內容。

香港簡是一支殘簡，李零先生認爲「懈於時」上疑是「不」字。筆者將香港簡接在簡 16 後面，是因爲「〔不？〕懈於時」和「時」相關，與簡 17、簡 15、簡 16 內容正相呼應，雖然沒有絕對的把握，但從〈三德〉全文看，放在這裡最爲合適。將簡 9 接於香港簡後，是因爲有「乃無凶災」這一相同的表達方法。

---

30 參見本書第十章〈〈三德〉釋讀十八則〉。武漢大學簡帛研究中心劉國勝先生告訴筆者，經仔細觀察，「地」下那個字很可能爲「利」。

31 范常喜，〈〈上博五・三德〉札記六則〉（同注 20）。

　　「王蘭」將簡 17→簡 15→簡 16 的組合放在〈三德〉全文最後，並將簡 18 和簡 17 聯接起來，將香港簡和簡 12 上半部聯接起來，如下文所述，這些編聯都是不合理的。

　　第三節通過「邦家〔不？〕荅（路？露？）」和第二節聯接起來。從「敬天之敀（圖？）」開始，最後通過兩個「乃無凶災」作結，最後部分雖然殘缺，但基本上構成了一個完整章節。雖然第三節內容有些亂，但重點話題應該是「時」，突出以農爲本的思想，整體上是人事以天道爲本，順天道以推人事的思路。依然有「是謂」句型，依然是「原因」→「結果」的論述方式。

下篇

第一節

　　高陽曰：「毋凶服以享祀■，毋錦衣絞袒■係子，是謂忘神……」【9】皇后曰：「立。毋爲角言■，毋爲人倡■。毋作大事■，毋劌（害）[32] 常■。毋壅川■，毋斷洿■。毋滅宗■，毋虛牀■。[33] 毋〔改〕[34] 敀（圖？）■，毋變事■。毋煩姑嫂，[35] 毋【10】恥父兄■。毋羞貧■，[36] 毋笑刑■。毋揣深

---

[32] 該字隸作「劌」、讀爲「害」，採用了季旭昇，〈上博五芻議（下）〉（簡帛網，2006 年 2 月 18 日）的觀點。

[33] 「毋滅宗，毋虛牀」，劉國勝，〈上博（五）零札（五則）〉，《新出楚簡國際學術研討會論文集》（武漢大學，2006 年 6 月 26 日～28 日）讀爲「毋滅崇，毋虛壯」，認爲其意與「將興勿殺，將齊勿割」相近。

[34] 這個殘缺字，陳劍先生認爲有可能是「改」，參見「陳劍二」。

[35] 原釋文作「毋梵古謢」，讀爲「毋煩姑嫂」是採用了劉國勝，〈上博（五）零

■，毋度山■。毋逸其身，而多其言■。居毋惰■，作毋荒■。善勿減■，不祥勿為■。入墟毋樂■，登【11】丘毋歌■，所以為天禮■。」【12】

通過「乃無凶災。高陽曰」，下篇第一節和上篇第三節自然聯接了起來，但語言風格和思想內容有變，據此，筆者將〈三德〉分為上下兩篇。上篇重在論述具體的政治問題，多「是謂」句型和因果關係思路。下篇少見「是謂」句型，重在普遍、一般問題之論述，風格抽象、凝重、哲理性強，類似格言。

下篇第一節為高陽、皇后兩人的發言，多為人處事方面警誡之語，內容相對獨立完整。語言特徵：常用兩個「毋……」（或「勿……」）構成對子，說明同一件事情。

李零先生對簡 9 的句讀是「高陽曰：『毋凶服以享祀，毋錦衣交袒。』係子是謂忘神……」筆者認為不妥，重新句讀，並作出解釋。[37] 簡 10 開頭部分，李零先生讀為「皇后曰立」，筆者認為不妥，重新句讀，並作出解釋。同時對簡 10、簡 11 的許多簡文作了考釋。[38] 筆者還考證出「皇后」就是「黃帝」。[39] 根據語言特徵，筆者將「皇后曰」的內容設定到「所以為天禮」為止，但也不排除「皇后曰」繼續向下延伸到下篇第二節的可能性。

札（五則）〉（同注 33）的觀點。

[36] 何有祖，〈上博五釋字二則〉，《新出楚簡國際學術研討會論文集》（武漢大學，2006 年 6 月 26 日～28 日）讀「毋羞貧」為「毋憂貧」，意為「毋以財貨不足為憂」，就是說「憂」的對象是自己，但「毋笑刑」的對象顯然是別人，兩者不統一。故還是以「毋羞貧」為優。

[37] 參見本書第十一章。

[38] 參見本書第十章。

[39] 參見本書第十二章。

　　「王蘭」將簡 10→簡 11→簡 12 上半端作爲一組和簡 2→簡 3
→簡 1 聯接起來，一個重要的原因是簡 3 有「天禮」，而簡 12 也有
「天禮」。但這兩個「天禮」顯然是不同的，簡 3 說「外內有辨，
男女有節，是謂天禮」，這裡的「天禮」出自「是謂」句型，「天
禮」也可以和「天常」相對應，「禮」的意義和「常」相似，表明
重要的規則、規範。簡 12 出現「天禮」，是因爲「高陽曰」、「皇后
曰」的話中，的確有很多可以和《禮記》、《大戴禮記》相對應處，
因此，那些「毋……毋……」形式的話，在當時就是爲人處世的
「禮」，因爲神聖，因爲重要，稱其爲「天禮」也不難理解。但在
性質上和簡 3「齊齊節節，外內有辨，男女有節，是謂天禮」並無
直接關係。

　　第二節

　　　監（臨？）川之都■，罣（凭？）岸[40] 之邑■，百乘之家■，
　　　十室之偖（造）■，[41] 宮室汙池■，各慎其度■，毋失其道
　　　■。出（？）／欲殺人，不飲■、不食■。秉之不固■，【12】
　　　弛（？）之不懟■。[42] 至刑以哀■，憎去以悔■。民之所欲
　　　■，鬼神是祐■。慎守虛訮……〔以？〕[43]【20】應爲首■。

---

[40] 李零先生讀爲「岸」的字，也可能讀「淵」或「澗」，參照何有祖，〈上博五
　　〈三德〉試讀（二）〉（同注 23）。

[41] 「十室之」下面的字隸定爲「偖」，採用了何有祖〈上博五〈三德〉試讀
　　（二）〉（同注 23）的觀點。讀爲「造」，參見本書第十章〈〈三德〉釋讀十
　　八則〉的考釋。

[42] 「懟」字的釋讀，是一大問題，如讀爲「感」，則與「秉之不固」的「固」
　　字不押韻。參見「陳劍一」。

[43] 簡 12 的末尾很有可能是「以」字，參見本書第十章〈〈三德〉釋讀十八則〉

身且有病■，惡菜與食■。邦且亡■，惡聖人之謀■。室且棄
■，不墮祭祀■，唯薦是服■。凡若是者，不有大禍，／必有
大恥■。天之所敗，多其賕[44]■，而【13】寡其憂■。興而起
之■，使蹎而勿救■。[45]方縈勿伐■，將興勿殺■，將齊勿刲
■，是逢凶朔（朔）■，天災繩繩，弗滅不隕■。為／善福乃
來■，為不善禍乃或之。卑【14】牆勿增■，[46]廢人勿興■。
皇天之所棄■，而后帝之所憎■。晦[47]曰冥冥，上天有下政
■，晝□……【19】……諒■，竿之長。枸株覆車，善游者
【21】死於梁下■，豺貔食虎■。【18】

簡 12 由兩段綴合而成，雖然上半端末字是否可以隸定爲
「出」，「出欲殺人」是否成立，目前還難斷定，但筆者以爲這一綴
合是可以接受的。在此首先要討論簡 12 和簡 20 相聯的可能性，簡
12 和簡 20 相聯是「陳劍一」提出的，因爲都有「之不」的句型，
「出（？）欲殺人，不飲、不食」和「至刑以哀」在意義上也相
關。筆者根據這一編聯，對從「出（？）欲殺人」到「贈去以悔」
的文意作過闡述，發現能夠得到比較圓滿的解釋。[48] 既然簡 12 和
簡 20 相聯能夠成立，那麼從文章結構上看，第二節與第一節相

的考釋。
[44] 將該字隸定為「賕」（賕），採用了季旭昇，〈上博五芻議（下）〉（同注 32）
的觀點。
[45] 「蹎」原釋文作「道？」，又說也有可能是從辵從真的字。筆者以為作
「蹎」，參照本書第十二章。
[46] 「牆」字的釋讀，採用了季旭昇，〈上博五芻議（下）〉（同注 32）的觀點。
[47] 原釋文作「毋」，讀為「晦」，採用了劉信芳，〈上博藏五試解七則〉（簡帛
網，2006 年 3 月 1 日）的觀點。
[48] 參見本書第十章〈〈三德〉釋讀十八則〉。

比，不同之處在於少兩兩相對的句子，多用長句表達同一個主題，「臨川之都，凴岸之邑，百乘之家，十室之造，宮室汙池，各慎其度，毋失其道」和「出（？）欲殺人，不飲、不食。秉之不固，弛（？）之不慼。至刑以哀，贈去以悔」就是這一類長句子，因此，雖然細節上還有考證的餘地，但簡 12 的綴合基本上可以得到認可。

　　簡 13 由兩段綴合而成，正好構成「不有大……必有大……」的句型，此綴合當無問題。

　　簡 14 由兩段綴合而成，正好構成「為善……為不善……」的句型，此綴合當無問題。

　　將簡 20 和簡 13 聯繫起來，是筆者的觀點，這裡並無確鑿的證據，祇是想把那些並非兩兩相對，不帶有「毋……」之特徵，又屬於格言、警句類的長句子放在一起。當然這個標準並不絕對，像「卑牆勿增，廢人勿興」之類的句子依然摻雜其中，但要將連同「卑牆勿增，廢人勿興」在一起的那支簡歸入多見「毋……」句型之下編第一節，也顯然難以做到，故放入第二節。

　　將簡 14 最後一字讀為「卑」，將簡 14 和簡 19 相聯，是「陳劍一」的觀點，從文意上看，這是非常有說服力的編聯。

　　將簡 19 和簡 21 聯繫起來，是筆者的觀點，這裡並無確鑿的證據，依然遵循將格言、警句類長句放在一起的原則。如下所示，簡 21 和簡 18 必然相聯，這樣，簡 18 很自然地成為〈三德〉的末尾部分。

　　簡 21 和簡 18 相聯，是「陳劍一」的觀點，「陳劍一」認為「枸株覆車，善游者死於木杚（梁）下，豻貀食虎」三句，意在說明「禍敗常出於細小之事物、易被輕忽之事物。」從文意上看，這是非常有說服力的編聯和解釋。

「王蘭」將簡 12 上端末字讀爲「未」，和香港簡相聯。將「毋
失其道」下讀，構成如下句子：

> 監川之都，鄳澗之邑，百乘之家，十室之偌，宮室汙池，各
> 慎其度。毋失其道，未（？）【12 上】懈於時，上帝喜之，
> 乃無凶災。……【香港簡】

此編聯恐不妥，「未」的隸定暫且不論，編聯後內容如何解釋暫且
不論，僅從語氣上看就是不通的。「毋失」是禁止的口吻，「未懈」
則是主動的口吻、或客觀的描述，怎麼可能併列在一起呢？「王
蘭」再將簡 12 的下半端及簡 20 放到簡 19 後，也顯得十分牽強，
既無前後文脈上的關聯，也無句型上的一致。

「王蘭」同意簡 21 和簡 18 相聯，但讀爲「竿之長，枸株覆
車。善游者，死於梁下。豺狼食虎，天無不從。」這樣的確構成了
非常嚴整的句子，但如「陳劍一」所言，「『長』、『諒』押韻（陽
部）屬上一組。『車』、『下』、『虎』押韻，從文意看也正自成一
組。」而且，在筆者看來，「天無不從」當與下文四個「天從之」
相關，斷開不妥。「王蘭」將簡 8 上端和簡 21 相聯，構成如下的句
子：

> 邦四益，是謂方盃，雖盈必虛。宮室過度，皇天之所惡，雖
> 成弗居。衣服過制，失於美，是謂違章，上帝弗【8 上】
> 諒。竿之長，枸株覆車。善游者，【21】死於梁下。豺狼食
> 虎，天無不從。【18】

但這裡有兩個問題，一，簡 21 是殘簡，無法保障「諒」字一定處於簡首。二，簡 8 上端的文意是針對君主的，是非常具體的政治規則。而簡 21、簡 18 的內容則十分抽象，完全是格言，很難將兩者放到一起。

依照筆者的編聯，下編第二節始於「監（臨？）川之都」，終於「豺狼食虎」。第二節內部，簡 20 和簡 13，簡 19 和簡 21 能否相聯，還缺乏證據。但內容看上去像是格言集錦，所以即便竹簡有所倒錯也不影響文意。這一節在語言表述上不太有規律可順，四字句和其他句子摻雜，有時用很長的句子表達同一個主題，少兩兩相對的句子，顯得不夠整潔。話題之間並不一定有密切關係。押韻現象有時祇發生在同一話題內部。不過，這些格言總體思想接近，均為為人處事的方法與手段，似乎是上一節高陽、皇后警誡之言的進一步延伸。

第三節

> 天無不從■，好昌天從之■，好賌[49]（旺？）天從之■，好犮
> （祓）[50] 天從之■，好長天從之■。順天之時，起地之
> 〔材，□民之□。〕[51]【18】

---

[49] 「賌」字的隸定，從季旭昇，〈上博五芻議（下）〉（同注 32）。

[50] 「犮」字的隸定，從「陳劍一」。讀為「祓」，從侯乃鋒，〈讀上博（五）〈三德〉札記四則〉（同注 18）。

[51] 「順天之時，起地之」後面有可能補「材，□民之□」，參見本書第十章〈〈三德〉釋讀十八則〉。

　　筆者將下編第三節視爲〈三德〉最後的總結式語言，這一節再一次回歸到以「天」爲最高準則的思路，末尾的「天」、「地」、「民」與上篇第一節產生呼應。「王蘭」將簡 17→簡 15→簡 16 的組合接在簡 18 後，放在全文末尾，可能是受到《呂氏春秋‧上農》的影響，因爲在〈上農〉中，相似的段落也處於文末的位置，〈三德〉和〈上農〉雖有相似語句，但主題和風格不同，不具可比性。簡 17→簡 15→簡 16 的組合具「是謂」句特徵，內容也比較現實，還是放在上編第三節爲好。

〈三德〉上篇編聯第二方案

　　如前所述，上述方案中，簡 6 和簡 7 的編聯雖然從文意上講比較妥貼，但有失韻現象，爲此筆者設計了另一套方案，在此作補充說明。

　　上篇第一節，不作修改。

　　上篇第二節，修改如下：

> 邦四益，是謂方華，雖盈必虛■。宮室過度■，皇天之所惡■，雖成弗居■。衣服過制，失於美，是謂違章■，上帝弗諒■。鬼神禮祀■，上帝乃勻（怡？），邦家〔不？〕【8】喪■。喜樂無期度，是謂大荒■，皇天弗諒，必復之以憂喪■。凡食飲無量計■，是謂饕皇，上帝弗諒■，必復之以荒■，上帝弗諒■，以祀不享■。【7】

上篇第三節，修改如下：

　……之罡未可以遂■，君子不慎其德。四荒之內，是帝之關
　■。臨民以仁■，民莫弗【22】親■。興興民事■，行往視來
　■。民之所喜■，上帝是祐■。凡度官於人，是謂邦固■。度
　人於官，是謂邦呂（或「膂」）■。建五官弗措，是謂反逆
　■。土地乃坏■，民人乃【6】荅（路？露？）【17】■。

　　上篇第四節，照搬上篇第三節，不作修改。
　　依照這一編聯，第二節變爲簡 8→簡 7 的組合，簡 8 首字的
「喪」和簡 7「上帝弗諒」的「諒」同押「陽」韻，解決了押韻問
題。第三節如「陳劍二」設計的那樣，和簡 17 相聯，也解決了押
韻問題。上篇雖然由三節改爲四節，但第二、第三節的語言特徵相
同，多「是謂」句型，多「原因」→「結果」的論述方式，同樣以
君德爲主要話題。

結語

　　以上，依據押韻、句式、文意等標準，吸收各家的合理之處，
嘗試爲〈三德〉作了分章和編聯。由於〈三德〉殘損簡多，缺失的
簡可能也不少，內容複雜，又是韻文，所以編聯較難。從上篇設計
了兩個方案看，要想做出一個圓滿的編聯來，實屬不易，拙文祇是
拋磚引玉，希望能有更多的學者參與到這項工作中來。

第十章

〈三德〉釋讀十八則

第一則 「明王無思」

簡 1 有「天共（供）時，地共（供）材，民共（供）力，明王無思，是謂三德。」這裡的「明王無思」，意爲高明的統治者不必操心思慮。「無思」之用例，如下所示，多見於道家系統的文獻。

> 黃帝曰：「無思無慮，始知道。無處無服，始安道。無從無道，始得道。」（《莊子・知北游》）

> 德人者，居無思，行無慮，不藏是非、美惡。（《莊子・天地》）

> 所以貴無爲無思爲虛者，謂其意無所制也。（《韓非子・解老》）

> 盡思慮，揣得失，智者之所難也。無思無慮，挈前言而責後功，愚者之所易也。明主慮愚者之所易，不責智者之所難。故智慮力勞不用而國治也。（《韓非子・八說》）

> 聖君則不然，守道要，處佚樂……**不思不慮，不憂不圖**，利身體，便形軀，養壽命，垂拱而天下治。(《管子·任法》)

> 故至智棄智，至仁忘仁，至德不德，無言無思，靜以待時，時至而應，心暇者勝。……故曰君道無知無為，而賢於有知有為，則得之矣。(《呂氏春秋·任數》)

> 是故大丈夫恬然無思，澹然無慮。(《淮南子·原道》)

> 聖人無思慮，無設儲。(《淮南子·詮言》)

這些用例多將「無思」和「無為」聯繫在一起，〈三德〉的確沒有論述「無為」，但如筆者〈〈三德〉與《黃帝四經》對比研究〉[1] 所指出的那樣，〈三德〉在整體風格上與《黃帝四經》接近，而《黃帝四經》對執道者（即統治者）之無為有相當多的論述。在此僅舉一例。

> 故執道者之觀於天下殹，无執殹，无處也、无為殹，无私殹。是故天下有事，无不自為刑名聲號矣。形名已立，聲號已建，則无所逃迹匿正矣。(《經法·道法》)

這是說「形名」、「聲號」一旦建立了，執道者就可以無為而治了。〈三德〉雖然沒有正面論述「無為」，但如果把它視為具有黃老思想傾向的作品，說它也崇尚「無為」就不足為奇。所以這句話可以這樣解釋，統治者在把握世界上最關鍵的三大要素——「天時」、

---

[1] 參見本書第十三章。

「地材」、「民力」時，要讓自己處於無思、無慮、無爲之境地，與「天時」、「地材」、「民力」相關的「德」稱之爲「三德」。

第二則 「孫子」

簡 3 有「其身不沒，至於孫子」。「孫子」的意思就是「子孫」，但不必專門改爲「子孫」。[2] 因爲這是押韻的需要，例如《詩經·皇矣》「比于文王，其德靡悔。既受帝祉，施于孫子」中的「孫子」的意爲「子孫」，在這裡，「悔（讀喜）」、「祉」、「子」同屬之部。〈三德〉的「孫子」的「子」和前面「敬者得之，怠者失之……皇天將興之……上帝將憎之……忌而不忌，天乃降災。已而不已，天乃降異」（簡2）的「之」、「忌」、「災」、「已」同屬「之」部，和「異」是職之合韻。

第三則 「臨民以仁，民莫弗親」

簡 5 最後三字爲「過而改」，李零先生將其與簡 6 相聯，讀爲「過而改新」，然先秦文獻中幾乎不見「改新」之用例。陳劍先生將簡 22 和簡 6 相聯，讀爲「臨民以仁，民莫弗新（親）」，[3] 這樣不僅押韻（眞部），而且意思也通順了。「仁」和「親」相聯，在先秦文獻中非常多見，因此，陳劍先生這個編聯從文獻角度看也能得到證實。

---

[2] 何有祖，〈上博五〈三德〉試讀（二）〉（簡帛網，2006 年 2 月 21 日）。

[3] 陳劍，〈談談《上博五》的竹簡分篇、拼合與編聯問題〉（簡帛網，2006 年 2 月 19 日）。

汎愛衆，而親仁。(《論語‧學而》)

孟子曰：「愛人不親，反其仁。」(《孟子‧離婁上》)[4]

親之以仁，養之以義。(《管子‧幼官》)

宰我曰：「請問禹。」孔子曰：「高陽之孫，鯀之子也，曰文命。敏給克濟，其德不回，其仁可親，其言可信。」(《大戴禮記‧五帝德》)[5]

吾不仁其人，雖獨也，吾弗親也。(《大戴禮記‧曾子制言中》)

所謂天下之至仁者，能合天下之至親者也。(《大戴禮記‧主言》)

人主仁而境內和矣，[6] 故其士民莫弗親也。(《賈誼新書‧道術》)

夫任臣之法，闇則不任也，慧則不從也，仁則不親也，勇則不近也，信則不信也。(《鄧析子‧轉辭》)[7]

---

[4] 《春秋穀梁傳‧僖公二十二年》有相似內容，作「故曰，……愛人而不親，則反其仁」。

[5] 《史記‧夏本紀》有相似內容，作「禹為人敏給克勤，其惠不違，其仁可親，其言可信」。

[6] 「和」字一作「知」，此據抱經堂校定本《賈誼新書》(上海：上海古籍出版社，1989 年)。

[7] 「仁則不親」之用意和〈三德〉正好相反，但具「仁」、「親」同時使用之特徵。

廣仁則天下親之，大義則天下與之，處誠則天下信之，用良
則天下□〔之〕。（馬王堆漢墓出土老子甲本卷後古佚書〈明
君〉）⁸

第四則 「過而改〔之〕」

既然簡 22 和簡 6 相聯正確，那麼，簡 5 後面應該接哪條簡
呢，目前找不到合適的，但願今後能在上博簡的殘簡中找到匹配。
筆者以為，簡 5 後面那支簡的首字很可能是「之」，先秦文獻中有
「過而改之」的用例。

過，失也。人情莫不有過，過而改之，是不過也。是故官屬
不理，分職不明，法政不一，百事失紀，曰「亂」也，亂則
飭冢宰。地宜不殖，財物不蕃，萬民飢寒。教訓失道，風俗
淫僻，百姓流亡，人民散敗，曰「危」也，危則飭司徒。父
子不親，長幼無序，君臣上下相乘，曰「不和」也，不和則
飭宗伯。賢能失官爵，功勞失賞祿，爵祿失則士卒疾怨，兵
弱不用，曰「不平」也，不平則飭司馬。刑罰不中，暴亂姦
邪不勝，曰「不成」也，不成則飭司寇。百度不審，立事失
禮，財務失量，曰「貧」也，貧則飭司空。（《大戴禮記・盛
德》）⁹

---

⁸ 這段話的引用，依據的是日本二松學舍大學馬王堆帛書研究會編，《馬王堆
漢墓出土老子甲本卷後古佚書明君篇譯注》（1997 年發行）。
⁹ 《韓詩外傳・卷三》也有「過而改之，是不過也。」

從文意上看，〈三德〉簡 2 到簡 5 的簡文中，[10] 作者排列了大量的過失，如「偽詐」、「不忌」、「不已」、「陽而幽」、「幽而陽」、「詬政卿於神次」、「享逸安」、「求利」、「殘其親」、「君無主臣」、「故常不利，邦失幹常」、「變常易禮」等，而「福之基」正在於改正這些過失。這裡的結構與《大戴禮記‧盛德》有點相似，《大戴禮記‧盛德》是先講「過而改之」，再列舉各種過失。而〈三德〉有可能是先列舉各種過失，再講「過而改之」，「之」正指代各種「過失」。

再從用韻看，「之」與簡 5 末尾的「善哉善哉三善哉」的「哉」、「唯福之基」的「基」同屬之部，正好可以押韻。

第五則　「凡食飲無量計，是謂饕皇」

簡 7 有「凡食飲無量計，是謂饕皇」，「饕皇」原作「滔皇」，整理者李零先生說「疑讀『饕皇』」，楊澤生先生懷疑讀為「淫荒」。[11] 我們認為「饕皇」是正確的。古人稱飲食貪婪者為「饕餮」。

> 縉雲氏有不才子，貪於飲食，冒於貨賄，<u>天下謂之饕餮</u>。天下惡之，比之三凶。(《史記‧五帝本紀》)

> 縉雲氏有不才子，貪於飲食，冒於貨賄……，天下之民以比三凶，<u>謂之饕餮</u>。(《左傳‧文公十八年》)

---

[10] 筆者將其歸入〈三德〉上篇第一節，參照本書第九章。

[11] 楊澤生，〈《上博五》零釋十二則〉(簡帛網，2006 年 3 月 20 日)

而且貪婪的「饕餮」是作爲必有惡報的形象來形容的。如《呂氏春秋·先識》云:「周鼎著饕餮,有首無身,食人未咽,害及其身,以言報更也,爲不善亦然。」「饕餮」常與「貪」連用,如「饕貪而無饜,近利而好得者,可亡也」(《韓非子·亡徵》),「貪饕多欲之人」(《淮南子·原道》),「貪昧饕餮之人」(《淮南子·兵略》)。或用「饕」來指代「貪」,如「不仁之人,決性命之情而饕貴富」(《莊子·駢拇》)。〈三德〉用「饕」字正切合前面「凡食飲無量計」,「皇」也不必借爲「荒」,「饕皇」即「貪饕」到極點的人,文獻中不見此用例,是〈三德〉爲前後押韻而創作出來的吧。

第六則　「方華」

簡 8 有「邦四益,是謂方芌,雖盈必虛」,何有祖釋「芌」字爲「華」,[12] 非常準確。與「華」字完全相同的字形,亦見於《競建內之》中的「進芌佣子以馳于倪廷」,趙平安先生讀爲「擁華佣子馳于倪市」,並從《說苑·尊賢》和《史記·齊太公世家》中找到印證。[13] 上博楚簡〈孔子詩論〉中的「裳裳者華」的「華」字也寫作「芌」,這是將「芌」釋爲「華」的其他例證。關於「方華」,何有祖引《詩經·小雅·采薇》:「昔我往矣,黍稷方華。今我來思,雨雪載塗。」指出「邦四益,是謂方華」大意「指迅速開疆拓土,國勢就像花兒剛開一樣生機旺盛」。「雖盈必虛」指「較快充起來的盛勢,如花兒凋謝一樣,會變成虛無。」這個解釋比較合理。如下所示,在《黃帝四經》中,在形容政治形勢時,也常常用到「華」這個字,基本都和「華而不實」相關。

---

[12] 何有祖,〈上博五零釋二則〉(簡帛網,2006 年 3 月 3 日)。
[13] 趙平安,〈「進芌佣子以馳于倪廷」解〉(簡帛網,2006 年 3 月 31 日)。

聲，華〔也。實〕者，[14] 用也。毋〔止生以死〕，毋御死以
生，毋為虛聲。聲溢於實，是謂滅名。……極而反，盛而
衰，天地之道也，人之理也。(《經法·四度》)

聲華實寡，危國亡土。(《經法·亡論》)

實穀不華，至言不飾，至樂不笑。(〈稱〉)

在〈三德〉作者看來，「邦四益」是一種不自量力的行為，祇
是開始時表面好看而已，必然導致最終的失敗。《黃帝四經》將這
種表面上的聲勢，稱之為「華」，如果「聲華實寡」，其結果是「危
國亡土」。如果「聲溢於實」，就會走向極端，由盛轉衰。〈三德〉
雖然用「雖盈必虛」來表達，但思路完全一致。

第七則　「皇后曰，立。」

簡 10 有「皇后曰：立。毋……」。李零先生「皇后曰立」連
讀，表明不知何意。筆者在〈〈三德〉所見「皇后」為「黃帝」
考〉[15] 中已經指出，有證據表明「皇后」就是「黃帝」，他和其子
高陽同時出現決非偶然。和高陽一樣，他也說了許多「毋……」的
話。在這些「毋……」的前面，是個「立」字，該如何解釋呢？從
大部分的「毋……」，都在規範人的行為看，這個「立」，指的當是

---

[14] 「也。實」二字，依據馬王堆漢墓帛書整理小組，《馬王堆漢墓帛書　經法》
（北京：文物出版社，1976 年），余明光，《黃帝四經今注今譯》（長沙：岳
麓書院，1993 年），陳鼓應，《黃帝四經今註今譯——馬王堆漢墓出土帛書》
（臺北：臺灣商務印書館，1995 年）的釋文補入。
[15] 參見本書第十二章。

「立身處事」吧。《論語・爲政》有「三十而立」。《論語・里仁》有「不患無位，患所以立。」《左傳・成公十七年》有「人所以立，信、知、勇也。」《呂氏春秋・用眾》有「凡君之所以立，出乎眾也。」《呂氏春秋・先識》有「天生民而令有別。有別，人之義也，所異於禽獸麋鹿也，君臣上下之所以立也。」《史記・鄭世家》有「爲政必以德，毋忘所以立。」《郭店楚簡・六德》有「凡君子所以立身大法三，其繹之也六，其衍十又二。」李零先生解釋道，「『立身大法三』，疑指夫、父、君，即所謂『三綱』（夫爲婦綱、父爲子綱、君爲臣綱）。『其繹之也六』，疑指夫、婦、父、子、君、臣『六位』。『其衍十又二』，疑指『六德』（聖、智、仁、義、忠、信）配『六位』，即夫智、婦信、父聖、子仁、君義、臣忠。」[16] 這些都是從立身處事的角度使用「立」字。《黃帝四經》中《十六經・三禁》有「進不氏，立不讓，倨遂凌節，是謂大凶。」這裡的「立」，陳鼓應先生、[17] 魏啓鵬先生均讀爲「立身處事」，[18] 如果進取而不知底止，「立身處事」沒有節讓，步邪路、凌節度，其結果就是「大凶」。這一思路和〈三德〉皇后告誡之言相似。

---

[16] 李零，《郭店楚簡校讀記》（北京：北京大學出版社，2002），頁 138。

[17] 陳鼓應，《黃帝四經今註今譯——馬王堆漢墓出土帛書》（同注 14），頁 360。

[18] 魏啓鵬，《馬王堆漢墓帛書〈黃帝書〉箋證》（北京：中華書局，2004 年），頁 166。

第八則　「毋為角言，毋為人倡」

簡10有「毋為角言，毋為人倡」，李零先生作了如下考釋：

「角言」，疑指爭訟。「人昌」，即「人倡」，疑指先人而發。

筆者以為，李零先生對「人倡」的解釋是合理的，「角言」則不準確。我們發現，皇后和高陽的「毋……」都是兩句一組，成雙成對。即兩個「毋」，說的是相同或相通的一個道理。例如「毋壅川，毋斷洿」、「毋煩姑嫂，[19] 毋恥父兄」、「毋羞貧，毋笑刑」、「毋揣深，毋度山」、「毋逸其身，而多其言」、「居毋惰，作毋康」、「善勿減，不祥勿為」、「入墟毋樂，登丘毋歌」。其他暫時無法解釋的「毋……」，也一定遵循這一規則。

「角言」，目前暫時找不到相近的用例，先來分析與「毋為人倡」相似的用例吧。

人主以好暴示能，以好唱自奮，人臣以不爭持位，以聽從取容，是君代有司為有司也。（《呂氏春秋·任數》）

故至智棄智，至仁忘仁，至德不德，無言無思，靜以待時，時至而應，心暇者勝。凡應之理，清淨公素，而正始卒焉。焉此治紀，無唱有和，無先有隨。（《呂氏春秋·任數》）

故得道者志弱而事強，心虛而應當。所謂志弱者，柔毳安

---

[19] 讀為「煩姑嫂」，採用了劉國勝，〈上博（五）零札（六則）〉（簡帛網，2006年3月31日）的觀點。

靜，藏於不敢，行於不能，恬然無慮，動不失時，與萬物回
周旋轉，<u>不為先唱</u>，感而應之。(《淮南子‧原道》)

<u>先唱者，窮之路也</u>。後動者，達之原也。(《淮南子‧原
道》)

聖〔人〕<u>常後而不先，常應而不唱</u>。不進而求，不退而讓。
(《淮南子‧詮言》)

聖人內藏，<u>不為物先倡</u>，事來而制，物至而應。(《淮南子‧
詮言》)

<u>不可先倡，感而後應</u>。故居倡之位，而不行倡之勢。(《春秋
繁露‧離合根》)

〔天道〕<u>無殃，不可先倡</u>。人道無災，不可先謀。(銀雀山
漢簡《六韜》，又見今本《六韜‧發啟》)

所謂無為者，<u>不先物為也</u>。(《淮南子‧原道》)

<u>聖人不為始</u>。(〈稱〉)

時若可行，亟應勿言。〔時〕若未可，塗其門，<u>毋見其端</u>。
(〈稱〉)

從以上用例中可以看出，它們幾乎都是道家類的文獻，或受到了道
家思想的影響。不先「倡（唱）」表現出不爭、不為天下先的姿
態，表達為因循、因應的原理，希望達到以柔克剛、以弱勝強、後
發制人的效果。

再來看「毋為角言」,「角」如「角力」、「角逐」、「角勢」、「角抵」、「相角」等所示,雖然有「爭鬥」之意,但既然「毋為角言」和「毋為人倡」是相似的表述,那麼,「角言」就不應該是「爭訟」,而是一種先於他人之「言」,「角」在這裡意為「冠角」,是突出之意。「言」和「倡(唱)」意思完全相同,兩句話都是不先「倡(唱)」的意思。

第九則　「毋作大事,毋害常」

簡 10 有「毋作大事,毋劃(害)常」。[20] 關於「大事」,李零先生解釋為「祭祀、兵戎等重大事情」,這個考釋無法解釋為何不能做「祭祀、兵戎等重大事情」。還是先來分析「毋害常」的意思,「常」應該就是「天之常」(簡 1)、「天常」(簡 2)的「常」,或「故常不利,邦失幹常」(簡 5)及「變常易禮」(簡 5)的「常」,指那些不可更易的準則、規範。《黃帝四經》有「天地之恆常,四時、晦明、生殺、柔剛。萬民之恆事,男農,女工。貴賤之恆位,賢不肖不相妨。畜臣之恆道,任能毋過其所長。使民之恆道,去私而立公」(《經法·道法》)。這裡的「恆事」、「恆位」、「恆道」是「恆常」的另一種表達方式而已。〈三德〉的「毋害常」就是不要輕易去破壞這些準則、規範,如果破壞了,就會有「小邦則劃,大邦過傷」、「土地乃坼,民乃夭死」(簡 5)的結果。借用《黃帝四經》的話說,就是「變故亂常,擅制更爽。心欲是行,身危有〔殃,是〕謂過極失當」(《經法·國

---

[20] 隸作「劃」、讀為「害」,採用了季旭昇,〈上博五芻議(下)〉(簡帛網,2006 年 2 月 18 日)的觀點。

次》），「不循天常，不節民力，周遷而无功」（《經法‧論約》），「若夫人事則无常。過極失當，變故易常。德則无有，措刑不當。居則无法，動作爽名。是以受其刑」（《十六經‧姓爭》）。既然「害常」是危及國家社稷的事，那麼「毋作大事」也當同樣理解。如下所示，我們發現先秦秦漢文獻中的「毋作大事」幾乎都與時令相關。

> 仲春之月……是月也，耕者少舍，乃修闔扇，寢廟必備。<u>無作大事，以妨農功</u>。（《呂氏春秋‧仲春》）[21]

> 是故昔先王之制禮也，因其財物而致其義焉爾。<u>故作大事，必順天時</u>，為朝夕必放於日月，為高必因丘陵，為下必因川澤。（《禮記‧禮器》）

可見，「大事」主要指的是妨害農時的事。高誘注《呂氏春秋‧仲春》：「大事，兵戈征伐也。」鄭玄注《禮記‧月令》：「大事，兵役之屬。」其實「大事」不光指兵事，還應包括「土功」，即修城郭宮室等大型工程。兵事和「土功」不是不做，但要依時而做，不然就危及國本。總之，不按時令「作大事」和「害常」是有害國家的兩件事情。

---

[21] 劃線部分《淮南子‧時則》完全相同，《禮記‧月令》作「毋作大事，以妨農之事。」

第十則　「毋揣深，毋度山」

簡 11 有「毋揣深，毋度山」。李零先生指出「揣」、「度」互文，未做進一步解釋。「揣深」、「度山」是一件不可思議的事，當時真的有誰會去測量揣度自然界的高深嗎？所以，這祇能是一個比喻，提醒人們不要做不自量力之事。

> 高山，仰之不可極也。深淵，度之不可測也。(《管子·九守》)[22]

> 天道玄默，无容无則，天不可極，深不可測。(《淮南子·主術》)

在道家系統文獻中，「道」或得道者也往往用「不可極」、「不可測」形容，如「故知一，則應物變化，闊大淵深，不可測也」(《呂氏春秋·論人》)，「夫道者，覆天載地，廓四方，柝八極，高不可際，深不可測」(《淮南子·原道》)，但這和就本篇就關係不大了。

第十一則　「入墟毋樂，登丘毋歌」

簡 11～簡 12 有「入墟毋樂，[23] 登丘毋歌。」在考釋之前，首

---

[22] 《六韜·大禮》有相同內容。此外，《六韜·上賢》有「夫王者之道……若天之高，不可極也。若淵之深，不可測也。」

[23] 原文作「虛」，讀為「墟」，採用了晏昌貴，〈《三德》四札〉(簡帛網，2006年3月7日)的觀點。

先來看看與「歌」相關的一條簡。簡 1 有「平旦毋哭，晦毋歌」，[24]
晏昌貴先生作了如下解釋：

> 睡簡《日書》甲種 155 背：「墨（晦）日，利壞垣、徹室、
> 出寄者，毋歌。朔日，利入室，毋哭。望，利為囷倉。」
> 《顏氏家訓·風操》：「道書又曰：晦歌朔哭，皆當有罪。天
> 奪之算，喪家朔望，哀感彌深，甯當惜壽，又不哭也。」
> 《抱樸子·微旨》亦以「晦歌朔哭」為不吉之事，與輕秤小
> 斗、狹幅短度、以偽雜真、採取奸利、誘人取物、越井跨灶
> 諸事並列，謂犯之則司命奪其紀算，說與《顏氏家訓》略
> 同。[25]

這是解釋「毋哭」、「毋歌」時很有說服力的例證，那麼「入墟毋
樂，登丘毋歌」是否也可以從陰陽禁忌的角度去考慮問題呢。同為
睡虎簡秦簡《日書》甲種，27 正貳有「弦、望及五辰不可以興樂
□」，[26] 這裡言及「興樂」。另外，《日書》中還有一些允許或不允
許「歌」、「樂」的記載。在此僅引二例。

> 秀，是謂重光，……利祠、飲食、歌樂。（甲種 32 正）
> 徹，是謂六甲相逆……不可祠祀、歌樂。（甲種 44 正）[27]

---

[24]「晦」字，李零先生作「明」，隸作「晦」，採用了晏昌貴，〈〈三德〉四札〉
（同注 23）的觀點。
[25] 晏昌貴，〈〈三德〉四札〉（同注 23）
[26] 劉樂賢先生將甲種 155 背和 27 正貳放在一起，歸為「朔望弦晦篇」，見劉樂
賢，《睡虎地秦簡日書研究》（臺北：文津出版社，1994 年），頁 66。
[27] 睡虎地秦墓竹簡整理小組編，《雲夢睡虎地秦簡》（北京：文物出版社，1990

但是，筆者以為，這些資料雖然也涉及「歌樂」方面禁忌，但對「入墟毋樂，登丘毋歌」的解釋沒有參考價值。理由有二，一，「平旦毋哭，晦毋歌」中「平旦」和「晦」、「哭」和「歌」都是陰陽相對的，「入墟毋樂，登丘毋歌」中，「墟」和「丘」一為低處，一為高處，正好相對而言，但「歌」和「樂」却不相對立，《日書》也是「歌樂」並列的。二，「入墟毋樂，登丘毋歌」前面所有的「毋……」或「勿……」都是為人處事方面的準則，唯獨此處出現陰陽禁忌，於理不通。從前文談的全部是為人處事看，這兩句話也一定不會例外。

《禮記·曲禮上》中有這樣一些記載：

> 適墓不登壟，助葬必執紼。臨喪不笑。揖人必違其位。<u>望柩不歌</u>。入臨不翔。當食不歎。鄰有喪，舂不相。<u>里有殯，不巷歌。適墓不歌。哭日不歌。</u>[28] 送喪不由徑，送葬不辟塗潦。臨喪則必有哀色，執紼不笑，臨樂不歎。介胄，則有不可犯之色。故君子戒慎，不失色於人。

如文末「故君子戒慎，不失色於人」所言，這是提醒君子在何時何地可以歌、可以笑，可以歡樂的問題上不要失禮失態，這是與「禮」相關的問題。所以「入墟毋樂，登丘毋歌」也當作禮節來理解，「樂」指的是音樂。「墟」和「丘」在這裡並非專指自然界之低處和高處，而是泛指被因戰爭等人為原因或因天災等自然原因破壞了的廢墟。例如《經法·國次》說：「禁伐當罪當亡，必墟其

年），頁 184、185。

[28] 《論語·述而》有「子於是日哭，則不歌。」

國。」就是說在討伐有罪之國時,一定要斬草除根,使其成爲廢墟,不得翻身。《呂氏春秋·重言》有「太宰嚭之說,聽乎夫差,而吳國爲墟。成公賈之諫,喻乎荊王,而荊國以霸。」《淮南子·人間》有「身死人手,社稷爲墟」,這裡的「爲墟」就是成爲「廢墟」之意。有時,「墟」和「丘」連用,意思仍爲「廢墟」。

> 子胥非不先知化也,諫而不聽,故吳爲邱墟,禍及闔廬。(《呂氏春秋·知化》)

> 吳王夫差、智伯瑤知必國爲丘墟,身爲刑戮,吾未知其爲不善無道侵奪之至於此也。(《呂氏春秋·禁塞》)

> 民飢者不可以使戰。衆散而不收,則國爲丘墟。(《管子·八觀》)

> 吾聞晉易太子,三世不安。齊桓兄弟爭位,身死爲戮。紂殺親戚。不聽諫者,國爲丘墟,遂危社稷,三者逆天,宗廟不血食。斯其猶人哉,安足爲謀。(《史記·李斯列傳》)

因此,〈三德〉「入……登……」祇是一種修飾手法,並無強調高處和低處之意,如同「臨喪不笑」、「望柩不歌」、「里有殯,不巷歌」、「適墓不歌」一樣,在已淪爲廢墟之地,一定要作哀傷、悲痛狀,不能隨意歌唱作樂。不然,必有報應。

第十二則　「十室之造」

簡 12 有「監川之都，罘（冘？）岸之邑，[29]百乘之家，十室之借，[30]宮室汙池，各慎其度，毋失其道。」李零先生說「監」字可能是「臨」之誤寫，「罘」可能是「冘」之假借。那麼，「臨川之都，冘岸之邑」應當是地理位置非常險要的城郭。從以下用例看，「宮室汙池」以及與之接近的使用方法都指的是華麗的宮廷構建，而且幾乎所有的引文都表示出對「宮室汙池」持批判態度。

> 今君窮<u>臺榭之高</u>，<u>極汙池之深</u>而不止，務於刻鏤之巧、文章之觀而不厭，則亦與民為讎矣。（《晏子春秋·內篇諫下》）

> 桀不率先王之明德，乃荒耽于酒，淫泆于樂，德昏政亂，<u>作宮室高臺，汙池土察</u>，以民為虐，粒食之民，惛焉幾亡。……紂不率先王之明德，乃上祖夏桀行，荒耽于酒，淫泆於樂，德昏政亂，<u>作宮室高臺，汙池土察</u>，以為民虐，粒食之民，忽然幾亡。（《大戴禮記·少閒》）

> 臺室則崇高、汙池則廣深。……非弗美也。……美氏不若美城。（《馬王堆漢墓出土老子甲本卷後古佚書〈明君〉》）[31]

> 昔先君襄公，<u>高臺廣池</u>，湛樂飲酒，田獵畢弋，不聽國政。（《管子·小匡》）

---

[29] 李零先生讀為「岸」的字，也可能讀「淵」，或「潤」，參照何有祖，〈上博五〈三德〉試讀（二）〉（簡帛網，2006 年 2 月 21 日）。

[30] 隸定為「借」，採用了何有祖，〈上博五〈三德〉試讀（二）〉（同注 2）的觀點。

[31] 同注 8。

人君唯毋聽觀樂玩好，則敗，凡觀樂者，<u>宮室臺池</u>，珠玉聲樂也。此皆費財盡力，傷國之道也。（《管子・立政九敗解》）

何謂養殃？曰：人主樂美<u>宮室臺池</u>，好飾子女狗馬以娛其心，此人主之殃也。（《韓非子・八姦》）

好<u>宮室臺榭陂池</u>，事車服器玩，好罷露百姓，煎靡貨財者，可亡也。（《韓非子・亡徵》）

人主好<u>高臺深池</u>，雕琢刻鏤，黼黻文章，絺綌綺繡，寶玩珠玉，則賦斂無度，而萬民力竭矣。（《淮南子・主術》）

這段話的最後是「各慎其度，毋失其道」，就是要節民力，防奢靡。這和上述引文對「宮室汙池」持批判態度基調完全相同。如果說「各慎其度，毋失其道」與整句話相關，如果說「臨川之都，濱岸之邑」和「宮室汙池」與工程相關，那麼，筆者以爲夾在中間的「百乘之家，十室之佫」也應該是工程，也對之持批判態度。李零先生引《管子》的〈立政〉、〈乘馬〉篇，從行政區劃的角度去考證，其他研究者也從之，[32] 可能方向有誤。「佫」其實就是「造」的假借字，意爲造作。「十室之造」可能指同時建有十處屋宇的大型構造，而「百乘之家」在此未必僅指勢力強大，而是形容擁有「百乘」者的豪邸。「百乘之家，十室之造」的著重點不是險要，也不在於華麗，而是宏大。但這些大型工程必然勞民傷財，所以作者提醒要「各慎其度，毋失其道」。

---

[32] 如何有祖，〈上博五〈三德〉試讀（二）〉（同注 2）、蘇建洲，〈《上博（五）》柬釋（二）〉（簡帛網，2006 年 2 月 28 日）。

第十三則　「出（？）欲殺人，不飲、不食。秉之不固，弛（？）之不戲。至刑以哀，贈去以悔。」

簡12～簡20有這樣一段話，「出（？）欲殺人，不飲、不食。秉之不固，弛（？）之不戲。至刑以哀，贈去以悔。」將簡 12 和簡 20 相聯，採用了陳劍先生的觀點。[33] 但這段話由於殘缺字較多，至今沒有圓滿的解釋。筆者以為，和前文「監（臨？）川之都，罜（澩？）岸之邑，百乘之家，十室之造，宮室汙池，各慎其度，毋失其道」一樣，是用一串比較長的話來表達一個意思。這裡的主題就是關於「殺人」的態度。「殺人」有可能是在戰場，有可能是在刑場，這在〈三德〉中看不出來，可能兩者兼顧。關於戰場殺人，《老子・第三十一章》有一段名言：

> 夫佳兵者，不祥之器。物或惡之，故有道者不處。君子居則貴左，用兵則貴右。兵者不祥之器，非君子之器，不得已而用之。恬淡為上，勝而不美。而美之者，是樂殺人。夫樂殺人者。則不可得志於天下矣。吉事尚左，凶事尚右。偏將軍居左，上將軍居右。言以喪禮處之。殺人之眾，以哀悲泣之，戰勝以喪禮處之。[34]

---

[33] 陳劍，〈談談《上博五》的竹簡分篇、拼合與編聯問題〉（同注3）。

[34] 雖然文字稍有區別，但劃線部分郭店楚簡《老子》丙本、馬王堆帛書《老子》甲乙本均一致。《文子》僅有「殺傷人，勝而勿美」。

可見以老子爲代表的道家的態度是，雖然有時不得不殺人，但絕不看作是高興的事情，而要以哀悲的心情、以喪禮處之。而儒家經典中也可以找到相似態度。如《大戴禮記・曾子立事》有「殺人而不戚焉，賊也。」《禮記・檀弓下》中記載了這樣一段話：

> 工尹商陽與陳棄疾追吳師，及之。陳棄疾謂工尹商陽曰：「王事也，子手弓而可。」手弓。「子射諸。」射之，斃一人，韔弓。又及，謂之，又斃二人。每斃一人，揜其目。止其御，曰：「朝不坐，燕不與，殺三人，亦足以反命矣。」孔子曰：「殺人之中，又有禮焉。」

不積極射殺逃敵，故意讓其逃生。在殺人之後「朝不坐，燕不與」，正是工尹商陽在對待「殺人」一事上的態度，而孔子將這一舉止稱之爲殺人中的「禮」。我們認爲，〈三德〉的立場是一致的，所謂「不飲」、「不食」、「以哀」、「以悔」都表達了同樣的態度。「秉之不固，弛（？）之不戲」意義不明，筆者猜測是給喪失抵抗力、即將被消滅的敵人以生路。「秉」和「守」意義相同，「秉之」就是「守之」，《大戴禮記・勸學》有「強者能守之，知者能秉之」。而「守」和「固」常常連用。如《商君書・弱民》有「戰不勝、守不固」。《墨子》、《管子》、《黃帝四經》中也有多處類似表述，均與戰爭有關。「弛（？）之不戲」中的「弛（？）」字李零先生原作「付（？）」，因竹簡殘斷，原字僅餘下半部，袁金平先生判讀該字爲「弛」，說「弛」有舍棄之意，「戲」是「危」的借字。[35]

---

[35] 袁金平，〈讀上博（五）札記三則〉（簡帛網，2006年2月26日）。

從上下文意看，將首字讀爲「弛」的可能性比較大，可以釋爲「舍棄」，或釋爲「和緩」，但「戃」可能不是「危」的借字。「戃」字從心從鬼從戈。相同字形也見於郭店楚簡〈唐虞之道〉簡 13「□□用戃，夏用戈，征不服也」，整理者以爲從「畏」聲而讀爲「威」，[36] 所以此字恐爲「威」字假借。《論語·學而》有「君子不重則不威，學則不固。」《管子·五輔》有「故處不安而動不威，戰不勝而守不固。」都是「不威」、「不固」連用之例。「威」即「威嚴」、「威嚇」，「固」即「堅固」。在這兩則用例中，「不威」、「不固」都表示不利，而在〈三德〉中，這正是作者所追求的。就是說，對被即將被消滅的敵人，在防守上不求堅固，有意疏漏，放棄消滅（或者說「和緩待之」），而不過度威嚴，斬盡殺絕。

「至刑」[37] 就是極刑，亦即殺人。「𤞤去」不知何意。「悔」字原作「謀」，雖然相同字形在〈三德〉簡 13 中讀爲「謀」，但此處讀爲「謀」不可解，所以應是「悔」的假借字或異體字，爲「悔恨」之意。「以哀」、「以悔」意義相近，都是一種沉痛之狀。

整句的意思可能是，「想到要去做殺人這件可悲之事，便不飲不食。（對被即將消滅的敵人，）在防守上不求堅固，（放其逃生）。放棄消滅，不威嚴待之。對處人極刑這件事表示悲哀、表示悔恨。」這種思想在總體上和《老子·第三十一章》，和《大戴禮記·曾子立事》、《禮記·檀弓下》相一致。

---

[36] 荊門市博物館編，《郭店楚墓竹簡》（北京：文物出版社，1998 年），頁 159，注〔一八〕。

[37] 季旭昇，〈上博五芻議（下）〉（同注 20）讀「至刑」爲「致刑」，說「致刑以哀」表明「對刑罰應致以哀戚之心，犯法受刑之小民，往往迫於飢寒，出於無奈，非必罪大惡極」。將「至」讀作動詞「致」，說「哀戚之心」僅針對小民。

第十四則　「〔以〕蘆為首」

簡 13 簡首有「蘆為首」三字，筆者以爲前面可補「以」字。「〔以〕蘆為首」是與簡 13「唯蘆是服」相對應的句子。從「身且有病，惡菜與食。邦且亡，惡聖人之謀。室且棄，不墮祭祀，唯蘆是服」看，這裡是先出現「身有病」、「邦亡」、「室棄」這些結果，再分析出原因是「唯蘆是服」。所以「〔以〕蘆為首」，也是原因，前面應該也有一串表示結果的句子。因爲簡 13 簡首不殘，所以「以」字應當在簡 20 的簡尾，[38] 從今後公布的上博簡殘簡中或許能找到匹配。「蘆為首」前可以補「以」字，是因爲同類句型，先秦文獻中非常多見。

百姓無實，<u>以利為首</u>。(《管子·侈靡》)

孰能<u>以無為首</u>，以生為脊，以死為尻。(《莊子·大宗師》)

用一之道，<u>以名為首</u>。(《韓非子·揚權》)

聲音之道<u>以六為首</u>，以陰陽之節為度。(《賈誼新書·六術》)

至於「蘆」字，目前還無法解釋，此字从「心」，有可能表明的是一種不正常的心態。

---

[38] 關於簡 20 應接簡 13 的理由，參看陳劍，〈談談《上博五》的竹簡分篇、拼合與編聯問題〉(同注 3)。

第十五則　「方縈勿伐，將興勿殺，將齊勿刉。是逢凶朔（朔），天災繩繩，弗滅不隕。」

　　簡 14 有「方縈勿伐，將興勿殺，將齊勿刉。是逢凶朔（朔），天災繩繩，弗滅不隕。」「方」和「將」是「正要」、「正值」的意思。「縈」字，李零先生定爲「營」的借字，看來不必，因爲「縈」、「興」、「齊」三者都是對植物生長過程之描述。[39]「縈」，《說文》：「收卷也」，是植物開始出頭纏繞之狀態。「興」，《說文》：「起也」，不一定專用於植物，但也可描述植物向上進展之勢。「齊」，《說文》：「禾麥吐穗上平也」。而「伐」、「殺」、「刉」都有破壞、毀滅之意。所以，簡單地說，這句話可能意爲，在各農作物成長的最關鍵時期，不要讓它遭到毀滅，有了好的農業收成，即使遇到了凶年，天災不斷，國脈也能維續下去。看來，這裡是原因→結果的關係，李零先生注釋說「弗滅不隕」意爲天災的綿綿不絕。季旭昇先生將「方縈勿伐，將興勿殺，將齊勿刉，是逢凶朔」四句連讀，隸定「朔」爲「朝」，意爲「孽」，釋爲「方縈勿伐，將興勿殺，將齊勿刉，如果違反，就會遭逢凶孽」，[40] 都是不合理的。

　　但是，前後文講的都是深刻的哲理。如前面是「興而起之，思（使）蹞而勿救」，即讓敵對方自取滅亡。[41] 後面是「卑牆勿增，

---

[39] 簡 17～簡 15 有「不修其成，而聽其縈，百事不遂，慮事不成。」「縈」字李零先生也讀作「營」，看來不必，「聽其縈」就是任其成長，「不修其成」就是沒有任何作爲，結果自然是「百事不遂，慮事不成。」

[40] 同注 20。

[41] 參見本書第十二章。

廢人勿興」，也有順其自然，不要幫倒忙的意思。如果插在中間的
這段話，祇是關心農業，就不可思議了。所以，這裡祇是借用植物
成長，來比喻和敵方博弈的手段和原理。「方縈勿伐」可能比喻必
須消滅的敵方，其罪惡剛好露頭時，不要急於下手，要讓敵方的罪
惡充分展現出來。《經法‧論約》說：「逆節始生，慎毋先正，彼且
自抵其刑。」即對方違背天道的凶逆行為剛剛展露出來時，不要先
去「正」之，他最終會自己接受刑罰的抵償。「將興勿殺」，比喻對
方正好實力強大，氣焰旺盛時，不可強硬壓服。〈稱〉云：「有宗將
興，如伐於□。有宗將壞，如伐於山。」其意義與「將興勿殺」正
好形成對照。「將齊勿剗」可能意為等到最值得討伐時再出動，以
期獲得最大的成功。如《十六經‧順道》所云：「慎案其眾，以隨
天地之蹤。不擅作事，以待逆節所窮。」

　　所以「方縈勿伐，將興勿殺，將齊勿剗」很可能講的是如何巧
妙把握政治軍事時機的問題，如果把握得好，即便那個國家遭到天
災，也能挺得過去。在《黃帝四經》中，這個問題被上昇為兩大原
理，得到了極為豐富的論述。一是審查「刑名」的原理，「縈」、
「興」、「齊」都是「刑（形）」，聖人明主通過準確的觀察，確定指
導下一步行動的「名」。在《經法‧論約》「逆節始生，慎毋先正，
彼且自抵其刑」的後面，就有「故執道者之觀於天下也、必審觀事
之所始起，審其刑名。刑名已定，逆順有位，死生有分，存亡興壞
有處。然后參之於天地之恆道，乃定禍福死生存亡興壞之所在。」
「是逢凶朔（朔），天災繩繩，弗滅不隕」就與「禍福死生存亡興
壞之所在」中「福、生、存、興」相當。還有一個就是「時」的原
理，《十六經‧觀》云：「聖人不巧，時反是守。」〈稱〉云：「毋先
天成，毋非時而榮。先天成則壞，非時而榮則不果。」又云：「時

若可行，亟應勿言。〔時〕若未可，塗其門，毋見其端。」在《黃帝四經》中，「時」的原理又和「因」、「自生」、「極而反」等理論相關，這裡不作展開。〈三德〉雖然沒有闡述這些原理，但已有這些原理的雛形在。

第十六則　「俯視〔地理〕，務農敬戒」

簡 15 有「俯視〔地理〕，務農敬戒。」「俯視」後面二字已經磨損得看不清了。李零先生認爲也許可以補「百姓」，但這種可能性很小，因爲「俯視〔百姓〕」的口氣一定是君主，但「俯視□□，務農敬戒」的前面是「仰天事君，嚴恪必信」，這種口氣決不是君主，而「仰天事君，嚴恪必信」和「俯視〔地理〕，務農敬戒」又是對仗的。說這兩句話的祇能是君主以外的人。筆者以爲當補「地理」二字，首先有文獻上的例證。

> 天子昭有神於天地之間，以示威於天下也。諸侯修禮於封內，以事天子。大夫修官守職，以事其君。士修四衛，執技論力，以聽乎大夫。庶人仰視天文，俯視地理，力時使，以聽乎父母。(《大戴禮記·少閒》)

> 昔者，五帝三王之蒞政施教，必用參五。何謂參五？仰取象於天，俯取度於地，中取法於人。……俯視地理，以制度量，察陵陸水澤肥墝高下之宜，立事生財，以除飢寒之患。(《淮南子·泰族》)

看來,「俯視地理」,基本上和農事相關。〈三德〉「俯視□□」後面緊接的就是「務農敬戒」,再後面更是一大套不可「奪民時」之論述。上述用例中,《淮南子‧泰族》講的是五帝三王的「俯視地理」,和本文關係不大。最值得注意的是《大戴禮記‧少閒》,其中還出現了「事其君」,說那是大夫階層的事。而庶人不僅要「仰視天文」,還要「俯視地理」,然後根據時節出力務農。「仰天事君,嚴恪必信」不太像對庶人的要求,可能與〈少閒〉篇一樣,主語指的是大夫以上的貴族階層,而「俯視〔地理〕,務農敬戒」的主語,則非農民莫屬。後面接一大段「民時」之論述,就是十分自然的事了。

再回頭看簡 15「俯視」後面那個字,其實「坨(地)」的右半部分還是能辨別出來的,這更證明了這裡可以補「地理」二字。[42]

第十七則　「天無不從,好昌天從之,好贎(旺?)天從之,好犮(祓)天從之,好長天從之。」

簡 18 有「天無不從,好昌天從之,好贎[43](旺?)天從之,好犮(祓)天從之,[44] 好長天從之。」李零先生原斷句為「豻貋食虎,天無不從」,將「天無不從」與前文相聯。陳劍先生將簡 21 和簡 18 串聯,並解釋「枸株覆車,善游者死於梁下,豻貋食虎」為

「車容易顛覆於樹椿」、「善於游水的人卻死在橋梁之下」、「『狻
猊』的體型比老虎小，老虎卻被它所食」，因此這三件事都表明
「禍敗常出於細小之事物，易被輕忽之事物」，[45] 句子意思從而明
白易懂，「天無不從」肯定與前文無關，而應該放在後面了。

　　但這裡的「好」究竟何意？是喜好的「好」？還是形容詞的
「好」？「賁」如何釋讀？是從「喪」還是從「亡」？「昌」、
「賁」、「妏」、「長」又是什麼關係，都是好字，還是好字壞字兩兩
正反相對，學者們有很多爭論，莫衷一是。[46] 筆者在此想舉幾段用
例，看看能否為問題的解答提供啟發。

> 天事曰明，地事曰昌，人事曰比兩以慶。（《大戴禮記·虞戴
> 德》）

> 公曰：「先聖之道，斯為美乎？」子曰：「斯為美。雖有美
> 者，必偏。屬於斯，昭天之福，迎之以祥。作地之福，制之
> 以昌。與民之德，守之以長。」（《大戴禮記·虞戴德》）

> 天曰作明，曰與，惟天是戴。地曰作昌，曰與，惟地是事。
> 人曰作樂，曰與，惟民是嬉。（《大戴禮記·誥志》）

這幾段話值得注意的是以下兩點，一，它們都是「天、地、民

---

[45] 陳劍，〈談談〈上博五〉的竹簡分篇、拼合與編聯問題〉（同注 3）。

[46] 如季旭昇，〈上博五芻議（下）〉（同注 20）；禤健聰，〈上博楚簡（五）零札
（二）〉（簡帛網，2006 年 2 月 26 日）；侯乃鋒，〈讀上博（五）〈三德〉札
記四則〉（簡帛網，2006 年 2 月 27 日）；蘇建洲，〈「喪」字補說〉（簡帛
網，2006 年 3 月 15 日）；范常喜，〈對於楚簡中「喪」字的一點補充〉（簡
帛網，2006 年 3 月 17 日）。

（人）」的結構，而〈三德〉這段話的後面，緊接著就是「順天之時，起地之〔材，□民之□。〕」二，這段話中出現的「昌」、「長」可與〈三德〉「昌」、「長」相對應，「昌」與「地」相關，「長」與「人」相關。〈三德〉的「戉」字，侯乃鋒先生認為是「祓」假借字，意為「福」，《爾雅·釋詁》：「祓，福也」。[47] 那麼就可以和〈虞戴德〉篇「天之福」、「地之福」相關聯了。因此，筆者推測，「昌「、「贙」、「祓」、「長」這四字都是好字，「贙」如李零先生所言，作「旺」字假借。「旺」即「晐」，《說文》：「晐，光美也。」這樣「旺」字或許正好可以與「天事日明」或「天曰作明」的「明」字相關聯。「昌」、「明」、「福」、「長」都是美好的現象，「好」在這裡作形容詞。如果能遵從〈三德〉所指明的行為準則，就會有「好昌」、「好贙」、「好祓」、「好長」的結局，而且「天」也一定會滿足之。在〈三德〉結尾，展示這樣一個光明的前景，和「順天之時，起地之〔材，□民之□。〕」一起，形成一個總結性的發言，是不難理解的。

第十八則　「順天之時，起地之〔材，□民之□。〕」

簡 18 簡末端完整，作「順天之時，起地之」，但目前找不到可以與之拼接的竹簡，或許在今後的上博殘簡中能找到匹配。在〈談〈三德〉的編聯與分章〉[48] 一文中，筆者將其放入下篇第三節，即〈三德〉的最後部分，這樣就與文首「天供時，地供材，民供力，

---

[47] 侯乃鋒，〈讀上博（五）〈三德〉札記四則〉（同注 46）。
[48] 參見本書第九章。

明王無思，是謂三德」（簡 1）相呼應了，因此「順天之時，起地之」的下一支簡簡首可能是「材，□民之力」。〈三德〉簡 17 有「知天足以順時，知地足以固材，知人足以會親」，所以也可能是「材，□民之親」，總之，接「材」及「□民之□」四字句的可能性比較高。以下是文獻中一些相似的表述，從中可以看出，「材（或『財』）」以外的字，「□民之□」以外的可能性也不能否定。

順天之時，約地之宜，忠人之和。（《管子·禁藏》）

牖之銘曰：「隨天之時，以地之財，敬祀皇天，敬以先時。」（《大戴禮記·武王踐阼》）

時天之氣，用地之財，以生殺於民。（《大戴禮記·少閒》）

第十一章

關於〈三德〉9 號簡文的釋讀

　　本文對上博楚簡〈三德〉9 號簡文的釋讀進行討論，認爲整理者李零先生的斷句存在問題，以李零釋文爲基礎的其他學者的釋讀也不合理。「是謂」前不應設置主語，「係子」應該和前文連讀，表示和神事相關的活動。

　　馬承源主編《上海博物館藏戰國楚竹書（五）》〈三德〉篇中的 9 號簡是一支殘簡，祇留下開頭部分。整理者李零先生標點爲「高陽曰：『毋凶備（服）以言祀，毋衿（錦）衣交袒。』係子是謂忘神。……」但幾乎沒有做解釋，僅對「錦衣交袒」作了如下簡單說明：

　　　　交袒，《禮記・玉藻》「錦衣以裼之」，「裼」與「袒」同。[1]

---

[1] 馬承源主編，《上海博物館藏戰國楚竹書（五）》（上海：上海古籍出版社，2005），頁 294。

目前為止，有兩位學者作過進一步的考釋。陳偉先生考釋如下：[2]

> 交，恐當讀為「絞」。高陽所云，正好是兩件違反常規、且又相互倒錯的事情。凶服，即喪服。《周禮・春官・司服》：「其凶服，加以大功、小功。」鄭玄注：「喪服，天子諸侯齊斬而已，卿大夫加以大功、小功，士亦如之，又加緦焉。」《論語・鄉黨》：「凶服者式之。」集解引孔安國曰：「凶服，送死之衣物。」祭祀有專門的服裝，不可著凶服。至于「絞」和「袒」，則都是喪服即凶服的特徵。《儀禮・既夕禮》：「既馮尸，主人袒，髺髮，絞帶。」《禮記・奔喪》：「乃為位，括髮袒，成踊，襲、絰、絞帶，即位。」均為絞、袒並提的例子。《儀禮・喪服》云：「喪服，斬衰裳，苴絰杖、絞帶。」鄭注：「絞帶者，繩帶也。」賈疏：「繩帶也者，以絞麻為繩作帶，故云絞帶。」《禮記・喪服小記》：「括髮於堂上。」孔疏：「袒，謂堂上去衣。」《詩・秦風・終南》：「君子至止，錦衣狐裘。」〈毛傳〉：「錦衣，采色也」。孔疏：「錦者，雜采為文，故云采衣也。」這樣的衣服當然不適合在喪禮上穿著。

范常喜先生懷疑李零先生讀為「錦」的「衿」字右半從「勻」，此字可能就是「袀」。「袀」是一種上衣下裳同色的衣服，

2　陳偉，〈上博五〈三德〉初讀〉（簡帛網，2006 年 2 月 19 日）。

常用作祭服。他考釋如下：[3]

> 《後漢書・輿服志下》：秦以戰國即天子位，滅去禮
> 學，郊祀之服皆以袀玄。
> 《郭店簡・成之聞之》簡 7：君袀冕而立於阼，一宮
> 之人不勝亓（其）敬。

對於郭店簡中被讀作「袀」的那個字，裘錫圭先生指出：
「『君』下一字也許不是『均』，但確是一個從『勻』聲的
字，在此讀為『袀』。其下一字疑當釋為『禮』，讀為
『冕』。袀冕，意即袀服而冕，在此當指祭服（袀服為上衣
下裳同色之服）。《禮記・祭統》謂將祭之時，君與夫人皆
齋，『然後會於太廟，君純冕立於阼』。『袀』、『純』義通。
《漢書・王莽傳下》『時莽紺袀服』注：『袀，純也，純為紺
服也。』《淮南子・齊俗》『尸祝袀袨』注：『袀，純服；
袨，墨齋衣也。』疑《禮記》『純冕』與『袀冕』同義。」
因此，簡文中的「袀衣」也應當是指祭祀時穿的衣服。正如
諸位先生所談到的，「袒」與凶服有關，是屬於喪禮之一
種，那麼「毋袀衣交袒」大意似當為「不要穿著祭祀時的袀
服來行喪禮」。這恰同前文「毋凶服以亯祀」相對。

　　筆者的看法和陳偉、范常喜先生不同，這裡首先說明與范常喜
先生的不同。范先生說「衿」字右半从「勻」，可能有誤，郭店楚
簡〈成之聞之〉中那個釋為「袀」的字，「勻」的部分左上角出頭，

---

[3] 范常喜，〈《上博五・三德》札記六則〉（簡帛網，2006 年 5 月 18 日）。

而楚簡所見「今」或从「今」的字，幾乎沒有左上角出頭者，所以此推測並不確實。而且，如下文所論證的那樣，「衿衣交袒」和祭服也沒有什麼關係。[4]

在此，先列出筆者的斷句和釋文。

> 高陽曰：「毋凶服以享祀，毋錦衣絞袒■傒子，是謂忘神。……」

筆者支持李零先生將「衿」讀爲「錦」，贊同陳偉先生將「交」讀爲「絞」。但覺得在釋意之前，有必要首先解決以下幾個前提問題。

第一，高陽的話倒底到哪兒結束？可能受「交袒」下墨塊的影響，李零先生認爲到「毋錦衣交袒」結束，從陳偉、范常喜先生的

---

[4] 關於范常喜先生的見解，北京大學中文系橋本秀美先生在給筆者信中，有如下看法：

> 均服、袀玄，清人多有討論，應當參考。提到「均服」一般都想到《左傳》「均服振振」，是軍服，不是什麼祭服。「袀玄」見〈士冠禮〉、〈士昏禮〉。漢人注釋「袀」有玄、皆二義。可參《儀禮漢讀考》、《儀禮正義》等。〈祭統〉「君純冕立於阼」，同此一句，《內司服》注、〈明堂〉以及〈祭統〉下文作「卷冕」。「卷冕」依鄭玄即袞冕。「純冕」是什麼？南北朝義疏家整理鄭玄學說，認定「純」有緇、帛二義。依此理論，「純冕」的「純」似當是緇。但「純冕」別處不見，因此孔疏解釋亦不甚精詳。值得注意的是，按照義疏家整理的鄭玄學說，「純」並沒有皆義。〈王莽傳〉注以「純」理解為皆，非傳統經學訓詁。顏師古訓詁往往與傳統經學不合。總之，漢代訓詁「袀」有玄、皆二義，義疏學訓詁「純」有玄（緇）、帛二義，只有玄義相通。冕服基本上是祭服，凶事不得服冕服，自然沒有問題。但「袀衣」不是「袀冕」，「袀衣」與「袀冕」只是「袀」字相同而已。說「袀冕」是祭服，就憑著「冕」字。現在不知道「袀衣」是什麼東西，怎麼能說是祭服呢？

釋讀沒有和「係子」聯繫起來看，也是這麼認為的。筆者以為，至少到「是謂忘神」結束，由於竹簡殘斷，不知後面的內容，很有可能「是謂忘神」後面也有高陽的話。第二，「係子」是否應該同「毋錦衣絞袒」斷開，和後面的「是謂」連讀？筆者以為當讀作「毋凶服以享祀，毋錦衣絞袒係子，是謂忘神。」即「忘神」指的是「凶服以享祀」和「錦衣絞袒係子」這兩件事，而「享祀」和「係子」是位置相同、性質相近的兩件事。「是謂」作為一個表判斷和命名的詞，是根據前文作出判斷，在「是謂」前加主語，語法不通。[5] 墨塊雖然是斷句的重要參考指標，但不是唯一的指標，當依據墨塊斷句影響文意，造成語法不通時，就不能作為參照，這種情形在已出楚簡思想史文獻中十分常見。第三，這兩個「毋……」是否如陳偉先生所言，都和「凶服」、「喪服」有關？筆者以為「錦衣絞袒係子」和「凶服」、「喪服」未必相關。第四，高陽這兩句話到底想說什麼？筆者認為，說的是一個人在參與卜神」事時應有的禁忌或禮節。下面逐句展開具體的分析。

　　「毋凶服以享祀」，意為不可穿著「凶服」去祭祀。以下兩段引文最能說明問題。

　　　　凡國之大祭祀，令州里除不蠲，禁刑者、任人及凶服者，以及郊野，大師、大賓客亦如之。(《周禮・秋官・司寇》)

---

[5] 王貴元，〈上博五札記二則〉(簡帛網，2006 年 3 月 3 日)認為「係」從「奚」，係子「就是傳說中的造車者『奚仲』，……高陽為夏之古帝，奚仲為夏之車正，連舉二人，正在情理之中」。解釋是否合理暫且不論，首先語法上就存在問題。

郊之祭也，喪者不敢哭，<u>凶服者不敢入國門</u>，敬之至也。
（《禮記·祭義》）[6]

　　在祭祀場合，不允許凶服者進入，這是不難理解之事，因爲那是對神的大不敬。按照范常喜先生的理解，第二句正好相反，意爲「不要穿著祭祀時的袡服來行喪禮」，文獻中卻找不到類似記載。〈三德〉中有不少由「毋……毋……」或類似結構形成的句子，兩兩相對，用於說明同一件事情，如「毋為角言，毋為人倡」、「毋作大事，毋害常」、「毋壅川，毋斷洿」、「毋滅宗，毋虛啉」、「毋〔改〕斂（圖？），毋變事」、「毋煩姑嫂，毋恥父兄」、「毋羞貧，毋笑刑」、「毋揣深，毋度山」、「毋逸其身，而多其言」、「居毋惰，作毋荒」、「善勿滅，不祥勿為」、「入墟毋樂，登丘毋歌」。[7] 這些兩兩相對的句子，並不要求意思完全相反，祇是表示出相同的傾向而已。

　　筆者以爲，「毋錦衣絞袡係子」，可能意爲不能穿著華美的服裝參與喪事。陳偉先生認爲「絞」是「絞帶」，即服喪者掛在腰上的帶子。關於「袡」，陳偉先生沒有太多的解釋，祇是引用了《禮記·喪服小記》「括髮於堂上」之孔疏「袡，謂堂上去衣」，這是兒子奔父之喪的情景，如果可以和〈三德〉相對照，那麼「毋錦衣絞袡係子」所勸誡的對象就是喪主了。但喪主使用華美的「絞帶」和服飾做凶服是不可思議的。事實上，文獻中「絞帶」也無單言「絞」者。所以，這裡有解釋不通的地方。先不管「係子」究竟何

---

[6]　《禮記·郊特牲》有相似內容，作「祭之日……喪者不哭，不敢凶服。」
[7]　筆者對這些帶「毋……毋……」結構的句子作過詳細解釋，參見本書第十章〈〈三德〉釋讀十八則〉。

意，筆者以爲，「錦衣絞袒係子」和「凶服」、「喪服」無關。它和「毋凶服以享祀」一樣，屬於冒犯神靈的事。如果這裡的場景和喪事有關，那所勸誡的對象應該是吊唁者，而不是喪主。《禮記·玉藻》中有以下這段話，可以給我們啓發：

> 不文飾也，不裼。裘之裼也，見美也。弔則襲，不盡飾也，君在則裼，盡飾也。服之襲也，充美也，是故尸襲，執玉、龜襲，無事則裼，弗敢充也。

可見，何時可以袒（裼）何時不可以袒（裼）是與禮相關的大事，「不文飾也，不裼」說的是如果不需要展露華美的文飾，就不「袒」露出裡面的裼衣。「弔則襲，不盡飾也」，說的是「喪家小斂後，君子去吊喪，就要襲裘而往，由於心懷傷悼，就不宜竭力文飾禮數。」[8]《論語·鄉黨》有「羔裘玄冠，不以吊」。雖未提及「裼」，但表達了同樣的意思。《禮記·檀弓上》中記載了以下這個有趣的故事，既反映了吊喪時的著衣禮節，同時也說明喪主的「袒」（袒露左臂）和君子露出裼衣的「袒」（裼），用字相同，場合不同。吊喪者不應該「袒」，正是「毋錦衣絞袒係子」想要強調的吧。

> 曾子襲裘而弔，子游裼裘而弔。曾子指子游而示人曰：「夫夫也，爲習於禮者，如之何其裼裘而弔也」。主人既小斂，袒、括髮。子游趨而出，襲裘、帶、絰而入。曾子曰：「我過矣，我過矣，夫夫是也。」

8　釋文參照王文錦，《禮記譯解》（北京：中華書局，2001年），頁416。

這樣看來,「毋錦衣絞袡俶子」很可能與吊唁活動有關,君子如果穿著華美的袡衣去吊唁,是和穿著喪服去祭祀一樣屬于冒瀆神靈之事。筆者以為這是最為妥貼的解釋。「俶子」的意思可能和吊唁活動相關。

從《禮記·玉藻》「是故尸襲,執玉、龜襲」看,祭禮中扮演象徵祭享對象的「尸」、聘禮中執玉的聘使、占卜時執龜的卜者,都得「襲」,不能「袡」露出袡衣。所以「俶子」可能和「尸」、「卜」這些「神」事活動也有關。[9]

那麼,「錦衣絞袡」四字該如何解釋呢?《禮記·玉藻》中有從國君到平民冬季穿著禮節的詳細介紹,表明最裡面是裘衣,裘衣外面是有文飾的袡衣。據前面的引文,袡衣上面應該還有外衣「襲」。

> 君衣狐白裘,錦衣以裼之。君之右虎裘,厥左狼裘。士不衣狐白。君子狐青裘豹褎,玄綃衣以裼之。麛裘青犴褎,絞衣以裼之。羔裘豹飾,緇衣以裼之。狐裘,黃衣以裼之。錦衣狐裘,諸侯之服也。犬羊之裘不裼。

如果列表,如下所示:

---

[9] 武漢大學歷史系楊華先生告訴筆者,「毋錦衣絞袡俶子」可能意為祭祀死者時,抱「尸」之人不可以穿著華麗服飾。就是說「俶」即「係」,作動詞解,意為「抱」,「子」指代「尸」。的確如《禮記·曾子問》:「曾子問曰:『祭必有尸乎。……』孔子曰:『祭成喪者必有尸,尸必以孫。孫幼,則使人抱之。無孫,則取於同姓可也。』」所言,代死者受祭之人多以死者之孫或孫輩為之,年幼,需要有人抱著。但「俶」是否可以解為「抱」,「子」是否指代「尸」,都還不能確證。聊備一說。

	裘	裼衣
國君	狐白裘	錦衣
大夫、士	狐青裘豹褎	玄綃衣
〃	麛裘青犴褎	絞衣
〃	羔裘豹飾	緇衣
〃	狐裘	黃衣
平民	犬羊之裘	不裼

這樣看來，國君著狐白裘時，裼之露錦衣；大夫、士著麛裘時，裼之露絞衣。這是否說明「毋錦衣絞袒係子」的勸誡對象既包括國君，也包括一般的「士大夫」呢。筆者以為，〈三德〉的作者並不一定有《禮記·玉藻》那樣清晰的著衣分層意識。「錦衣」未必專指國君的裼衣，《詩經·終南》有「君子至止，錦衣狐裘」，這裡的「君子」就並非指君主，而且「錦衣狐裘」是將《禮記·玉藻》中國君穿的「錦衣」和士大夫穿的「狐裘」搭配在一起，所以「錦衣」可能泛指華麗的服飾。按照王文錦先生的解釋，「麛裘青犴褎，絞衣以裼之」意為「穿幼鹿裘衣，用青色野狗皮鑲袖口，配上蒼黃色的裼衣」，[10] 所以「絞袒」即「絞衣以裼之」，指袒露出來的蒼黃色的裼衣，和「錦衣」相同，在此也泛指華麗服飾吧。士大夫的其他穿著，如「狐青裘豹褎，玄綃衣以裼之」即「穿狐青裘，用豹皮鑲袖口，用天青色的生絲絹做裼衣」；「羔裘豹飾，緇衣以裼之」即「穿黑羔裘，用豹皮鑲袖口，配上黑色的裼衣」；「狐裘，黃

---

[10] 王文錦，《禮記譯解》（北京，中華書局，2001），頁 415。

衣以裼之」即「穿狐裘,配上黃色的裼衣」,[11] 等等各種華美服飾,在〈三德〉創作當時,也許已經存在,但作者不必一一列出,僅用「錦衣」、「絞衣」作了代表而已。

結語

本章關於「衿衣交衽」,祇是做了一個推測性的分析,尚未形成最具說服力的結論,因爲最爲關鍵的「係子」一詞,並未得出明確的答案。由於竹簡的殘斷,也由於筆者在經學方面的淺薄,我祇能做到這一步,權當拋磚引玉,以俟更爲精闢的學說。[12]

---

[11] 同上。

[12] 在拙文寫作之際,曾向山東大學文史哲研究院劉曉東先生、武漢大學歷史系楊華先生、北京大學中文系橋本秀美先生請教,得到了許多寶貴的意見,在此謹表謝意。

第十二章

〈三德〉所見「皇后」為「黃帝」考

《上海博物館藏戰國楚竹書（五）》之〈三德〉中有以下一段
話：

> 高陽曰：「毋凶服以享祀■，毋錦衣絞袒係子，是謂忘
> 神。……」【以上 9 號簡】皇后曰：「立。毋為角言■，毋為
> 人倡■。毋作大事■，毋害常■。毋甕川■，毋斷汚■。毋滅宗
> ■，毋虛牀■。毋〔改〕敔（圖？）■，毋變事■。毋煩姑
> 嫂，毋【以上 10 號簡】恥父兄■。毋羞貧■，毋笑刑■。毋
> 揣深■，毋度山■。毋逸其身，而多其言■。居毋惰■，作毋
> 荒■。善勿滅■，不祥勿為■。入墟毋樂■，登【以上 11 號
> 簡】丘毋歌■，所以為天禮■。」

筆者對這段話的句讀作了重新調整，對部分難解的文意做了闡
釋，並將其設定為下篇的第一節。[1] 在〈三德〉中，「某某曰」祇

---

[1] 〈三德〉的分章與分節參見本書第九章〈〈三德〉的編聯與分章〉，簡文的釋

出現兩次，一次是「高陽曰」、一次是「皇后曰」，都集中在這一節中。因為竹簡殘斷，「高陽曰」不知在何處結束，但「是謂忘神」一定包括在他的話中，李零先生的斷句「高陽曰：『毋凶服以享祀■，毋錦衣絞袒。』係子是謂忘神⋯⋯」，[2] 是不合理的。[3] 筆者將「皇后曰」的內容設定為到「所以為天禮」為止，是考慮到兩兩相對的句型方式到此為止，僅是權宜之計。「皇后曰」延伸到下篇的第二節也並非沒有可能。

　　「高陽曰」和「皇后曰」具有共同的語言特徵，即都用兩個「毋⋯⋯」（或「勿⋯⋯」）構成對子，說明同一件事情。其言多為人處事方面告誡之語。可見高陽和「皇后」都是具有崇高地位、備受尊敬的人。

　　高陽即顓頊。《大戴禮記・五帝德》中有「顓頊，黃帝之孫，昌意之子也，曰高陽。洪淵以有謀，疏通而知事。養材以任地，履時以象天，依鬼神以制義，治氣以教民，潔誠以祭祀。」《史記・五帝本紀》有相似記載：「帝顓頊高陽者，黃帝之孫而昌意之子也。靜淵以有謀，疏通而知事。養材以任地，載時以象天，依鬼神以制義，治氣以教化，絜誠以祭祀。」〈三德〉說：「天供時，地供材，民供力」，又說：「鬼神禋祀，上帝乃怡，邦家〔不？〕荅（路？露？）」（簡8～簡17）、[4]「民之所欲，鬼神是祐」（簡20），

讀參見第十章〈〈三德〉釋讀十八則〉、十一章〈關於〈三德〉9 號簡文的釋讀〉、十三章〈〈三德〉與《黃帝四經》對比研究〉。

[2] 馬承源主編，《上海博物館藏戰國楚竹書（五）》（上海：上海古籍出版社，2005），頁 294。

[3] 具體的論證，參見本書第十一章。

[4] 簡 8 與簡 17 相聯，在簡 8 末尾補一「不」字，是筆者的觀點，參見本書第九章。

在同時重視「天、地、人（民）、鬼神」的姿態上，〈三德〉與《大戴禮記・五帝德》、《史記・五帝本紀》上引部分完全相同。

筆者在〈〈三德〉與《黃帝四經》對比研究〉[5] 中，從用詞相似、結構相似的角度反覆闡述了〈三德〉和《黃帝四經》（除〈道原〉篇外）有著密切的關係。在《黃帝四經》的《十六經》中高陽兩次登場。《十六經・正亂》中的「高陽」是輔佐黃帝剿滅蚩尤的人。開頭部分力黑問太山稽的話中提到了高陽，但因為缺字太多，無法判斷與高陽有何關係。中間有「戰數盈六十而高陽未夫」，可能是說高陽與蚩尤已交戰六十次，但還未成年。《新序・雜事第五》中有「昔有顓頊行年十二而治天下」，《鶡冠子・數始五帝治天下第七》有「昔者帝顓頊年十五而佐黃帝，二十而治天下。其治天下也，上緣黃帝之道而行之，學黃帝之道而常之。」這裡均提到顓頊未成年已治天下，而且《鶡冠子》還特別指出，顓頊的統治之道和「黃帝之道」是完全相同的。

《十六經・姓爭》有「高陽問力黑曰：『天地〔已〕成，黔首乃生。莫循天德，謀相覆傾。吾甚患之，為之若何』。力黑對曰：⋯⋯。」《十六經・正亂》中出現的力黑（力牧）和太山稽傳說都是黃帝之臣。[6] 而《十六經・姓爭》中的力黑以高陽之臣面貌出現，這裡的高陽已是統治者的形象。

「皇后」一詞見於《尚書・顧命》「皇后憑玉几，道揚末命，命汝嗣訓，臨君周邦。」蔡沈的集傳云：「后，君也。」這裡的「皇后」當指周成王。《尸子・廣澤》云：「天、帝、皇、后、辟、

---

5 參見本書第十三章。
6 《淮南子・覽冥》有「昔者，黃帝治天下，而力牧、太山稽輔之。」高誘注：「力牧、太山稽，黃帝師。」

公，弘、廓、宏、溥、介、純、夏、幠、冢、晊、昄，皆大也。十有餘名而實一也。」故「皇后」的意思當爲君王的美稱。

〈三德〉中的「皇后」位置雖在高陽之後，但和高陽一樣，都有居高臨下的口吻，說的話似比高陽更長些。從〈三德〉內容看，有很多地方顯然是在指導當政者如果想要成爲「明王」，該做什麼，不該做什麼。因此，並列出現兩次的「某某曰」，標誌著「皇后」和高陽一樣，地位要高於一般的統治者，處於聖人的位置，而且不是君王的泛稱，而是特指某一個人。

「皇后」一詞亦見於《黃帝四經》中《十六經》，《十六經・雌雄節》中有「皇后屯歷吉凶之常，以辨雌雄之節，乃分禍福之向。」這裡的「皇后」應該指的就是「黃帝」。[7] 如鄭開、張慧姝、谷斌等共著《白話道教經典　黃帝四經今譯、道德經今譯》所指出的那樣，《十六經・五正》中有「黃帝問閽冉曰：『吾欲布施五正，焉止焉始。』對曰：……黃帝曰：……對曰：『后中實而外正，何〔患〕不定。』」「后」指的就是「黃帝」。[8] 而且，《十六經》中，「黃帝」毫無疑問是主人公，它出現於〈立命〉（稱爲「黃宗」）、〈觀〉、〈五正〉、〈果童〉、〈正亂〉（有時稱「黃帝」有時稱「帝」）、〈成法〉、〈順道〉等篇中，〈姓爭〉則以高陽爲主人公，其餘各篇雖然沒有明確的主人公，但說其闡發的都是「黃帝之道」並

---

[7]　余明光，《黃帝四經與黃老思想》（哈爾濱：黑龍江人民出版社，1989），頁303；陳鼓應，《黃帝四經今註今譯──馬王堆漢墓出土帛書》（臺北：臺灣商務印書館，1995），頁 333；魏啓鵬，《馬王堆漢墓帛書〈黃帝書〉箋證》（北京：中華書局，2004），頁 147，均認爲「皇后」即「黃帝」，但未作論證。

[8]　鄭開、張慧姝、谷斌著，《白話道教經典　黃帝四經今譯、道德經今譯》（北京：中國社會科學出版社，1996），頁 90。

不過分，所以我們說〈雌雄節〉中的「皇后」就是「黃帝」，是有充分依據的。

說〈三德〉中的「皇后」也是「黃帝」，是基於以下理由。

第一，如前所述，「皇后」和高陽相並列，應該不是泛指的君王，而是特指的某一聖人。

第二，《黃帝四經》的《十六經·正亂》中高陽和黃帝並列出現，《正亂》最後部分有「上帝以禁。帝曰：『乏禁，流醢，亂民，絕道，反義逆時，非而行之，過極失當，擅制更爽，心欲是行，其上帝未先而擅興兵，視蚩尤共工。……』帝曰：『謹守吾正名，毋失吾恆刑，以視（示）後人。』」這裡的「帝」，不同於「上帝」，「上帝」是不言的。「帝」就是指的「黃帝」。

第三，從上引《十六經·正亂》中可以看出，「上帝」、「黃帝」、「高陽」同時出現。如「上帝以禁」所表示的那樣，「上帝」祇有姿態的展示，並無具體的言語和行動。[9]〈三德〉也一樣，在〈三德〉中「上帝」使用頻率很高。如「上帝將憎之」（簡2）、「上帝是祐」（簡6）、「上帝乃怡」（簡6）、「上帝弗諒」（簡8）、「上帝喜之」（香港簡）。「上帝」不像「高陽」、「皇后」那樣，用言語，即用「毋……毋……」來禁止、勸導人們做什麼，祇是用他的「喜怒」即各種好的或壞的自然現象來表示他至高的權威，所以他其實是「天」的化身。地位要高於「高陽」、「皇后」。「上帝」應該和〈三德〉所見「天」、「皇天」、「上天」處於相同的位置。「皇后」、「高陽」作為人類的最高君主，才有具體的言語和行動。對照〈正

---

[9] 《黃帝四經》中除《十六經·正亂》外，上帝還出現了一次，也是姿態的展示。即〈稱〉篇中有「宮室過度，上帝所惡」。類似的表達在〈三德〉中也有，作「宮室過度，皇天之所惡，雖成弗居」（簡7）。

亂〉中「上帝」、「黃帝」、「高陽」三者關係,〈三德〉中的「皇后」也祇能與「黃帝」對應。筆者認為,〈三德〉中的「后帝」可能也指的是「黃帝」。簡 19 有「皇天之所棄,而后帝之所憎」,這裡「皇天」代表的是「天」、「上帝」,「后帝」代表的是人,但非普通的君王,祇能是「黃帝」。

　　第四,〈三德〉中,有這樣一句話:「天之所敗,多其賕,而寡其憂。興而起之,思蹎而勿救。」意為「上天要使某人走向敗亡,必多其來路不正的財物,而少其憂患意識。故意擡高對方,然後使對方倒下去而不能得救。」[10] 「思」顯然就是「使」字,「蹎」字李零先生作「道?」,又說也有可能是从辵从真的字。筆者認為,這個字就是「蹎」,意為「倒仆」。《十六經·正亂》中有以下這樣一段話:

　　　　民生有極,以欲淫溢,淫溢□失,豐而〔為〕□,□而為
　　　　既,予之為害,致而為費,緩而為□。憂恫而窘之,收而為
　　　　之咎。纍而高之,踣而弗救也。

魏啓鵬先生對這段話作如下解釋:

　　　　那個人(筆者按:指蚩尤)的生涯之所以必定滑向窮途末
　　　　路,因為他充滿貪欲,驕橫奢侈,荒淫無度。凡驕奢淫逸者
　　　　必定失敗,豐盈會變成歉貧,充裕會變成竭盡,給予他好處
　　　　反而會給他帶來危害,大量羅致財貨反而會給他帶來浪費,

---

[10] 對這段話的釋讀,可同時參看本書第十三章。

寬綽闊氣反而會給他帶來局促壓迫。等到蚩尤面臨煩憂困窘
之時，就抓捕他懲辦治罪。這就是層層擡高他的地位，高到
讓他自己向前撲倒下來，誰也救不了他。[11]

　　《十六經·正亂》的「纍而高之，踣而弗救也」在表達方式上
和〈三德〉的「興而起之，思躓而勿救」非常相似。前面部分雖然
內容不同，但同樣是「天之所敗，多其賕，而寡其憂」的思路。
《十六經·正亂》講的是黃帝擒蚩尤的故事，〈三德〉並沒有具體
的故事，但我們說〈三德〉和《十六經·正亂》是在共同的思想背
景下創作出來的，恐不為過。所以會有思想上和用詞上的相似。如
果說這一共同的思想背景是「黃帝之道」，那麼，說〈三德〉中的
「皇后」就是「黃帝」，完全是合理的推斷。

　　第五，〈三德〉不僅僅和《十六經·正亂》相似，如筆者在
〈〈三德〉與《黃帝四經》對比研究〉[12] 中論證的那樣，〈三德〉的
許多用詞和文章結構同《黃帝四經》的《經法》、《十六經》、〈稱〉
相似。這反映出兩者間思想構造上的相似。這也證明了在〈三德〉
中出現「黃帝」是完全不奇怪的。

　　認定〈三德〉中的「皇后」就是「黃帝」，具有重要的意義。
即便〈三德〉中沒有「黃帝」，也可以確認〈三德〉具有某種程度
的黃老思想傾向，但「黃帝」的明確認定，更為這種思想傾向提供
了有力的證據。現在，我們可以將〈三德〉視為和黃老思想有關的
著作，並在此基礎上分析它與《黃帝四經》（除〈道原〉篇外）的

---

[11] 魏啓鵬，《馬王堆漢墓帛書〈黃帝書〉箋證》（北京：中華書局，2004），頁
138～139。
[12] 參看本書第十三章。

特殊關係，分析它與其他傳世文獻或出土文獻所見黃老思想的關
係，將其作爲重要材料來探討黃老思想的淵源和演變。〈三德〉這
類黃老思想著作的出現，也說明了上博簡的思想成分非常複雜，既
有不少所謂儒家系統的作品，也有〈三德〉、〈恆先〉這類具黃老思
想傾向的作品。〈恆先〉從宇宙生成論引出人間政治哲學，從萬物
「自生」引出萬物必然自爲、統治者必然無爲的思路，其實也是典
型的黃老思維。[13] 上博簡的其他作品是否也受到黃老思想的影響，
這些具黃老思想傾向作品之存在，是否有助於我們對上博簡形成時
代的認定，這些都是值得今後深入探討的問題。

---

[13] 本書第七章作了詳細的論述。

第十三章

〈三德〉與《黃帝四經》對比研究

前言

　　1973 年出土的馬王堆帛書《老子》乙本卷前古佚書（雖然有不同意見，但學界習慣稱其為《黃帝四經》、也有學者稱之為《黃帝書》）為我們提供了研究黃老思想的極為珍貴的材料，想不到僅僅過了三十年，又有新的類似的材料問世，這就是《上海博物館藏戰國楚竹書（五）》之〈三德〉篇。〈三德〉和《黃帝四經》的對比研究，既可以為〈三德〉簡文的解釋提供幫助，又可以為《黃帝四經》之《經法》、《十六經》、〈稱〉[1] 三篇尋找思想來源。本文通過對比〈三德〉和《黃帝四經》（除〈道原〉篇外）在用詞、用韻，以及文章結構上的相像，認為兩者間有著密切的關係，〈三德〉有可能是《黃帝四經》（除〈道原〉篇外）的前身。為閱讀方便，無論〈三德〉還是《黃帝四經》，對其中凡能確定的通假字、異體字，不再標注原文，一律使用通行字體。[2]

---

[1] 《黃帝四經》由《經法》、《十六經》、〈稱〉、〈道原〉四篇構成，《經法》、《十六經》又由若干篇組成，故視其為專書，用《　》表示，〈稱〉、〈道原〉為單篇，用〈　〉表示。

[2] 〈三德〉的釋讀，參照本書第九、十、十一章。《黃帝四經》的釋讀，筆者

第一節　用詞之相似

（一）「天、地、民（人）」

簡1云：「天共（供）時，地共（供）材，民共（供）力，明王無思，是謂三德。」李零先生舉《大戴禮記・四代》「有天德，有地德，有人德，此謂三德」以相對照。《黃帝四經》中雖然沒有「三德」這種表達方式，但如下所示，「天、地、民（人）」共舉的現象極為普遍。

參照了以下文獻。

唐　蘭，〈馬王堆出土《老子》乙本卷前古佚書的研究——兼論其與儒法鬥爭的關係〉及「附錄一」、「附錄二」，《考古學報》1975 年 1 期。

國家文物局古文獻研究室編，《馬王堆漢墓帛書（壹）》（北京：文物出版社，1980 年）。

余明光，《黃帝四經與黃老思想》（哈爾濱：黑龍江人民出版社，1989 年）。

余明光，《黃帝四經今注今譯（中英對照）》（長沙：岳麓書院，1993 年）。

陳鼓應，《黃帝四經今註今譯——馬王堆漢墓出土帛書》（臺北：臺灣商務印書館，1995 年）。

鄭開、張慧姝、谷斌，《白話道教經典　黃帝四經今譯、道德經今譯》（北京：中國社會科學出版社，1996 年）。

東京大學馬王堆帛書研究會編，《馬王堆漢墓出土老子乙本卷前古佚書經法四度篇譯注》（東京：東京大學中國思想文化學研究室刊行，1997 年）。

東京大學馬王堆帛書研究會編，《馬王堆漢墓出土老子乙本卷前古佚書經法論篇譯注》（東京：東京大學中國思想文化學研究室刊行，1998 年）。

東京大學馬王堆帛書研究會編，《馬王堆漢墓出土老子乙本卷前古佚書經法亡論篇、論約篇譯注》（東京：東京大學中國思想文化學研究室刊行，1999 年）。

魏啓鵬，《馬王堆漢墓帛書〈黃帝書〉箋證》（北京：中華書局，2004 年）。

天地有恆常，萬民有恆事。……天地之恆常，四時、晦明、生殺、柔剛。萬民之恆事，男農、女工。（《經法·道法》）

王天下者之道，有天焉、有人焉、有地焉。三者參用之，□□而有天下矣。（《經法·六分》）

主上者執六分以生殺，以賞〔伐〕，以必伐。天下太平，正以明德，參之於天地，而兼覆載而无私也，故王天〔下〕。（《經法·六分》）

參於天地，合於民心，文武並立，命之曰上同。（《經法·四度》）

日月星辰之期，四時之度，〔動靜〕之位，外內之處，天之稽也。高〔下〕不蔽其形，美惡不匿其情，地之稽也。君臣不失其位，士不失其處，任能毋過其所長，去私而立公，人之稽也。（《經法·四度》）

人主者，……。不天天則失其神，不重地則失其根。不順〔四時之度〕而民疾。（《經法·論》）

始於文而卒於武，天地之道也。四時有度，天地之理也。日月星辰有數，天地之紀也。三時成功，一時刑殺，天地之道也。……一立一廢，一生一殺，四時代正，終而復始，〔人〕事之理也，逆順是守。功溢於天，故有死刑。功不及天，退而无名。功合於天，名乃大成。人事之理也。（《經法·亡論》）

吾受命於天，定位於地，成名於人。(《十六經‧立命》)

吾畏天愛地親〔民〕。……吾畏天愛〔地〕親民。(《十六經‧立命》)

觀天於上，視地於下，而稽之男女。(《十六經‧果童》)

兵不刑天，兵不可動。不法地，兵不可措。刑法不人，兵不可成。(《十六經‧兵容》)

行非恆者，天禁之。爽事，地禁之。失令者，君禁之。三者既脩，國家幾矣。(《十六經‧三禁》)

聖〔人〕舉事也，合於天地，順於民，祥於鬼神，使民同利，萬夫賴之，所謂義也。(《十六經‧前道》)

故王者不以幸治國，治國固有前道，上知天時，下知地利，中知人事。(《十六經‧前道》)

天惡高，地惡廣，人惡苛。高而不已，天闕之。廣而不已，地將絕之。苛而不已，人將殺之。(《十六經‧行守》)

天制寒暑，地制高下，人制取予。(〈稱〉)

將世界作「天」、「地」、「人」之區分，在論述政治問題時，好用「天、地、人」並舉的框架，這在黃老思想中十分普遍。在《黃帝四經》中，「天地」往往屬於同一級別，有時用「天」一個字也能代表「天地」，而政治上的統治者往往是參「天」、「地」、「人」三者之「聖人」，或者統治者代表「人」與「天地」相參，這是典型

的「三才思想」。要指出的是，並非「天、地、人」簡單羅列在一
起就是「三才思想」，如《荀子・天論》「天有其時，地有其財，人
有其治，夫是之謂能參。舍其所以參，而願其所參，則惑矣」所
言，「三才思想」更強調「人」的主體性和能動性作用，表明高明
的君王能高超地把握「天」、「地」、「人」三者之道，能代表「人
道」和「天地之道」相參，而〈三德〉還看不出相參的表述，[3] 所
以，從時代上看，〈三德〉可能更早一些。

（二）「天」

　　在《黃帝四經》中，「天」是個非常重要的概念，如前所述，
因為「天地」往往在同一級別上，所以有時會「天地」連用，代表
的是恆常的、不變的準則規範，而不是有意志、有作為的人格神、
主宰神。有時它可以轉變成為一個形容詞，表示「客觀的、絕對
的、不可違抗的」。[4] 〈三德〉中的「天」也有類似的特徵，雖然
「天」有時代表的是狹義的「天時」，如「知天足以順時」（簡
17）、「順天之時」（簡 18），但大部分與「天」相關之表述，則用其

---

[3]　范常喜，〈《上博五・三德》札記六則〉（簡帛網，2006 年 5 月 18 日）將
　　「明王無思，是謂參（三）德」中的「參」不讀為「三」，而讀為「相參」
　　的「參」。說「參德」是「明王參於天地之德」。但如整理者李零先生指出
　　的那樣，《大戴禮記・四代》明確將「天、地、人」和「三德」相聯，古典
　　文獻中亦無「參德」之用例，故此說不確。關於「三才思想」的集中討論，
　　可參照池田知久，〈儒家の「三才」と《老子》の「四大」（儒家的「三才」
　　與《老子》的「四大」）〉，《中村璋八博士古稀記念東洋學論集》（東京：汲
　　古書院，1996 年）。

[4]　關於這個問題，蔣樂群，〈帛書《經法》に關する一考察——「天殃」、「天
　　道」、「得天」等をめぐって——（對帛書《經法》的一個考察——從「天
　　殃」、「天道」、「得天」等出發——）〉，《中國出土資料研究》創刊號（東
　　京：中國出土資料學會，1997 年）一文有過詳細論述，可參照。

廣義，即「天」是恆常不變之規範體系的象徵或代名詞。如「順天之常」（簡 1）、「是謂天常」（簡 2）。《黃帝四經》則有「天地有恆常」（《經法・道法》）、「……不失其常者，天之一也」（《經法・論》）、「不循天常，不節民力，周遷而无功」（《經法・論約》）、「夫天有〔恆〕幹，地有恆常」（見《十六經》之〈行守〉、〈果童〉篇）。〈三德〉多見「皇天」，如「皇天將興之」（簡 2）、「皇天之所惡」（簡 8）、「皇天之所棄」（簡 19），《黃帝四經》中則有「黃帝曰：『請問天下猶有一乎。』力黑曰：『然，昔者皇天使鳳下道一言而止。』」[5]

〈三德〉中還有「天惡如忻」（簡 1）、[6]「天神」（簡 2）、「天乃降災」（簡 2）、「天乃降異」（簡 2）、「天命」（簡 3）、「天禮」（簡 3、簡 12）、「天之所敗」（簡 13）、「天災」（簡 14）、「天飢」（簡 15）、「仰天事君」（簡 15）、「敬天之鼓」（簡 17）、「……天無不從……天從之……天從之……天從之……天從之……」（簡 18）。大量使用「天」字同樣是《黃帝四經》的特徵，其中可見「天道」、「天德」、「天極」、「天當」、「天功」、「天理」、「天度」、「天常」、「天成」、「天殃」、「天誅」、「天刑」、「天毀」、「天佑」、「天之稽」、「天之期」、「天之性」、「天之命」、「天地之道」、「天地之理」、「天地之紀」、「得天」、「失天」、「順天」、「逆天」等等。雖然〈三德〉和《黃帝四經》有些用詞不完全相同，但所要表達的意境非常相近，均要求人類必須以天地的運行體系為模範與準則，才能得到「天」的祐護，不然將受到「天」之懲罰。如〈三德〉「天乃

---

[5]　〈三德〉的「皇天」亦即「上帝」，參照本書第十章。

[6]　根據上下文意，這句話很有可能讀為「天惡毋喜」，參見范常喜，〈《上博五・三德》札記六則〉（同注 3）。

降災」、「天乃降異」、「天災」之用意和《經法》的「天殃」、「天誅」、「天刑」、「天毀」接近，如《經法·國次》說：「過極失〔當〕，天將降殃。」《經法·六分》說：「主暴臣亂，命曰大荒。外戎內戎，天將降殃。」《經法·四度》說：「因天時，伐天毀，謂之武」，又說：「順為經紀，禁伐當罪，必中天理。倍約則窘，達刑則傷。倍逆合當，為若有事，雖无成功，亦无天殃。」《經法·亡論》說：「凡犯禁絕理，天誅必至」，又說：「興兵失理，所伐不當，天降二殃。」《經法·論約》說：「養死伐生，命曰逆成。不有人戮，必有天刑。」

另外，《經法·四度》說：「動靜不時，謂之逆，……逆則失天……失天則飢。」《經法·論》說：「不天天則失其神。」《經法·亡論》說：「逆節不成，是謂得天。逆節果成，天將不盈其命而重其刑。」《經法·論約》說：「功溢於天，故有死刑。功不及天，退而无名。功合於天，名乃大成。」《經法·名理》說：「事若不成，是謂得天。其事若果成，身必无名。重逆□□，守道是行，國危有殃。兩逆相攻，交相為殃，國皆危亡。」《十六經·姓爭》說：「順天者昌，逆天者亡。」也表達出所有的行動必須與「天」相合、以「天」為準則的意思。

〈三德〉的「天飢」和《經法·四度篇》「失本則〔損〕，失職則侵，失天則飢，失人則疾」中「失天則飢」可以聯繫起來。

「天禮」一詞，《黃帝四經》雖無，但「外內有辨、男女有別，是謂天禮」（簡3）表明外內、男女之別是不可變更、不可抗拒的「天」的禮數。《經法》對「外內」、「男女」問題論述甚多，關於「外內」，《經法·四度》說：「順治其內，逆用於外，功成而傷。逆治其內，順用其外，功成而亡。內外皆逆，是謂重殃，身危

為戮，國危破亡。外內皆順，命曰天當，功成而不廢，後不逢殃。」又「極陽殺於外，極陰生於內，已逆陰陽，又逆其位。大則國亡，小則身受其殃。」又「〔動靜〕之位，外內之處，天之稽也。」《經法・論》說：「不處外內之位，不應動靜之化，則事窘於內，而舉窘於〔外〕。……〔處〕外〔內之位，應動靜之化，則事〕得於內，而得舉得於外。」[7]《經法・名理》說：「亂積於內而稱失於外者伐，亡形成於內而舉失於外者滅。」關於「男女」，《經法・道法》說：「萬民之恆事，男農、女工。」《經法・六分》說：「主兩則失其明，男女爭威，國有亂兵，此謂亡國」，又說：「主兩，男女分威，命曰大迷。」

（三）「時」

〈三德〉多次提到「時」，如簡 1 說：「卉木須時而後奮。」認為統治者的一個重要職責就是謹守天時，不誤民時，如「驟奪民時，天飢必來」（簡 15），「奪民時以土攻，是謂……。奪民時以水事，是謂……。奪民時以兵事，是謂……」（簡 16），「〔不〕懈于時」（香港簡）。[8]《黃帝四經》認為「天」最重要的運行規則，簡單地說就是「四時」，所以要重「時」守「時」、依「時」而動，《黃帝四經》不厭其煩地論述這一點。

生必動，動有害，曰不時，曰時而□。（《經法・道法》）

天地之恆常，四時、晦明、生殺、柔剛。（《經法・道法》）

---

[7] 「舉」前「得」字為衍文。
[8] 這是一根斷簡，整理者李零先生認為「懈于時」上的字疑為「不」，可從。

天地无私，四時不息。天地位，聖人故載。(《經法·國次》)

動之靜之，民无不聽，時也。(《經法·君正》)

天有死生之時，國有死生之政。(《經法·君正》)

人之本在地，地之本在宜，宜之生在時，時之用在民，民之用在力，力之用在節。知地宜，須時而樹，節民力以使，則財生。(《經法·君正》)

〔毋〕苛事，節賦斂，毋奪民時，治之安。(《經法·君正》)

動靜不時，謂之逆。……逆則失本。……誅〔禁〕時當，謂之武。……武則強。(《經法·四度》)

日月星辰之期，四時之度，〔動靜〕之位，外內之處，天之稽也。(《經法·四度》)

因天時，伐天毀，謂之武。(《經法·四度》)

不順〔四時之度〕而民疾。……順四〔時之度〕□□□而民□□疾。(《經法·論》)

動靜不時，種樹失地之宜，〔則天〕地之道逆矣。(《經法·論》)

四時有度，天地之理也。……三時成功，一時刑殺，天地之道也。四時時而定，不爽不忒，常有法式，□□□□□。一

立一廢，一生一殺，<u>四時代正</u>，冬（終）而復始。〔人〕事之理也，逆順是守。(《經法·論約》)

逆順无紀，德虐无刑，<u>靜作无時</u>，先後無名。(《十六經·觀》)

是故為人主者，時節三樂，毋亂民功，<u>毋逆天時</u>。(《十六經·觀》)

<u>夫並（秉）時以養民功</u>，先德後刑，順於天。(《十六經·觀》)

<u>時</u>贏而事絀，陰節復次，地尤復收。……其<u>時</u>絀而事贏，陽節復次，地尤不收。(《十六經·觀》)

聖人不巧，<u>時反是守</u>。……<u>當天時</u>，與之皆斷。當斷不斷，反受其亂。(《十六經·觀》，〈兵容〉篇也有類似表述)

反義逆時，其刑視蚩尤。(《十六經·五正》，〈正亂〉篇也有類似表述)

明明至微，<u>時反以為機</u>。(《十六經·姓爭》)

<u>靜作得時</u>，天地與之。爭不衰，<u>時靜不靜</u>，國家不定。……靜作得時，天地與之。<u>靜作失時</u>，天地奪之。(《十六經·姓爭》)

聖人之功，<u>時為之庸</u>，<u>因時秉□</u>，是必有成功。(《十六經·兵容》)

是故君子卑身以從道，……柔身以待之<u>時</u>。(《十六經·前道》)

故王者……，上知<u>天時</u>，下知地利，中知人事。(《十六經·前道》)

<u>天開以時</u>，地成以財。(《十六經·順道》)

見地奪力，<u>天逆其時</u>，因而飭之，事還克之。若此者，戰勝不報，取地不反。(《十六經·順道》)

居不犯凶，<u>困不擇時</u>。(〈稱〉)

<u>時若可行</u>，亟應勿言。〔<u>時</u>〕若未可，塗其門，毋見其端。(〈稱〉)

毋先天成，<u>毋非時而榮</u>。先天成則毀，<u>非時而榮則不果</u>。(〈稱〉)

<u>寒時而獨暑，暑時而獨寒</u>，其生危，以其逆也。(〈稱〉)

當然，如果說〈三德〉的「時」主要和「民時」相關，那麼，「時」的概念在《黃帝四經》中要更複雜，涉及到依據「時」之循環往復，來合理安排農事、征伐、刑罰等一切政治活動，《黃帝四經》將這種理念和陰陽刑德思想結合起來。《黃帝四經》還將「時」與「時運」、「機運」相關聯，強調對時機的把握。有時將「時」之「反」上昇到哲學高度來考察。這都表明《黃帝四經》的思想遠比〈三德〉要豐富、成熟。

（四）「高陽」、「皇后」、「后帝」、「上帝」

〈三德〉中有「高陽」（簡9）、「皇后」（簡10）。「上帝」出現頻率很高，如「上帝將憎之」（簡2）、「上帝是祐」（簡6）、「上帝乃怡」（簡6）、「上帝弗諒」（簡8）、「上帝喜之」（香港簡）。還有所謂「后帝」，如「皇天之所棄，而后帝之所憎」（簡19），通過與《黃帝四經》之《十六經》相對比，我們發現，「高陽」、「皇后」、「上帝」在《十六經》中都能找到。可以確定，〈三德〉中的「皇后」、「后帝」就是「黃帝」。這兩篇文獻中，「高陽」、「黃帝」、「上帝」的角色雖然有所不同，但思想背景非常接近。拙文〈〈三德〉所見「皇后」爲「黃帝」考〉有詳述，請參照。[9]

（五）「故常」、「幹常」

〈三德〉簡5有「故常不利，邦失幹常。」這裡並不清楚「故常」、「幹常」指的具體是什麼。但無疑是法規、常制。《黃帝四經》也使用「故常」、「幹常」。如「變故亂常，擅制更爽。心欲是行，身危有〔殃，是〕謂過極失當。」（《經法·國次》）「天有恆幹、地有恆常。」（《十六經·果童》，又見〈行守〉篇）「過極失當，變故易常。德則无有，措刑不當。居則无法，動作爽名。是以受其刑。」（《十六經·姓爭》）在〈三德〉簡5「故常不利，邦失幹常」後面，還有「變常易禮」，這裡的「常」、「禮」其實也是「故常」、「幹常」之意。「變～易～」或類似用法，《黃帝四經》中多見。除上引「變故亂常」、「變故易常」外，還有《經法·道法》的「變恆過度」。

---

9 參見本書第十二章。

（六）「小邦」、「大邦」

〈三德〉簡 5 有「故常不利，邦失幹常。小邦則剗，大邦過傷。」《黃帝四經》中多見「小國」、「中國」、「強國」之用法，「邦」改爲「國」，當是避劉邦諱所致。如《經法‧六分》中有所謂「六逆」、「六順」，均爲政治現象，每種現象在不同的國家，有不同的反應，這裡僅舉「六逆」中第一例。

> 「其子父，其臣主，雖強大不王」→「嫡子父，命曰上曊，羣臣離志。大臣主，命曰壅塞」→「在強國削，在中國破，在小國亡」。

（七）「宮室」

〈三德〉簡 8 有「宮室過度，皇天之所惡，雖成弗居。」《黃帝四經》之〈稱〉中有「宮室過度，上帝所惡。為者弗居，雖居必路。」除《黃帝四經》最後一句外，兩者幾乎完全相同。

（八）「聖人之謀」

〈三德〉簡 13 中有「邦且亡，惡聖人之謀。」《黃帝四經》中，《經法‧四度》有「守怨之本，養亂之基，雖有聖人，不能為謀。」兩者方向有所不同，但都說到國家走向混亂之際，「聖人之謀」的命運。

（九）「土攻」

〈三德〉簡 16 有「奪民時以土攻。」《黃帝四經》中，《經法‧亡論》有「夏起大土功，命曰絕理。犯禁絕理，天誅必至。」《十六經‧三禁》有「毋逆土功」。

（十）「衣服」

　　〈三德〉簡 8 有「衣服過制，失於美，是謂違章。」《黃帝四經》中，《經法・君正》有「衣服不相逾，貴賤等也。」

（十一）「不祥」

　　〈三德〉簡 3 有「幽而陽，是謂不祥。」《黃帝四經》之《十六經・行守》有「驕溢好爭，陰謀不祥，刑於雄節，危於死亡。」

（十二）「大荒」

　　〈三德〉簡 7 有「喜樂無限度，是謂大荒，皇天弗諒，必復之以憂喪。」《黃帝四經》之《經法・六分》中有「主暴臣亂，命曰大荒，外戎內戎，天將降殃。」

（十三）「興而起之，思（使）蹎而勿救。」

　　〈三德〉簡 13～簡 14 有「天之所敗，多其賕，而寡其憂。興而起之，思（使）蹎而勿救。」《黃帝四經》中，《十六經・正亂》有「民生有極，以欲淫溢，淫溢□失，豐而〔為〕□，□而為既，予之為害，致而為費，緩而為□。憂恫而窘之，收而為之咎。纍而高之，踣而弗救也。」「興而起之，思（使）蹎而勿救」和「纍而高之，踣而弗救也」用語相似，而且前文的鋪墊也非常接近。拙文〈〈三德〉所見「皇后」為「黃帝」考〉[10] 有詳述，請參照。

---

[10] 參見本書第十二章。

（十四）「方縈勿伐，將興勿殺，將齊勿刲。」

〈三德〉簡 14 有「方縈勿伐，將興勿殺，將齊勿刲。」在〈〈三德〉零釋〉一文中，筆者對其作了詳細考證，[11] 認爲其文意可能指的是如何巧妙把握政治軍事時機的問題。「方縈勿伐」可能比喻必須消滅的敵方，其罪惡剛好露頭時，不要急於下手，要讓敵方的罪惡充分展現出來。「將興勿殺」，比喻對方正好實力強大，氣焰旺盛時，不可強硬壓服。「將齊勿刲」可能意爲等到最值得討伐時再出動，以期獲得最大的成功。《黃帝四經》中，〈稱〉篇有「有宗將興，如伐於□。有宗將壞，如伐於山。」陳鼓應先生認爲，「宗」即「宗族」、「氏族」、「種族」、「民族」，「伐」如《廣雅·釋詁》「伐，敗也」所云，爲崩潰之意。他將缺字補爲「川」，認爲「川」、「山」爲文元合韻。並解釋整句意思爲「當一個國家將要興起的時候，其勢如川澤之潰決；而當國家將要敗亡的時候，其勢如山峰之崩坍。」[12] 鄭開等先生未補缺字，解釋此句爲「一個宗族將要興盛，就像……一樣；一個宗族將要衰敗，其勢之迅猛，就像從山上砍伐樹木一樣難以阻擋。」[13] 魏啓鵬先生未作釋讀，祇說：「缺字殆可補爲『川』。」[14] 在筆者看來，這裡有兩個關鍵詞是相同的，即「興」和「伐」，而「伐」、「殺」、「刲」意義接近，因此我們把「將興勿殺」讀爲「將興勿伐」是沒有問題的，通過「將興勿伐」來看「有宗將興，如伐於□」，不管缺字該補什麼，意思應該是相通的，就是說「當一個國家正在興起時，去討伐的話，一定

---

[11] 參見本書第十章。

[12] 陳鼓應，《黃帝四經今註今譯——馬王堆漢墓出土帛書》（同注 2），頁 444。

[13] 鄭開、張慧妹、谷斌，《白話道教經典　黃帝四經今譯、道德經今譯》（同注 2），頁 33。

[14] 魏啓鵬，《馬王堆漢墓帛書〈黃帝書〉箋證》（同注 2），頁 219。

不會有好的結果」。「有宗將壞，如伐於山」正相反，意爲「當國家將要敗亡的時候，對其討伐就非常容易」。總之，〈三德〉的「方縈勿伐，將興勿殺，將齊勿剤」和〈稱〉篇的「有宗將興，如伐於□」可以相互發明，〈稱〉篇中的「伐」不必解爲「崩潰」，依然解作「討伐」爲好。

（十五）「毋……」

　　〈三德〉簡 10 有「毋壅川，毋斷洿。」《黃帝四經》之《十六經・三禁》有「地之禁，不〔墮〕高，不曾（增）下，毋服川。」〈三德〉簡 10 有「毋爲角言，毋爲人倡。」[15]《黃帝四經》之〈稱〉篇有「聖人不爲始」，「時若可行，亟應勿言。〔時〕若未可，塗其門，毋見其端。」

（十六）「幽、陽」

　　〈三德〉簡 3 有「陽而幽，是謂大戚。幽而陽，是謂不祥。齊齊節節，外內有辨，男女有別，是謂天禮。」看來這裡「陽」指的是「外」、「男」，「幽」指的是「內」、「女」。就是說「幽」、「陽」兩者不可顛倒，顛倒則必有大禍。這方面，《黃帝四經》也有類似表述。

　　　　極陽以殺，極陰以生，是謂逆陰陽之命。極陽殺於外，極陰生於內，已逆陰陽，又逆其位。（《經法・四度》）

---

[15] 這句話的解釋參見本書第十章。

當然，這裡的陰陽和生殺相關，是刑德思想之表現，外內也未必指的是家內、家外，宮內、宮外。〈三德〉未見陰陽刑德相輔相養的思想，而《黃帝四經》中這類思想却很發達。

> 陽親而陰惡，謂外其膚而內其勮。不有內亂，必有外客。膚既為膚，勮既為勮。內亂不至，外客乃卻。(〈稱〉)

這裡的內外指的是內心和外表，其意境與〈三德〉也有不同，但將「陰陽」、「外內」相聯的語言表達之方式是相似的。

從上述用例可以看出，用詞的相似可以分為兩類，一類是關鍵詞相似，「天、地、民（人）」、「天」、「時」、「高陽」、「黃帝」等。一類是普通用詞相似，如「故常」、「幹常」、「小邦」、「大邦」等等。關鍵詞相似反映出兩者在話題和思想背景上的一致。普通用詞之相似如果僅僅是一兩處，可以忽略不計，如此眾多的相似，那就決非偶然，這說明〈三德〉和《黃帝四經》之間在思想脈絡上存在著無可爭辯的關係。

第二節 用韻之相似

〈三德〉和《黃帝四經》多韻語，[16] 其中有些韻腳相似，這其實也屬於用詞相似的一類。為避免重複，就作為用韻相似之例來引用。如〈三德〉簡7有：

---

[16] 《黃帝四經》中的用韻情況，可參照楊柳〈帛書《黃帝書》韻讀〉，收入魏啓鵬，《馬王堆漢墓帛書〈黃帝書〉箋證》（北京：中華書局，2004年）。

> 喜樂無限度，是謂大荒，皇天弗諒，必復之以憂喪。凡飲食無量計，是謂滔皇，上帝弗諒，必復之以康。上帝弗諒，其祭弗享。

這裡的韻語是「荒」、「諒」、「喪」、「皇」、「諒」、「康」、「諒」、「享」，均歸陽部。同樣是描述統治者的荒淫、政治上的失敗、國家的危亡，《黃帝四經》的用詞用韻非常接近。

> 〔不〕知王術者，驅騁馳獵則禽荒，飲食喜樂則湎康，玩好嬛好則惑心。俱與天下用兵，費多而无功，單（戰）朕（勝）而令不〔行〕。……則國貧而民荒。(《經法・六分》)

這裡，「荒」、「康」、「兵」均為陽部，「功」屬東部，東陽合韻。[17]「荒」、「康」的韻腳完全相同。

　　《經法・六分》中還有「主暴臣亂，命曰大荒，外戎內戎，天將降殃。」這裡，「荒」、「殃」均屬陽部。除「荒」字外，「殃」在《黃帝四經》中作為韻腳使用非常頻繁，恕不一一列舉。〈三德〉也用「殃」字作韻腳，簡4開頭有「如反之，必遇凶殃。」

　　陽部字「常」在〈三德〉中多用為韻腳，如「順天之常」（簡1）、「是謂天常」（簡2）、「邦失幹常」（簡5）、「毋害常」（簡10），《黃帝四經》也一樣。如《經法・國次》中有「常」、「殃」連用的例子。

---

[17] 「陽」、「東」相押是楚方言特有的現象。詳見龍晦，〈馬王堆出土《老子》乙本卷前古佚書探原〉，《考古學報》第2期（1975年）。又見湖南省博物館編，《馬王堆漢墓研究》（長沙，湖南人民出版社，1981年）。然〈三德〉中似未見陽東合韻現象。

> 五逆皆成，□□□□，□地之綱。變故亂常，擅制更爽。心
> 欲是行，身危有〔殃。是〕謂過極失當。

這裡的「殃」雖是缺字，但前文有「功成而不止，身危有殃」，所以補個「殃」字絕無問題。

還有「皇」字，〈三德〉有「是謂滔皇」（簡 7），[18] 雖然在《黃帝四經》找不到和〈三德〉語義相同的使用方法，但作為韻語，則常見使用，如：

> 刑德皇皇，日月相望，以明其當，而盈□无匡。(《十六經‧觀》)

> 刑德皇皇，日月相望，以明其當。望失其當，環視其殃。天德皇皇，非刑不行。(《十六經‧姓爭》)

龍晦〈馬王堆出土《老子》乙本卷前古佚書探原〉認為，《黃帝四經》中「耕」、「真」相押出現頻率很高，這是使用楚方言的標誌之一。[19]〈三德〉以下這段話中可能也存在著耕真合韻的現象。

> 知天足以順時（之）■，知地足以固材（之）■，知人足以會親（真）■。不修其成（耕）■，而聽其縈（耕），百事不遂（物），慮事不成（耕）■。仰天事君（文），嚴恪必信（真）■。（簡 17～簡 15）[20]

---

[18] 「是謂滔皇」的解釋，參見本書第十章。

[19] 龍晦，〈馬王堆出土《老子》乙本卷前古佚書探原〉（同注 17）。

[20] 簡 17 與簡 15 相編聯的原因，請參照陳劍，〈談談《上博五》的竹簡分篇、

　　同一方言圈的人會傾向於使用相同或相似的韻語。方言圈相同、思想背景相似的文章，出於共同的引用或相互引用，韻語使用之相像就更明顯。現在，在〈三德〉和《黃帝四經》中找到許多相同的韻腳，而且還存在一些相像的合韻現象，這也爲兩者間存在不尋常關係提供了重要證據。

第三節　結構之相似

　　除了用詞用韻之相似，〈三德〉和《黃帝四經》兩者間還存在文章結構的相似。就〈三德〉上篇文章結構而言，[21] 有著非常醒目的規律可尋，那就是大量地採用「是謂」這種判斷式的表述方式。在此僅舉第一節的一些例子。

　　　陽而幽→是謂大感。

　　　幽而陽→是謂不祥。

　　　齊齊節節，外內有辨，男女有節→是謂天禮→敬之敬之，天命孔明。如反之，必遇凶殃。

　　　毋詁政卿於神次，毋享逸安、求利、殘其親→是謂罪。

　　　君無主臣→是謂危→邦家其壞。

顯然，作者用一種格式化的方式描述、歸納現實政治中各種好的或壞的政治現象，然後通過「是謂」加以判斷和命名。在命名之後，

拼合與編聯問題〉（簡帛網，2006 年 2 月 19 日）
[21] 關於〈三德〉的分篇與分節，參照本書第九章。

有時作者還會作進一步的申述，那就是這種政治現象所將帶來的好的或壞的政治結果，這些結果是必然的、由「天」或「上帝」決定的，在用詞上帶有咒語的特徵。[22] 例如，對於「齊齊節節，外內有辨，男女有節」之現象，作者命名其為「天禮」，如果「反之」，其結局是「必遇凶殃」。在作者看來，「訑政卿於神次」、「享逸安」、「求利」、「殘其親」等現象都可以命名為「罪」。「君無主臣」可以命名為「危」，至於「邦家其壞」，我們不妨看作是「罪」和「危」的共同結果。

第二節和第三節也是如此，同樣貫穿著「現象」→「命名」→「自然的、必然的結果」的思路及文章套路。簡單地說，這是一套展現為「人為」→「自然災異」因果關係的思路。

值得注意的是，《黃帝四經》尤其是《經法》部分，其思路和文章套路幾乎如出一轍。在此稍舉數例。在前文中，筆者引用了《經法・六分》「六逆」中的第一「逆」。在此仍然利用這個例子加以說明。

嫡子父（現象）→命曰上曊（命名）→羣臣離志（結果）

大臣主（現象）→命曰壅塞（命名）→在強國削，在中國破，在小國亡。（結果）

當然，我們也可以將「在強國削，在中國破，在小國亡」視為「上曊」和「壅塞」這兩種「名」所必將招致的共同結果。下面再舉一個〈四度〉篇的例子。

君臣易位（現象）→謂之逆（命名）→逆則失本→失本則
〔損〕（結果）

賢不肖並立（現象）→謂之亂（命名）→亂則失職→失職則
侵（結果）

動靜不時（現象）→謂之逆（命名）→逆則失天→失天則飢
（結果）

生殺不當（現象）→謂之暴（命名）→〔暴〕則失人→失人
則疾（結果）

這是非常清晰而富有邏輯性的表達方式。即先描述政治現象（正常
的或非正常的形態），然後用「謂之」給出判斷（「正名」或是「倚
名」），最後對必然的結果亦即未來的實態作出預見。這樣的例子在
《經法》中舉不勝舉。筆者曾在〈いわゆる《黃帝四經》に見える
「名」の研究（《黃帝四經》所見「名」的研究）〉[23] 一文中指出，
《經法》中存在著大量的用於判斷的用詞。〈國次〉篇是「是謂」、
「此謂」，〈六分〉篇是「命曰」、「此之謂」，〈四度〉篇是「謂
之」、「命曰」，〈論〉篇、〈亡論〉篇、〈論約〉篇是「謂之」、「此
謂」、「命曰」，〈名理〉篇是「是謂」等等。用詞雖然不同，但前後
文構造完全相同，即都採納「現象」→「命名」→「自然的、必然
的結果」之形式。

---

[23] 日本中國出土資料學會 2003 年度第一次例會報告（東京：成城大學，2003
年 7 月 12 日），又見《中國古代における「名」の政治思想史研究（中國古
代「名」的政治思想史研究）》（東京：東京大學博士學位論文，2004 年）
下編第四章。

筆者還發現，《經法》的作者往往將政治場合最重要的問題，用數字方式作細致分類，再配以上述文章套路，用最簡潔的語句表達出來。如〈國次〉篇的「五逆」，〈六分〉篇的「六逆」、「六順」，〈四度〉篇的「四度」，〈亡論〉篇的「六危」、「三不辜」、「三壅」、「三凶」等等。〈三德〉中的「三德」或許也可以歸入這種類型中。因此，〈三德〉很有可能不是單獨的作品，應該還有相似內容的作品存在，祇是目前沒有出現而已。

當然，並不見得文章套路如出一轍，〈三德〉就和《黃帝四經》（尤其是和《經法》）完全一致。兩者還是存在許多不同，最大的不同在於，《經法》有一套更爲抽象、更爲複雜的「道——名——法」的思想框架貫穿其中。在〈いわゆる《黃帝四經》に見える「名」の研究（《黃帝四經》所見「名」的研究）〉[24] 一文中，筆者對這套框架作過分析，就「名」的部分而言，筆者指出，《經法》認爲統治者最重要的工作就是審查「刑名」，對象的「名」一旦被確立，那對象的必然結局就已昭然若揭了。因此，《經法》的思想結構複雜得多。《經法》有可能對〈三德〉的思想作了繼承和發揮，這一點筆者將另文闡述。

〈三德〉的下篇很少使用「是謂」之判斷用詞，其關鍵詞是「毋」和「勿」。〈三德〉中「高陽」、「皇后（即黃帝）」均以禁止的口吻告誡統治者「毋……」、「勿……」，其內容涉及面甚廣。這種教人不要做什麼，而非教人做什麼的反向思維，在《黃帝四經》十分多見，相似的表達方法還有「不……」、「禁……」。

---

[24] 同注 23。

毋陽竊，毋陰竊，毋土敝，毋故執，毋黨別。(《經法‧國次》)

毋〔止生以死〕，毋御死以生，毋為虛聲。(《經法‧四度》)

帝曰：「毋乏吾禁，毋流吾醢，毋亂吾民，毋絕吾道。」(《十六經‧正亂》)

地之禁，不〔墮〕高，不曾下，毋服川，毋逆土毋逆土功，[25] 毋壅民明。(《十六經‧三禁》)

是故為人主者，時節三樂，毋亂民功，毋逆天時。(《十六經‧觀》)

不曠其衆，不以兵邾，不為亂首，不為怨媒。不陰謀，不擅斷疑，不謀削人之野，不謀劫人之宇。慎案其衆，以隨天地之蹤。不擅作事，以待逆節所窮。(《十六經‧順道》)

毋先天成，毋非時而榮。(〈稱〉)

聖人不為始，不專己，不豫謀，不為得，不辭福，因天之則。(〈稱〉)

不仕於盛盈之國，不嫁子於盛盈之家，不友□□□易之〔人〕。□□不執偃兵、不執用兵。(〈稱〉)

諸侯不報仇，不脩恥。(〈稱〉)

---

[25] 「毋逆土」三字為衍文。

毋藉賊兵，毋□盜糧。(〈稱〉)

減衣衾，薄棺椁，禁也。疾役可發澤，禁也。草莜可淺林，禁也。聚□□墮高增下，禁也，大水至而可也。(〈稱〉)

僅僅有「毋……」(或「不……」、「勿……」、「禁……」)這種表達方式的相似，並不說明問題，筆者以為，〈三德〉和《黃帝四經》存在文章結構乃至思想結構上的相似，不是因為使用了這些否定用詞。兩者否定的內容其實有很多不同，但都指向一種「敬」、「慎」的態度，告誡人們要自避其禍，而不是自取其辱。相反，如果要戰勝對方，讓對方自己走向失敗反而是最好的辦法。如前面「第一節用詞之相似」第十三條列舉的那樣，〈三德〉簡13～簡14有「天之所敗，多其賕，而寡其憂。興而起之，思（使）蹎而勿救。」《黃帝四經》中，《十六經·正亂》有「民生有極，以欲淫溢，淫溢□失，豐而〔為〕□，□而為既，予之為害，致而為費，緩而為□。憂恫而窘之，收而為之咎。纍而高之，踣而弗救也。」《黃帝四經》是在講黃帝擒蚩尤故事中引用了「纍而高之，踣而弗救也」，〈三德〉則沒有具體的故事鋪墊，但「興而起之，思（使）蹎而勿救」所欲表達的原理是相同的。

《呂氏春秋·行論》有「詩曰：『將欲毀之，必重累之。將欲踣之，必高舉之。』」《戰國策·魏策一》和《韓非子·說林上》有「周書曰：『將欲敗之，必姑輔之。將欲取之，必姑與之。』」《老子·第三十六章》有「將欲歙之，必固張之。將欲弱之，必固強之。將欲廢之，必固興之。將欲奪之，必固與之」(《韓非子·喻老》部分相同)。上引〈三德〉這段話，雖然沒有使用「將欲」，但

文意是相同的。「天之所敗，多其賕，而寡其憂」及「方縈勿伐，
將興勿殺，將齊勿刣」（簡 14）「為善福乃來，為不善禍乃或之」
（簡 14）也都是此意。都表明任何事物的最終結果都是自身演變的
結局，人所要做的，不是干預，不是逞強，而是保持一種柔弱的姿
勢，順應事物的發展趨勢而已。

　　總之，下篇雖然不及上篇相像之處那麼明顯，但表達方式和基
本思路之接近，仍然是不可否認的。〈三德〉與《黃帝四經》雖有
許多相似之處，但在原理（如「道─名─法」、「刑德」、「雌雄節」
等）之提煉和論述上，遠遠不及《黃帝四經》，〈三德〉更原始、更
簡單，屬於《黃帝四經》（除〈道原〉以外）的前身。

結語

　　的確，在其他文獻中也能找出與〈三德〉相似之處。如《大戴
禮記‧四代》不僅有「三德」用詞之相似，還有「齊齊節節」用詞
之相似，「天、地、人」也出現多次。但與其他文獻的相似，遠不
如《黃帝四經》相似之處那麼眾多、那麼密集，那麼引人注目。這
絕非偶然的現象，雖然還需要對內容作更深入的分析，但僅從用
詞、用韻、文章構造之相像，已可斷言，兩者之間一定有著不尋常
的關係。《黃帝四經》是我們解讀〈三德〉之際，一把最佳的鑰
匙。

本文最初發表於《江漢論壇》2006 年第 11 期，2006 年 11 月。

人名索引

書名・資料名索引

國家圖書館出版品預行編目資料

上博楚簡思想研究／曹峰著. --初版. --臺北市：萬
卷樓, 2006[民 95]
面； 公分
含索引
ISBN 978－957－739－580－1 (平裝)

1. 簡牘－研究與考訂
796.8 95025362

上博楚簡思想研究

著　　者：曹峰

發　行　人：許素真

出　版　者：萬卷樓圖書股份有限公司

臺北市羅斯福路二段 41 號 6 樓之 3

電話(02)23216565・23952992

傳真(02)23944113

劃撥帳號 15624015

出版登記證：新聞局局版臺業字第 5655 號

網　　址：http://www.wanjuan.com.tw

E-mail　　：wanjuan@tpts5.seed.net.tw

承印廠商：晟齊實業有限公司

定　　價：260 元

出版日期：2006 年 12 月初版

ISBN-13：978－957－739－580－1
ISBN-10：957－739－580－5